# 管理会计信息化发展的理论与实务

财政部会计科研课题
项目批准号：2015KJB018

刘勤 等／著

立信会计出版社

图书在版编目(CIP)数据

管理会计信息化发展的理论与实务/刘勤等著. —上海：立信会计出版社,2019.9(2022.2 重印)
 ISBN 978-7-5429-6210-2

Ⅰ.①管… Ⅱ.①刘… Ⅲ.①管理会计—会计信息—财务管理系统—研究 Ⅳ.①F234.3

中国版本图书馆 CIP 数据核字(2019)第 214195 号

策划编辑　　张巧玲
责任编辑　　王斯龙
封面设计　　南房间

## 管理会计信息化发展的理论与实务
GUANLI KUAIJI XINXIHUA FAZHAN DE LILUN YU SHIWU

| | |
|---|---|
| 出版发行 | 立信会计出版社 |
| 地　　址 | 上海市中山西路 2230 号　　邮政编码　200235 |
| 电　　话 | (021)64411389　　传　　真　(021)64411325 |
| 网　　址 | www.lixinaph.com　　电子邮箱　lixinaph2019@126.com |
| 网上书店 | http://lixin.jd.com　　http://lxkjcbs.tmall.com |
| 经　　销 | 各地新华书店 |
| 印　　刷 | 苏州市古得堡数码印刷有限公司 |
| 开　　本 | 710 毫米×1000 毫米　　1/16 |
| 印　　张 | 14.75　　插　　页　1 |
| 字　　数 | 261 千字 |
| 版　　次 | 2019 年 9 月第 1 版 |
| 印　　次 | 2022 年 2 月第 2 次 |
| 书　　号 | ISBN 978-7-5429-6210-2/F |
| 定　　价 | 58.00 元 |

如有印订差错,请与本社联系调换

# 课 题 组

**项目主持人:** 刘　勤　上海国家会计学院教授

**课题组成员**(按拼音顺序):

　　　　　艾文国　哈尔滨工业大学教授、博士
　　　　　韩向东　元年科技股份有限公司总裁
　　　　　胡仁昱　华东理工大学教授、博士
　　　　　黄长胤　上海国家会计学院讲师、博士
　　　　　刘梅玲　上海国家会计学院副教授、博士
　　　　　潘丽靖　新华人寿保险股份有限公司
　　　　　　　　　全国财务共享筹备负责人
　　　　　尚惠红　金蝶软件(中国)有限公司助理总裁
　　　　　王海林　首都经济贸易大学教授、博士
　　　　　吴忠生　上海国家会计学院副教授、博士
　　　　　许金叶　上海大学副教授、博士
　　　　　张明明　杭州电子科技大学教授、博士
　　　　　张天西　上海交通大学教授、博士

# 前　言

2014年10月，财政部发布财会〔2014〕27号文《关于全面推进管理会计体系建设的指导意见》(以下简称"指导意见")，明确了中国管理会计体系建设的指导思想和基本原则，提出了管理会计体系建设的总目标，并围绕建设目标部署了相应的任务、措施和要求。

尽管在此之前，我国的管理会计建设已取得了一定的成效，但总体而言，管理会计在服务国家经济社会发展，服务企业战略规划、经营决策、过程控制和业绩评价等方面，作用并不十分明显。管理会计建设与发展需求间的差距，体现在理论研究不足、系统指导缺乏、实践案例偏少、人才素质有待提高、信息化水平无法满足需要，以及咨询服务规模和水平有限等方面。

指导意见的发布，引发了中国学术界和实务界对管理会计研究的热潮，也吹响了中国管理会计应用快速发展的号角。在这之后的几年内，全国管理会计的发展风起云涌，管理会计指引体系基本形成，应用成果层出不穷，很多机构通过建立先进的信息系统实现了管理会计的成功应用，阶段性完成了指导意见中"以信息化手段为支撑，实现会计与业务活动的有机融合，推动管理会计功能的有效发挥"的任务。

与此同时，我们也发现，虽然陆续有成功的管理会计信息系统被推出，但指导管理会计信息化建设的理论始终未能形成成熟、系统、完善的体系。因此，中国会计学会会计信息化专业委员会的委员们认为，我们有必要利用自身的研究力量尝试构建我国管理会计信息化发展体系。于是，我们利用研究财政部会计科研课题(2015KJB018)的机会，召集来自上海国家会计学院、金蝶软件、上海交通大学、元年科技、浙江省总会计师协会、首都经济贸易大学、上海大学、新华保险、华东理工大学等单位的部分专家、学者，基于经典理论，系统地探讨了管理会计信息化的内涵和外延；基于发展历史，深入探讨了管理会计信息化的发展体系、发展路径和推动策略；基于实践经验，重点探讨了企业推进预算管理、成本管理、管理会计报告和绩效管理等系统的建设方法。

为了有效开展项目研究，我们对研究内容进行了系统的分工，由刘勤、刘梅玲、吴忠生、黄长胤、杨寅等负责管理会计信息化基础理论、应用和发展部分的研究，由刘梅玲、尚惠红、张天西等负责管理会计信息系统、预算管理信息系统部分的研究，由张明明、韩向东、艾文国等负责成本管理系统部分的研究，由韩向东、王海林、潘丽靖、胡仁昱等负责管理会计报告部分的研究，由许金叶等负责绩效评价部分的研究。整个研究过程持续了一年有余，最终形成了十余篇研究论文，陆续发表于《财务与会计》《财会通讯》《商业会计》《会计之友》等杂志，内容涵盖管理会计信息化基础理论研究、国内外管理会计信息化发展历程和现状、我国管理会计信息化发展体系探讨、我国管理会计信息化发展路径和推动策略研究、中铁置业管理会计信息化实践、第三方支付管理会计信息化之路等内容。我们希望这些研究成果能够在某种程度上推动我国管理会计信息化理论、政策和实务的发展。

本书由以上成果和项目研究报告整合而成，分为理论篇和实务篇两大部分。其中，理论篇包括引言、管理会计信息化发展历史研究、管理会计信息化基础理论研究、我国管理会计信息化发展体系研究，以及我国管理会计信息化的发展路径与推动策略研究共5个章节；实务篇包括企业管理会计信息系统的应用与发展、预算管理系统的发展研究、成本管理系统的发展研究、管理会计报告系统的发展研究和绩效管理系统的发展研究共5个章节。

本书适合所有对管理会计信息化感兴趣的读者阅读，包括政府及企事业单位管理会计的从业人员，政府监管机构、会计中介机构、大学和研究机构的管理会计研究人员以及会计专业的研究生和大学生。

感谢财政部会计司、中国会计学会及其会计信息化专业委员会以及上海国家会计学院、金蝶软件、上海交通大学、元年科技、浙江省总会计师协会、首都经济贸易大学、上海大学、新华保险、华东理工大学等单位领导的大力帮助与支持，特别感谢立信会计出版社的张巧玲等编辑对本书出版给予的特别支持。

本研究参考了近年来相关领域专家、学者的学术观点，在此表示诚挚谢意，并将主要参考文献列入本书中。

管理会计信息化是一门正在发展的学科，不同的研究人员对其有着不同的研究视角和评价方式，由于作者研究水平的限制，本书描述的内容一定会存在不足和局限，敬请读者在阅读时给予批评与指正！

# 课题成果概述

## 一、该课题研究的目的和意义

到目前为止,管理会计信息化发展尚未形成成熟、系统、完善的体系。构建我国管理会计信息化发展体系不但非常必要,而且切实可行。本课题旨在基于经典理论,探讨管理会计信息化的内涵和外延;基于发展历史,探讨宏观上应如何推进管理会计信息化的发展,包括发展体系、发展路径和推动策略;基于实践经验,探讨微观上应如何推进企业的核心管理会计信息系统建设,包括预算管理系统、成本管理系统、管理会计报告系统和绩效管理系统,以期推动我国管理会计信息化理论、政策和实务的发展。

## 二、课题成果的主要内容、重要观点及对策建议

(一)关于管理会计信息化发展历史的研究

(1)我国管理会计信息化的发展历程。本课题将我国管理会计信息化的发展划分为如下四个阶段:核算型开发与应用阶段(1979—1995年)、管理型开发与应用阶段(1996—2000年)、一体化开发与应用阶段(2001—2005年)和嵌入型开发与应用阶段(2006年至今)。

(2)我国管理会计信息化的应用现状。在系统应用方面,目前我国企业构建管理会计信息系统采用的一个较常见方式是在前期信息化的基础上,基于业务层和核算层建设管控层;在产业发展方面,目前我国财务软件提供商提供的管理会计信息化服务主要包括软件服务和咨询服务;在人才培养方面,我国会计职业领域已从传统的记账、算账、报账为主,拓展到内部控制、投融资决策、企业并购、价值管理、战略规划、公司治理、会计信息化等高端管理领域,即管理会计领域;在信息安全方面,管理会计信息系统与会计信息系统一样,除了存在硬件、软件、网络、人为操作和制度规范等方面的安全风险,还存在云会计环境下

会计信息存储、传输、使用和数据管理等风险;在政策法规和标准规范方面,《财政部关于全面推进我国会计信息化工作的指导意见》和《企业会计信息化工作规范》都强调了会计信息与业务信息的融合,《关于全面推进管理会计体系建设的指导意见》《管理会计基本指引》和《管理会计应用指引第 802 号——管理会计信息系统》分别对管理会计信息化建设提出了要求和建议;在理论研究方面,我国管理会计信息化的研究主要内容还是具体管理会计工具应用的实践性研究,研究的系统性不强,实践应用驱动理论研究和基础理论创新不足。

(3) 管理会计信息化的成功因素。人的因素:一是最高管理层的支持和其他参与者的态度和决心;二是将外部的第三方咨询专家和他们的实践经验整合到企业的实施中来;三是采用实时商业模拟的体验式教学、模拟游戏式教学等创新的培训方法有利于员工更好地适应 ERP 等信息系统提供决策信息的方式;四是加强外部顾问与项目实施团队的紧密合作。组织因素:一是企业战略的一致性问题;二是变革管理;三是最佳实践模板加上个性化改进;四是详尽的实施需求、明确的目标、详细的实施计划等;五是实施前的系统测试、实施后的密切监测、对系统实施成功与否的界定标准;六是项目实施的内部审计,对具体可执行项目的内审跟踪。信息系统因素:一是系统和组织的匹配度;二是系统功能覆盖的范围和规模;三是系统集成的程度;四是业务流程再造;五是系统的安全问题与系统权限的分配以及初始设置。

(二) 关于管理会计信息化基础理论的研究

(1) 管理会计信息化的理论基础:新老三论(老三论包括系统论、信息论和控制论,新三论包括协同论、耗散结构论和突变论)、管理会计基础理论和会计信息化基础理论。

(2) 管理会计信息化的内涵:管理会计信息化是会计信息化的子集,是指以财务和业务数据为基础,借助计算机、网络通信等现代信息技术手段,对信息进行获取、加工、整理、分析和报告等操作处理,为企业有效开展管理会计活动提供全面、及时、准确的信息支持。该定义基于系统论和信息论,基于管理会计信息系统,借助信息方法对管理会计信息化予以界定,偏重于管理会计信息的流转,包括信息的输入、信息的处理、信息的输出,以及信息的使用。

(3) 管理会计信息化的特征:①管理会计信息化的发展基础,是在管理会计活动中运用信息与通信技术,处理工具包括计算机、网络通信等现代技术手段,具体体现为管理会计信息系统。②管理会计信息化的作用对象是管理会计活动,具体体现为管理会计工具方法在管理会计各领域的信息化落地、管理会计信息的高质生成和高效利用,以及管理会计活动的有效开展。③管理会计信息化的目标,是为企业开展各项管理会计活动提供信息支持,所提供的信息需满足全面性、及时性和准确性等信息质量特征。④管理会计信息化的过程,可通过管理会计信息的流转来抽象描述。流转环节主要包括管理会计信息获取、管理会计信息加工、管理会计信息整理、管理会计信息分析和管理会计信息报告。⑤管理会计信息化的结果,是对管理会计活动和管理会计组织结构改造的渐进过程。

(4) 管理会计信息化的外延:按信息化发展要素,可将管理会计信息化划分为管理会计信息系统、管理会计信息资源、管理会计信息安全、信息网络和信息技术、管理会计信息化产业、管理会计信息化人才、管理会计信息化政策法规和标准规范七大要素;财务共享以后,按管理会计职能定位,可将管理会计信息化划分为指导层信息化、控制层信息化和执行层信息化;按功能结构,可将管理会计信息系统划分为预算管理子系统、成本管理子系统、绩效管理子系统、管理会计报告子系统、投资管理子系统和经营决策支持子系统等。

(三) 关于我国管理会计信息化发展体系的研究

(1) 管理会计信息化发展体系的概念。管理会计信息化发展体系是指管理会计信息系统从低级阶段发展到高级阶段所涉及的主体、过程和环节的集合,包括管理会计信息化所涉及的行为主体、发展要素和发展路径等内容。从宏观上看,管理会计信息化发展体系是指以现代信息技术在管理会计领域中的广泛应用为主导,以管理会计信息资源的开发利用为核心,以信息网络的构建为基础,以信息技术的不断创新和管理会计信息化产业的蓬勃发展为支撑,以管理会计信息化人才培养为依托,以管理会计信息化政策法规、标准规范和管理会计信息安全为保障的综合体系。发展体系是包含信息系统、信息资源、信息安全、信息技术、信息化产业、信息化人才、信息化相关政策标准等要素的集合体。从微观上看,管理会计信息化发展体系主要是指企业内部信息化事业的发展主体、发展过程和发展环节等,包括管理会计信息化发展的相关部门和人员,管理会计信息系统建设和应用的过程及核心环节,信息化事业所涉及的技术、方法、工具、系统、制度、流程、文化等因素。

(2) 管理会计信息化发展的行为主体分析。行为主体是管理会计信息化工作的主要参与者。其中,企业和行政事业单位依据内部管理需要,通过利用相关信息,有机融合财务与业务活动,使管理会计信息化在单位规划、决策、控制和评价等方面发挥重要作用;信息系统供应商、咨询服务机构、教育和出版机构等主要是利用市场机制参与应用单位管理会计信息化的发展,为单位有偿提供信息化建设所需的软硬件系统、数据资源、管理和技术人才、咨询服务和信息系统审计服务等产品和服务;政府和行业协会的作用则是弥补市场经济的不足,通过政策、法规、知识和公共资金等提高市场资源配置效率,协调社会各方利益以及提供社会公共服务。

(3) 影响管理会计信息化发展的核心要素分析。核心要素是管理会计信息化工作所投入的重要资源和管理活动。影响管理会计信息化发展的核心要素主要有:管理会计的方法和工具、管理会计信息系统、管理会计信息化人才、管理会计相关信息资源、信息安全管理机制以及与管理会计相关的政策法规等。

(4) 单位管理会计信息化发展生态(宏观体系)。管理会计的应用单位是最核心的部分,尽管它的信息化发展主要由其内在的发展动力所驱动,但外部的影响也起到非常重要的推动(或阻碍)作用。其中,政府主管部门主要通过制定法规、标准、规范、准则、指引等管理、协调、推动各应用单位管理会计信息化的发展;行业协会(学会)则主要通过组织专业技术人员、研究知识体系、收集最佳实践影响单位,其知识体系中主要包括管理会计思想、管理会计工具和方法、信息安全体系、人才培养框架等。在行业协会(学会)服务应用单位的同时,先进的应用单位也会通过协会(学会)的渠道将其最佳实践经验分享给其他单位;供应链主要提供信息化所必需的专门人才、学习资料、软硬件系统、数据库资源、管理咨询、信息系统审计、信息系统工程监理等产品和服务。经济技术环境则通过不断加剧的市场竞争、突飞猛进的信息技术、严格监管的经营环境以及丰富的公共信息资源(大数据环境)激发应用单位实施管理会计、应用信息系统的动力。

(5) 单位管理会计信息系统架构的演变。应用单位管理会计信息化发展是一个逐步演进的过程,它将从当前的各管理会计子系统中相对独立发展,与财务会计系统、业务管理系统以及外部相关组织信息系统的松耦合阶段,发展到利用企业外部网络 Extranet 整合内外部系统资源,实现内部各子系统高度信息共享的紧耦合阶段,最终发展到利用现代信息技术去重构传统会计模式,构建单位外部生态系统与内部各功能子系统模块间数据充分共享、功能充分融合的阶段。

(四) 关于我国管理会计信息化发展路径与推动策略的研究

(1) 我国管理会计信息化发展的机制。①管理会计信息化发展的动力。企业管理会计信息化发展的内在动力,源自企业期望通过发展管理会计信息化为企业带来价值增值,获得竞争优势。企业管理会计信息化发展的外在动力则取决于企业所处的技术环境、市场环境、社会服务环境等外部因素。在内在动力和外在动力的耦合作用下,通过企业内部和外部因素的不断配合、协调和综合作用,共同推动企业管理会计信息化的进程。②管理会计信息化发展的激励机制。主要是在企业动力机制的前提下,该激励机制通过改善发展环境,加快管理会计信息化的发展速度和提高管理会计信息化的发展质量。激励机制是动力机制的补充,在动力机制不足以支撑企业管理会计信息化实施的情况下,可以政府政策激励、企业人才激励等方式来促进管理会计信息化的发展。

(2) 我国管理会计信息化发展的路径。符合我国国情的管理会计信息化的发展路径应当是政府与市场行为相结合的方式,政府为企业发展管理会计信息化营造一个良好环境,制定相关的支持政策,包括知识产权保护、公平机制搭建、专业人才培养等,协调社会多方相关者的力量,帮助企业根据自身情况开展管理会计信息化工作。

(3) 我国管理会计信息化发展的策略。在推动管理会计信息化发展的过程中,企业应发挥主体作用,政府应发挥引导作用,管理咨询机构、软件提供商和科研院校等社会各方应发挥协调作用。

(五)关于我国管理会计信息化实务工作的研究

(1) 预算编制的演进可划分为四个阶段:"纸面手工编制+纸质文件传递"阶段,"Excel 手动编制+电子文件手动传递"阶段,"预算管理平台手动编制+数据共享"阶段,以及"预算管理平台自动编制+数据一体化"阶段。其发展趋势体现为数据共享化、系统集成化和编制自动化。

(2) 成本管理系统的发展可分为三个阶段:一是企业资源规划系统(ERP)应用于企业级生产计划的管理阶段,二是生产管理系统(MES)应用于企业车间层的生产管理阶段,三是将 ERP 系统与 MES 结合使用阶段。成本管理系统的发展要以底层生产、车间的自动化为基础,要有 MES 的支撑,要有上层 ERP 中成本管理系统的运用。

(3) 我国企业对管理会计报告的应用可依深度划分为两个层级:一是以关注企业内部数据为主,包括财务数据和业务数据;二是同时关注企业内外部数据,在管理会计报告中也关注市场环境、竞争对手情况、宏观经济形势、企业战略、全产业链等。

(4) 绩效管理系统:可依据"戴明环"来阐释绩效管理的业务流程,依次完成绩效计划制订和编制(P)、绩效沟通指导和执行控制(D)、绩效评价和考核(C)、

以及绩效反馈和处理(A)四个环节的工作。

### 三、成果的理论和学术价值、应用价值,以及社会影响和效益

本课题对于管理会计信息化发展历史和基础理论的研究,将丰富管理会计信息化理论;对于管理会计信息化发展体系、发展路径和推动策略的研究,将对我国实际绘制管理会计信息化发展蓝图、规划管理会计信息化路径、推动管理会计信息化工作、提高管理会计工作水平、促进会计工作的全面深化改革具有十分重要而深远的积极意义;对于管理会计信息系统子系统的逻辑模型、建设过程、数据交互模型和发展演进的研究,将有助于软件商对于管理会计系统的改进与完善,以及企业管理会计系统的规划和建设。

本课题项目组撰写及公开发表的学术论文如下:

| 序号 | 文章名称 | 发表刊物 | 发表时间 |
| --- | --- | --- | --- |
| 1 | 第三方支付企业的管理会计信息化之路 | 会计之友 | 2016.4 |
| 2 | 刍议面向管理会计的信息化系统构建 | 财务与会计 | 2016.9 |
| 3 | 企业实施财务共享服务的风险管控探究 | 财务与会计 | 2017.4 |
| 4 | 移动环境下的会计信息化教学探讨——以计算机审计课程为例 | 商业会计 | 2017.6 |
| 5 | 管理会计信息化基础理论研究 | 财会通讯 | 2017.8 |
| 6 | 国内外管理会计信息化的发展历程和现状 | 财会通讯 | 2017.8 |
| 7 | 我国管理会计信息化发展体系探讨 | 财会通讯 | 2017.8 |
| 8 | 我国管理会计信息化发展路径和推动策略研究 | 财会通讯 | 2017.8 |
| 9 | 中铁置业全面预算编制平台建设与实践 | 财务与会计 | 2017.8 |
| 10 | 信息化环境下预算执行控制的评价体系研究 | 商业会计 | 2017.8 |
| 11 | 中铁置业全面预算控制平台建设与实践 | 财务与会计 | 2017.8 |
| 12 | 中铁置业全面预算分析平台建设与实践 | 财务与会计 | 2017.11 |
| 13 | 预算管理电子沙盘的研发与实践 | 已投稿 | |

# 目 录

## 第一部分 理论篇

1 引言 ·········································································· 3
  1.1 研究背景与问题描述 ················································ 3
  1.2 研究现状述评 ························································· 4
    1.2.1 管理会计信息技术研究述评 ································ 4
    1.2.2 管理会计信息资源研究述评 ································ 6
    1.2.3 管理会计信息化政策法规和标准规范研究述评 ······· 6
    1.2.4 管理会计信息化产业研究述评 ···························· 8
    1.2.5 管理会计信息化人才培养研究述评 ····················· 8
  1.3 研究对象、目标与内容 ············································ 9
    1.3.1 研究对象 ························································· 9
    1.3.2 研究目标 ······················································· 10
    1.3.3 研究内容 ······················································· 10
  1.4 研究思路与研究方法 ············································· 11
    1.4.1 研究思路 ······················································· 11
    1.4.2 研究方法 ······················································· 12
  1.5 研究意义 ······························································· 13
  1.6 研究创新与研究不足 ············································· 13
    1.6.1 可能的创新点 ················································ 13
    1.6.2 存在的不足 ···················································· 14

2 管理会计信息化发展历史研究 ······································ 15
  2.1 我国管理会计信息化的发展历程 ····························· 15

  2.1.1 核算型开发与应用阶段(1979—1995年) ············ 15
  2.1.2 管理型开发与应用阶段(1996—2000年) ············ 15
  2.1.3 一体化开发与应用阶段(2001—2005年) ············ 16
  2.1.4 嵌入型开发与应用阶段(2006年至今) ············· 17
 2.2 我国管理会计信息化的应用现状 ····················· 18
  2.2.1 系统应用 ································· 18
  2.2.2 产业发展 ································· 18
  2.2.3 人才培养 ································· 19
  2.2.4 信息安全 ································· 19
  2.2.5 政策法规和标准规范 ······················· 20
  2.2.6 理论研究 ································· 21
 2.3 国外管理会计信息化的发展 ························· 21
  2.3.1 理论研究 ································· 21
  2.3.2 实践应用 ································· 22
  2.3.3 管理会计信息化的成功因素 ················· 23
  2.3.4 影响与经济后果 ··························· 24
 2.4 本章小结 ········································· 26

## 3 管理会计信息化基础理论研究 ····························· 27
 3.1 管理会计信息化的理论基础 ························· 27
  3.1.1 新老三论 ································· 27
  3.1.2 管理会计基础理论 ························· 28
  3.1.3 会计信息化基础理论 ······················· 29
 3.2 管理会计信息化的内涵与特征 ······················· 29
  3.2.1 管理会计信息化的内涵 ····················· 29
  3.2.2 管理会计信息化的特征 ····················· 30
 3.3 管理会计信息化的外延 ····························· 31
  3.3.1 按信息化发展要素划分 ····················· 31
  3.2.2 按管理会计职能定位划分 ··················· 31
  3.3.3 按信息系统功能结构划分 ··················· 32
  3.3.4 按信息化实施落地环节划分 ················· 33

  3.4 本章小结 · 34

## 4 我国管理会计信息化发展体系研究 · 36
  4.1 管理会计信息化发展体系的概念探讨 · 36
  4.2 管理会计信息化发展的行为主体和核心要素分析 · 37
    4.2.1 管理会计信息化发展的行为主体分析 · 37
    4.2.2 影响管理会计信息化发展的核心要素分析 · 38
  4.3 管理会计信息化发展体系的构建 · 38
    4.3.1 构建的基本原则 · 38
    4.3.2 发展体系构建 · 39
  4.4 本章小结 · 42

## 5 我国管理会计信息化的发展路径与推动策略研究 · 43
  5.1 企业发展管理会计信息化面临的挑战 · 43
    5.1.1 技术方面 · 43
    5.1.2 组织方面 · 44
    5.1.3 环境方面 · 44
  5.2 我国管理会计信息化发展的路径选择 · 45
    5.2.1 我国管理会计信息化发展的机制 · 45
    5.2.2 政府的重要作用 · 45
    5.2.3 符合中国国情的管理会计信息化发展路径 · 46
  5.3 我国管理会计信息化发展的策略研究 · 47
    5.3.1 企业推动管理会计信息化的主体作用 · 47
    5.3.2 政府推动管理会计信息化的引导作用 · 48
    5.3.3 社会各方推动管理会计信息化的协调作用 · 48
  5.4 本章小结 · 49

## 第二部分 实务篇

## 6 企业管理会计信息系统的应用与发展 · 53
  6.1 管理会计信息系统范围界定 · 53
  6.2 管理会计信息系统应用模型 · 54

  6.3 管理会计信息系统发展研究思路 …………………………… 55

# 7 预算管理系统的发展研究 ………………………………………… 57
  7.1 预算管理系统的基本逻辑模型 ……………………………… 57
    7.1.1 预算管理系统的业务流程 ……………………………… 57
    7.1.2 预算管理系统的数据流程 ……………………………… 59
  7.2 预算管理系统建设的案例分析 ……………………………… 60
    7.2.1 案例企业背景 …………………………………………… 60
    7.2.2 案例企业预算管理系统架构 …………………………… 62
    7.2.3 案例企业预算编制平台 ………………………………… 64
    7.2.4 案例企业预算执行控制平台 …………………………… 67
    7.2.5 案例企业预算分析平台 ………………………………… 75
    7.2.6 案例企业预算考核平台 ………………………………… 78
  7.3 预算管理系统的数据交互模型 ……………………………… 83
    7.3.1 预算编制环节的输出表单归纳 ………………………… 84
    7.3.2 预算编制环节的输入数据抽取 ………………………… 87
    7.3.3 预算编制环节的输入数据归类 ………………………… 88
    7.3.4 预算编制环节的输入数据来源 ………………………… 91
    7.3.5 预算编制环节的输入数据获取 ………………………… 92
    7.3.6 预算编制环节的数据交互要点 ………………………… 92
  7.4 预算管理系统建设的演进发展 ……………………………… 94
    7.4.1 预算编制演进的阶段划分 ……………………………… 94
    7.4.2 预算编制发展的趋势判断 ……………………………… 96

# 8 成本管理系统的发展研究 ………………………………………… 98
  8.1 成本管理系统的基本逻辑模型 ……………………………… 99
    8.1.1 成本管理的业务流程 …………………………………… 99
    8.1.2 成本管理的数据流程 …………………………………… 101
  8.2 成本管理系统建设的案例分析 ……………………………… 106
    8.2.1 案例一：巨化集团 SAP 成本管理信息化应用
        （流程型制造业） ……………………………………… 106

8.2.2　案例二：正泰电器 SAP 成本管理信息化应用
　　　　　（离散型制造业） ……………………………………… 111
　8.3　成本管理系统的数据交互模型 ……………………………………… 118
　　　8.3.1　成本管理系统数据交互模型 ……………………………… 118
　　　8.3.2　成本管理系统的交互特点 ………………………………… 118
　8.4　成本管理系统建设的演进与发展 …………………………………… 124
　　　8.4.1　成本管理信息化应用概况 ………………………………… 124
　　　8.4.2　成本管理软件功能及其应用简介 ………………………… 126
　　　8.4.3　成本管理系统的发展 ……………………………………… 127

# 9　管理会计报告系统的发展研究 …………………………………………… 129
　9.1　管理会计报告系统的基本逻辑模型 ………………………………… 130
　　　9.1.1　管理会计报告系统的业务流程 …………………………… 130
　　　9.1.2　管理会计报告系统的数据流程 …………………………… 135
　9.2　管理会计报告系统建设的案例分析 ………………………………… 137
　　　9.2.1　H 集团管理会计报告系统建设案例 ……………………… 137
　　　9.2.2　海航集团管理会计报告系统建设案例 …………………… 147
　9.3　管理会计报告系统的数据交互模型 ………………………………… 163
　　　9.3.1　业务数据存储层(ODS) …………………………………… 163
　　　9.3.2　数据仓库层(DW) ………………………………………… 164
　　　9.3.3　联机分析处理层(OLAP) ………………………………… 164
　　　9.3.4　Oracle 商务智能基础套件 11g …………………………… 165
　　　9.3.5　数据上报平台 ……………………………………………… 166
　9.4　管理会计报告系统建设的演进与发展 ……………………………… 167
　　　9.4.1　管理会计报告的应用现状 ………………………………… 167
　　　9.4.2　管理会计报告应用的两个层级 …………………………… 167
　　　9.4.3　管理会计报告体系的实施 ………………………………… 168

# 10　绩效管理系统的发展研究 ………………………………………………… 169
　10.1　绩效管理系统的基本逻辑模型 ……………………………………… 169
　　　10.1.1　绩效管理系统的业务流程 ………………………………… 169

  10.1.2 绩效管理系统的数据流程 …………………………………… 171
 10.2 绩效管理系统建设的案例分析 ………………………………………… 172
  10.2.1 绩效管理模式 …………………………………………………… 172
  10.2.2 绩效计划制定和编制(P) ……………………………………… 173
  10.2.3 绩效沟通指导和执行控制(D) ………………………………… 185
  10.2.4 绩效评价和考核(C) …………………………………………… 189
  10.2.5 绩效反馈和处理(A) …………………………………………… 194

**附录 1** 我国管理会计信息化发展的政策建议 ………………………………… 199
**附录 2** 本课题研究成果 …………………………………………………………… 206
**主要参考文献** ………………………………………………………………………… 209

# 图 目 录

图 1-1　研究思路 ………………………………………………… 12
图 3-1　管理会计信息系统示意 ………………………………… 30
图 4-1　管理会计信息化发展生态 ……………………………… 40
图 4-2　应用单位管理会计信息化发展路线 …………………… 41
图 4-3　应用单位未来管理会计信息系统 ……………………… 41
图 6-1　管理会计信息系统范畴 ………………………………… 53
图 6-2　管理会计信息系统的应用过程 ………………………… 54
图 6-3　管理会计信息系统发展研究思路 ……………………… 55
图 7-1　预算管理系统的业务流程 ……………………………… 58
图 7-2　预算管理系统的数据流程 ……………………………… 59
图 7-3　ZT 置业全面预算管理系统架构 ………………………… 63
图 7-4　ZT 置业预算编制流程 …………………………………… 65
图 7-5　ZT 置业预算编制平台架构 ……………………………… 66
图 7-6　ZT 置业预算控制平台架构 ……………………………… 69
图 7-7　ZT 置业预算分析平台架构 ……………………………… 75
图 7-8　预算管理系统数据交互模型 …………………………… 83
图 7-9　预算编制环节的输入数据获取 ………………………… 93
图 7-10　预算编制演进的阶段划分 ……………………………… 94
图 8-1　成本管理业务整体流程 ………………………………… 99
图 8-2　成本管理的数据流程 ……………………………………102
图 8-3　巨化集团 SAP 系统各模块流程 …………………………107
图 8-4　巨化集团平行结转法流程 ………………………………108
图 8-5　巨化集团各产品成本构成 ………………………………110
图 8-6　正泰电器成本核算——自开发差异分摊程序 …………113
图 8-7　正泰电器财务管理信息化平台 …………………………113

图 8-8　正泰电器成本核算系统架构 ·················· 114
图 8-9　正泰电器 SAP 系统实际成本核算示意 ·············· 115
图 8-10　差异分摊逻辑示意 ······················ 116
图 8-11　成本模型实施步骤 ······················ 117
图 8-12　成本管理系统数据交互模型 ·················· 119
图 8-13　成本管理系统总体功能结构 ·················· 119
图 8-14　成本管理系统示例 ······················ 120
图 8-15　成本分析系统示例 ······················ 121
图 8-16　分环节查询产品成本示例 ··················· 121
图 8-17　产品成本报表示例 ······················ 122
图 8-18　作业成本报表示例 ······················ 122
图 8-19　单位成本报表示例 ······················ 123
图 8-20　成本管理系统与其他系统的关系 1 ··············· 123
图 8-21　成本管理系统与其他系统的关系 2 ··············· 124
图 9-1　管理会计报告体系框架 ···················· 132
图 9-2　管理会计报告系统的数据关系 ················· 137
图 9-3　H 集团 TBM 系统技术架构设计 ················ 140
图 9-4　H 集团财务分析系统数据集成关系 ··············· 141
图 9-5　H 集团管理会计报告的体系结构 ················ 142
图 9-6　H 集团的多种分析方式 ···················· 143
图 9-7　H 集团 BI 系统 ························ 144
图 9-8　H 集团分析界面转换 ····················· 144
图 9-9　H 集团信息共享示意 ····················· 145
图 9-10　H 集团管理驾驶舱个性定制 1 ················· 146
图 9-11　H 集团管理驾驶舱个性定制 2 ················· 146
图 9-12　海航集团财务和经营决策分析整体框架 ············· 149
图 9-13　海航集团财务分析结构 ···················· 150
图 9-14　海航集团主要财务指标分类 ·················· 151
图 9-15　海航集团主要财务指标展示 1 ················· 151
图 9-16　海航集团主要财务指标展示 2 ················· 152
图 9-17　海航集团主要财务指标展示 3 ················· 152
图 9-18　海航集团主要财务指标展示 4 ················· 152

| 图 9-19 | 杜邦财务分析体系结构 | 153 |
| 图 9-20 | 管理用财务分析体系结构 | 154 |
| 图 9-21 | 财务和业务类的绩效考核 KPI 监控和分析示意 | 155 |
| 图 9-22 | 业绩改善计划的跟踪监控过程 | 155 |
| 图 9-23 | 综合的绩效评价结果 | 156 |
| 图 9-24 | 管理考核平衡计分卡 | 156 |
| 图 9-25 | 海航集团风险信息管理系统 | 157 |
| 图 9-26 | 海航集团分行业财务监控和分析 | 157 |
| 图 9-27 | 海航集团航空业财务监控和分析模型 | 158 |
| 图 9-28 | 海航集团航空业财务监控和分析内容 | 158 |
| 图 9-29 | 海航集团航空业财务监控和分析数据类型 | 159 |
| 图 9-30 | 海航集团航空业财务监控和分析方法 | 159 |
| 图 9-31 | 海航集团房地产板块财务监控和分析 | 160 |
| 图 9-32 | 海航集团多用户、多角度的综合管理驾驶舱设计 | 160 |
| 图 9-33 | 海航集团财务管理分析维度设计 | 161 |
| 图 9-34 | 海航集团"三级管控"模式 | 162 |
| 图 9-35 | 海航集团数据标准体系 | 163 |
| 图 9-36 | 管理会计报告的数据交互模型 | 164 |
| 图 10-1 | 绩效管理的 PDCA 循环流程 | 170 |
| 图 10-2 | 绩效管理系统的业务流程 | 170 |
| 图 10-3 | 绩效管理系统的数据流程 | 171 |
| 图 10-4 | 绩效管理模式 | 172 |
| 图 10-5 | 绩效计划制订流程 | 175 |
| 图 10-6 | 绩效管理 KPI 分解思路 | 176 |
| 图 10-7 | 企业年度经营目标 KPI 分解 | 177 |
| 图 10-8 | 销售部 KPI 分解 | 178 |
| 图 10-9 | 绩效考核指标结构 | 179 |
| 图 10-10 | 员工绩效考评申诉流程 | 195 |
| 图 10-11 | 绩效反馈流程 | 196 |
| 附图 1 | 管理会计信息化发展生态 | 202 |
| 附图 2 | 应用单位管理会计信息化发展路线 | 203 |

# 表 目 录

| 表 3-1 | 财务的基本职能 | 32 |
| --- | --- | --- |
| 表 7-1 | ZT 置业的预算控制方案 | 68 |
| 表 7-2 | 二级开发项目公司预算考核指标及权重 | 79 |
| 表 7-3 | 一级开发项目公司预算考核指标及权重 | 80 |
| 表 7-4 | 收入盈利类指标的预算考核得分计算示例 | 81 |
| 表 7-5 | ZT 置业的预算考核流程 | 82 |
| 表 7-6 | ZT 置业预算编制表单体系 | 84 |
| 表 7-7 | ZT 置业预算编制环节的输入数据抽取 | 87 |
| 表 7-8 | 预算编制环节的输入数据来源分析 | 91 |
| 表 7-9 | 单站纯枪销量预算模型 | 96 |
| 表 8-1 | 成本管理软件概况 | 124 |
| 表 9-1 | 不同层次报告主体及其报告信息的侧重点 | 131 |
| 表 10-1 | 绩效计划具体思路 | 174 |
| 表 10-2 | 销售人员工作业绩 KPI 要素定义 | 178 |
| 表 10-3 | 工作能力维度 KPI 要素定义 | 179 |
| 表 10-4 | 工作态度维度 KPI 要素定义 | 179 |
| 表 10-5 | 不同岗位人员一级指标权重设定 | 180 |
| 表 10-6 | 销售人员工作绩效二级指标权重设定 | 180 |
| 表 10-7 | 工作能力二级指标权重设定 | 180 |
| 表 10-8 | 工作态度二级指标权重设定 | 181 |
| 表 10-9 | 销售人员工作绩效指标考核标准 | 181 |
| 表 10-10 | 销售人员工作能力指标考核标准 | 182 |
| 表 10-11 | 销售人员工作态度指标考核标准 | 182 |
| 表 10-12 | 员工绩效计划表 | 184 |
| 表 10-13 | 企业销售部绩效沟通内容 | 186 |

表 10-14　三种正式绩效沟通方式的优缺点 …………………………… 187
表 10-15　绩效信息收集的方法及特点 ………………………………… 188
表 10-16　绩效信息收集的目的和内容 ………………………………… 188
表 10-17　员工自我评估表 ……………………………………………… 190
表 10-18　个人发展计划表 ……………………………………………… 191
表 10-19　员工绩效考核表 ……………………………………………… 193
表 10-20　绩效考核评分以及等级划分 ………………………………… 194
表 10-21　绩效结果反馈表 ……………………………………………… 197
附表 1　管理会计信息化发展相关案例撰写 …………………………… 206
附表 2　课题项目组撰写及公开发表的学术论文 ……………………… 208

# 第一部分

## 理论篇

# 1 引　言

## 1.1　研究背景与问题描述

自1922年H. W. 奎因斯坦在其管理学著作《管理会计：财务管理入门》中首次提出管理会计的概念以来，管理会计的发展已经历了近百年的历史，计算机在管理会计领域的应用也积累了很多经典的案例，但总体而言，管理会计信息化的发展仍处于局部摸索和探寻的阶段，至少到目前为止，管理会计信息化发展尚未形成成熟、系统、完善的体系。

与财务会计信息化一样，管理会计信息化是一个涉及面广、复杂度高、资源投入大的系统工程，需要相关参与者缜密的构思和布局。财政部在2014年发布的《关于全面推进管理会计体系建设的指导意见》中就曾提出，"鼓励单位将管理会计信息化需求纳入信息化规划，从源头上防止出现'信息孤岛'，做好组织和人力保障，通过新建或整合、改造现有系统等方式，推动管理会计在本单位的有效应用"。然而，管理会计信息系统的建设不仅需要应用单位内部的科学规划和海量资源投入，更需要单位外部政府主管部门、行业协会和相关供应链上的组织在理论、工具、方法以及政策、人才、技术和服务等方面的大力支持和推进。因此，我们有必要对影响管理会计发展的各个行为主体和核心环节进行分析，并构建模型揭示它们之间的关系。

在对管理会计的认识上，一些先进国家的政府以及英国皇家特许管理会计师公会（CIMA）、美国管理会计师协会（IMA）、英格兰及威尔士特许会计师协会（ICAEW）等国际会计组织为我们提供了一些可供借鉴的知识框架；在信息化的体系建设方面，过去40年我国财务会计信息化工作所取得的显著成效、所积累的大量经验，也为我们进行管理会计信息化方面的探索奠定了坚实的理论和实践基础。因此,构建我国管理会计信息化发展体系不仅是非常必要的,也是切实可行的。

## 1.2 研究现状述评

管理会计信息化是管理会计与信息技术结合的产物,它的每一次发展都与信息技术的进步密不可分,并呈现出不同时期的信息化特征。管理会计信息化由早期的管理会计电算化演进而来。1996 年 4 月,中国会计学会举办会计电算化发展研讨会,并提出"发展管理型软件,发挥会计管理职能"的口号,由此也引发了学术界和实务界对管理会计信息化(或电算化)的更多思考和研究。以下从管理会计信息技术、管理会计信息资源、管理会计信息化政策法规和标准规范、管理会计信息化产业以及管理会计信息化人才培养等方面进行研究述评。

### 1.2.1 管理会计信息技术研究述评

李守明等(1996)认为,会计电算化可分为财务会计电算化和管理会计电算化,其中财务会计电算化生成的会计管理信息系统是一个封闭的系统,而管理会计电算化更注重管理控制、计划和分析,由此生成的会计决策支持系统是一个灵活的、开放的系统。在管理会计中存在许多半结构化问题,在处理过程中需要人工干预,因此,会计决策支持系统的开发一般采用 ROMC(Representation,Operation,Memory Aids,Control Mechanisms)分析法进行系统分析,并采用迭代设计法进行系统设计。同时,根据管理会计的功能将会计决策支持系统分为五大功能模块,包括本量利分析模块、决策会计模块、控制会计模块、责任会计模块以及综合信息模块。祁怀锦(1996)通过对管理会计内容及相互关系的分析,将管理会计电算化系统分为预测分析、决策分析、预算编制、反馈控制和业绩评价五个子系统。柯琼(1997)还尝试对管理会计电算化进行定义:管理会计电算化是以电子计算机为工具,根据管理上的需要,建立各种管理会计模式,利用会计数据并运用会计、统计等相关方法,实现会计分析、预测、决策等管理手段的现代化,提高会计信息搜集、整理、传输、反馈的及时性和正确性,提高会计分析、预测、决策能力,满足工业内部经营者的需要。

在实现方式方面,陈婉玲、韦沛文(1997)提出管理会计电算化的实现方式有三种:一是可以利用财务会计核算子系统进行管理会计核算;二是开发独立的管理会计子系统;三是利用电子表格软件和统计、运筹软件辅助实现管理会计功能。涂建明(2004)指出,管理会计软件开发存在难度,管理会计的方法灵活,程序不固定,没有准则限定,这既给软件开发提供了相当的灵活性,也带来了更大的难度。同时,文中也提出了管理会计电算化的两种开发思路,一是将管理会计电算化作为财务软件重要组成的设计定位,此为集成化的思路;二是将管理会计电算化作为专用软件的开发选择。

在应用方面,国外软件厂商开始涉足绩效管理、商业智能(Business Intelligence,BI)和内部控制(Geerts,2013;Al-Zubi Z 等,2014)。与国外软件相比,国内软件的设计理念不同,管理会计功能还很薄弱,信息技术应用水平存在差距,并且研究重点也不一样(李晓虎,2011)。

从信息技术的角度对管理会计信息化进行的研究更多地集中在管理会计信息系统方面。管理会计信息系统(Management Accounting Information System,MAIS)是管理会计与信息技术顺应时代发展的产物,是指利用管理会计原理对企业活动进行决策、控制、评价的内部管理系统。目前对于管理会计信息系统的研究主要包括以下三个方面:一是从管理会计信息系统的模块角度分析,如王淑华、尹铁岩(2006)提出了成本核算软件通用策略,杜胜利(2007)重点介绍了平衡计分卡(BSC)的理论框架和管理体系;二是从已有管理会计信息系统的改进角度分析,如穆林娟、潘爱香(2004)基于对 ABC 系统理论先进性与实施困难性的考虑,提出了作业基础标准成本管理系统的构想,认为将作业成本管理理念融入标准成本管理系统能够解决当前成本管理的瓶颈问题,同时能为以价值为核心的管理控制系统的全面构建奠定基础;三是从管理会计信息系统整合的角度分析,如 Chenhall(2003)指出完善的管理会计信息系统是企业迅速应对多变的环境和市场的关键。冯巧根(2009)指出,当前的管理会计工具(如平衡计分卡、经济增加值、作业成本法以及作业基础管理等)得到了创新与应用,然而却各自构成一个相对独立的管理会计控制闭环,同时它们发挥作用的区域又存在交叉与重叠。基于这些考虑,企业应根据公司规模、现有管理水平和管理文化提升管理的成本效益函数等因素,权变选择管理会计工具。

在管理会计信息安全方面,尽管管理会计信息系统与财务会计系统所处的网络环境不同,但它的安全体系与一般的信息系统相似,同样需要设计实施整体、综合的安全策略,将其纳入企业的整体安全体系,以确保系统的安全运行(涂锟斌,2009)。

## 1.2.2 管理会计信息资源研究述评

国外关于管理会计信息资源方面的研究历史悠久,初始聚焦于管理会计信息的披露(Trueman 和 Brett,1987;Lanen 等,1987)和管理会计信息的决策有用性(IonelaClaudia D,2013;Trueman 和 Brett,1987;Lanen 等,1987)。近年来,伴随信息技术的迅猛发展,以及管理会计信息系统的功能延伸与广泛采用,供应链级管理会计信息方面的研究渐增,如供应链中的管理会计信息交换(Caglio 和 Ditillo,2012)、供应链中的管理会计信息使用(Krapp M 等,2013)、如何利用管理会计信息促进环境资源的使用(Figge F 等,2013)等。

国内关于管理会计信息资源方面的研究,多聚焦于管理会计信息的认知(冯巧根,2014;李翔,2007)、管理会计信息的供给(陈忠福,2014;陈良华,2001)、管理会计信息的披露(毛洪涛等,2014;姜宏青,2014;徐在起,2010;李翔,2007;程昉雯,2004)、管理会计信息的决策有用性(毛洪涛等,2014;邓博夫等,2014)、管理会计信息的质量(刘传雁,2011;陈丽霖,2010;王玉娟,2009;李永丽等,2008;李霞,2005)、管理会计信息的需求分析与计量(高漫月,2014)、管理会计信息的外部作用(张原,2008;朱明秀,1998)等。2014 年 12 月,财政部发布《企业会计软件数据接口标准业务元素清单(征求意见稿)》,涵盖全球通用账簿(XBRL GL)格式的公共主数据、总账、应收应付、固定资产、职工薪酬、日志、归档元数据等元素。

作为会计信息资源的一个重要组成部分,管理会计信息在信息化环境下的运动轨迹包括信息采集、信息处理、信息存储、信息交换、信息披露和信息使用等主要环节。根据以上文献资料可知,国内外现有关于管理会计信息的研究多关注信息披露和信息使用两个环节,以及管理会计信息质量、管理会计信息标准等内容,少有涉及管理会计信息采集、信息处理、信息存储和信息交换等环节的研究,忽视了管理会计信息的资源特性。

## 1.2.3 管理会计信息化政策法规和标准规范研究述评

2009 年,财政部发布了《关于全面推进我国会计信息化工作的指导意见》(财会〔2009〕6 号)。该指导意见提出了全面推进我国会计信息化工作的主要任务,其中,推进企事业单位会计信息化建设、推进会计管理和会计监督信息化建设、推进会计教育与会计理论研究信息化建设、推进会计信息化人才建设、推进统一的会计相关信息平台建设等方面都与管理会计信息化相关。

2010年,财政部发布了《企业会计准则通用分类标准》(财会〔2010〕20号)。该分类标准是采用可扩展商业报告语言(XBRL)表述的会计准则,并对会计准则中涉及的会计元素进行了标准化。

2013年,财政部发布了《企业会计信息化工作规范》(财会〔2013〕20号)。该工作规范对会计软件的功能进行了规范,并要求处于财务管理信息化阶段的企业结合自身情况,逐步实现财务分析、全面预算管理、风险控制、绩效考核等决策支持信息化。

2014年,财政部发布《财政部关于全面推进管理会计体系建设的指导意见》(财会〔2014〕27号)。该指导意见按照管理会计体系建设的目标,有针对性地提出了相应的任务和具体措施,构建出由理论、指引、人才、信息化和咨询服务构成的"4+1"的有机发展模式。以信息化建设为支撑,通过现代化的信息化手段,充分实现会计和业务的有机融合,支撑管理会计的应用和发展。财政部将积极引导和鼓励单位重视管理会计信息化建设,并将其作为单位信息化建设的核心内容;鼓励单位充分利用信息技术优势,通过管理会计信息化建设,加快会计职能从核算到管理决策的转变。该指导意见还将"推进面向管理会计的信息系统建设"作为管理会计体系建设的主要任务和措施,并将指导单位建立面向管理会计的信息系统,以信息化手段为支撑,实现会计与业务活动的有机融合,推动管理会计职能的有效发挥。一是鼓励单位将管理会计信息化需求纳入信息化规划,从源头上防止出现"信息孤岛",做好组织和人力保障,通过新建或整合、改造现有系统等方式,推动管理会计在本单位的有效应用;二是鼓励大型企业和企业集团充分利用专业化分工和信息技术优势,建立财务共享服务中心,加快会计职能从重核算到重管理决策的拓展,促进管理会计工作的有效开展;三是鼓励会计软件公司和有关中介服务机构拓展管理会计信息化服务领域。该指导意见的相关解读,明确提出将管理会计信息化需求纳入单位信息化规划,做好系统的整合、改造或新建,推动管理会计的有效应用,鼓励大型企业和企业集团建立财务共享服务中心,鼓励会计软件公司和有关中介服务机构拓展管理会计信息化服务领域,并提示面向管理会计的信息系统建设要注意信息安全。

目前,相关部门对于管理会计信息化的规范主要以指导性文件为主,对于我国管理会计信息化发展体系及其实施路径中的具体问题尚无明确的规范。

## 1.2.4　管理会计信息化产业研究述评

涂建明(2004)认为,管理会计软件在推广上具有一定的难度。对于软件开发商来说,他们需要认真地对现有的目标、市场进行调查和定位,摸清企业的管理会计需求,并通过整合软件开发人员技术经验、管理会计专家意见、企业管理会计人员和企业决策层的系统需求,开发出真正的市场化的产品。而从管理会计市场来看,管理会计软件作为管理会计的产品和服务,与管理会计的咨询、企业管理会计的需求、管理会计的教育等要素共同构成了管理会计的市场。软件开发商必须从管理会计市场着眼,调查研究、开发和设计、宣传和服务,努力创造一个繁荣的市场并从中得以生存和发展。

另外,对管理会计信息化产业的研究离不开对会计信息化产业的分析,管理会计信息化产业的培育与发展可以借鉴会计信息化的模式。刘玉廷(2009)认为,会计信息化的全面推进需要相关产业的支撑,尤其是 IT 技术(包括会计信息化软件,也涉及硬件)。刘梅玲(2015)指出,会计信息化产业是指从事会计信息化有关业务的部门及其在市场上相互关系的集合。会计信息化有关业务,主要涵盖会计信息在信息化环境下各个运动环节的业务,包括会计信息生成业务、会计信息审计业务、会计信息交换业务、会计信息挖掘业务;会计信息化相关信息系统生命周期各阶段的业务,包括信息系统开发业务、信息系统开发工程的监理业务、信息系统审计业务、软件评审业务,以及会计信息化人才的培养业务、会计信息安全的保障业务、信息网络的构建业务等。

## 1.2.5　管理会计信息化人才培养研究述评

直接研究管理会计信息化人才培养的文献较少,会计教育研究中有一些涉及会计信息化的内容。研究的问题主要包括会计信息化教育的现状和存在的问题。周齐武等(2005)通过问卷调查发现,高校和业界对毕业生会计信息化能力(包括应用管理会计软件等能力)的满意程度低于其他方面能力的满意程度。从基本信息技术的应用能力到高级信息技术的应用能力,满意度呈现下降的趋势。杨春华(2006)指出,我国高等院校的会计信息化教学中实验课程学时偏少。由于学时的限制,真正用在实验教学上的有效实践时间偏少,限制了学生实践能力的培养,也很难适应时代的需要。他认为,必须拓展会计信息化实验课程,建立和完善会计信息化实验课程体系,分层次、由浅入深地培养学生不同层次的能力。通过财务软件模拟实验和 ERP 软件模拟实验,学生能熟练掌握会计信息化条件下会计核算的方式方法,培养软件操作的基本技能;通过计算机财务管理模拟实验和电算化审计模拟实验,学生学会建立各种分析模型,进行会计业务的预测、决策、控制、分析、管理和审计,培养分析问题、解决问题的能力;通过 ERP 沙盘模拟实验和电子商务模拟实验,学生在模拟会计(经济)环境中进行操作,培养独立思维和创新能力。Chandra 等(2006)通过问卷调查发现,会计教育者们本身在信息技术和知识的广度和深度方面还有待提高。缺乏系统和持续的反馈机制,可能是产生会计人才需求和会计教育之间差距的原因之一。杨政等(2012)通过问卷调查发现,会计师、会计教师和会计专业学生对会计信息化能力的重视程度相对较低。他们采用李克特 7 级量表统计发现,会计信息系统设计能力、会计软件使用能力和会计信息系统维护能力的受重视程度较其他会计专业能力低。现有的研究指出了会计信息化教育和培训的不足,也反映了业界对加强会计信息化教育的需求,但是对于强化管理会计信息化教育的构想和具体的实施路径并没有太多的探讨。

上述研究为本课题提供了一定的文献参考,同时也为本项目的研究提供了方向。管理会计信息系统整合是未来管理会计信息化的应用趋势,管理会计信息化的发展应当与技术、环境、文化等因素相适应,需要从传统的范式中转变过来,并在开展整合的过程中进一步推进管理会计的信息化、系统化与国际化。

## 1.3 研究对象、目标与内容

### 1.3.1 研究对象

本课题的研究对象是管理会计信息化。管理会计信息化是指以财务和业务数据为基础,借助计算机、网络通信等现代信息技术手段,对信息进行获取、加工、整理、分析和报告等操作处理,为企业有效开展管理会计活动提供全面、及时、准确的信息支持①。

管理会计信息化涵盖范围较为广泛,其核心是管理会计信息系统,也是本

---

① 《管理会计应用指引第 802 号——管理会计信息模块》(征求意见稿),第二条,2016 年 12 月。

课题研究的落脚点。管理会计信息系统,也称管理会计信息模块,是指集成在企业信息系统中,以企业信息系统中财务和业务数据为基础,借助系统的技术手段实现管理会计应用的过程,为企业有效开展管理会计活动提供支持的信息系统模块①。

### 1.3.2 研究目标

本课题旨在基于经典理论,探讨管理会计信息化的内涵和外延;基于发展历史,探讨宏观上应如何推进管理会计信息化的发展,包括发展体系、发展路径和推动策略;基于实践经验,探讨微观上应如何推进企业的核心管理会计信息系统建设,包括预算管理系统、成本管理系统、管理会计报告系统和绩效管理系统,以期推动我国管理会计信息化理论、政策和实务的发展。

### 1.3.3 研究内容

(1)管理会计信息化发展历史研究

管理会计信息化发展历史研究,包括我国管理会计信息化发展的脉络梳理和规律抽取,国外管理会计信息化发展的经验总结,以及我国管理会计信息化的应用现状分析。

(2)管理会计信息化基础理论研究

管理会计信息化基础理论研究,包括管理会计信息化的理论基础、内涵与外延、思路与方法等。研究范围涉及预算管理、成本管理、内部报表、绩效评价等管理会计的核心业务。

(3)我国管理会计信息化发展体系研究

我国管理会计信息化发展体系研究,包括管理会计信息化发展体系的顶层架构,以及从组成要素(包括管理会计信息系统、管理会计信息资源、管理会计信息安全、管理会计信息化产业、管理会计信息化人才培养、管理会计信息化政策法规和标准规范等)和行为主体(包括政府部门、IT供应商、咨询服务机构、培训机构和管理会计信息化应用主体等)两个维度细分的子发展体系。

(4)我国管理会计信息化的发展路径研究

该研究基于组织、技术、管理三个维度,从发展动力、激励机制和路径规划

---

① 《管理会计应用指引第802号——管理会计信息模块》(征求意见稿),第四条,2016年12月。

三个方面,探索我国管理会计信息化的发展路径。

(5) 我国推动管理会计信息化发展的策略研究

该研究面向不同行为主体(包括企业、政府、管理咨询机构、软件提供商和科研院校等),提出促进我国管理会计信息化发展的策略建议。

(6) 我国管理会计信息化的实务研究

该研究针对管理会计信息系统中的核心子系统——预算管理系统、成本管理系统、管理会计报告系统、绩效管理系统,研究其基本逻辑模型,并基于典型案例,研究其建设过程、数据交互模型和演进发展。

## 1.4 研究思路与研究方法

### 1.4.1 研究思路

本课题按提出问题、分析问题、解决问题的研究思路展开。

首先是提出问题。通过文献综述,论证管理会计信息化发展体系构建的必要性、重要性和迫切性,引出本课题选题。

其次是分析问题。通过文献综述,梳理国内外管理会计信息化的发展脉络,探寻其中蕴含的发展规律,总结国内外管理会计信息化的发展经验;根据文献综述及文献分析,了解我国管理会计信息化的应用现状;根据管理会计基础理论和信息技术的最新发展,借鉴现代科学方法论和会计信息化基础理论,结合管理会计的特色,进行管理会计信息化基础理论研究,界定管理会计信息化的内涵与外延等。

最后是解决问题。基于管理会计信息化的基础理论和会计信息化发展体系,结合我国管理会计信息化的发展脉络、发展规律和应用现状,借鉴国外管理会计信息化发展经验,构建适合我国国情的多层次、多维度的管理会计信息化发展体系;基于我国管理会计信息化发展体系,结合我国管理会计信息化应用现状,借鉴国外管理会计信息化发展经验,从组织、技术、管理三个维度规划我国管理会计信息化的发展路径,进而从政府监管、行业规范、系统支持、咨询服务、培训推广等不同角度,针对不同行为主体提出促进我国管理会计信息化发展的策略建议。研究思路如图1-1所示。

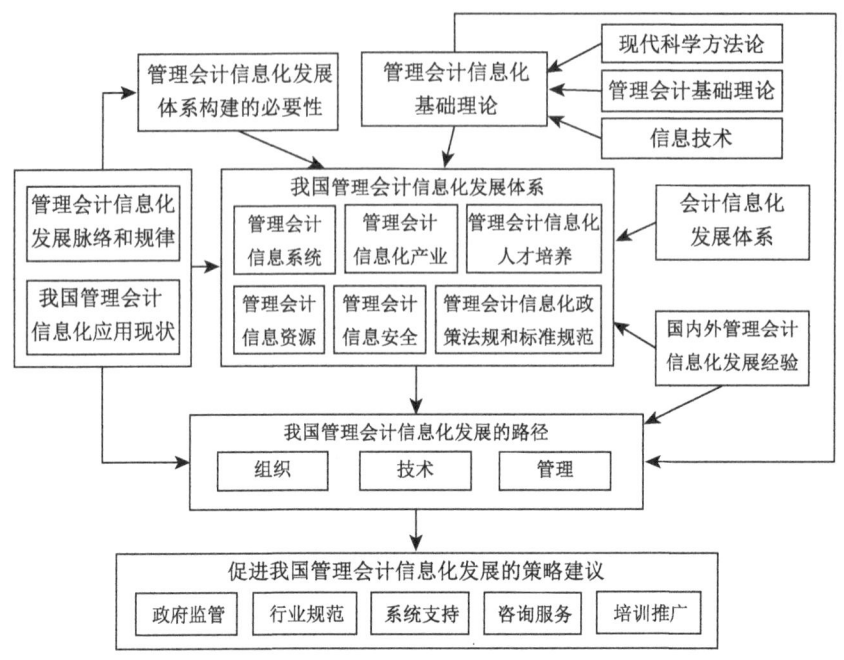

图 1-1　研究思路

## 1.4.2　研究方法

（1）文献研究法

通过对管理会计信息化、管理会计信息系统、管理会计信息资源、管理会计信息安全、管理会计信息化产业、管理会计信息化人才培养、管理会计信息化政策法规和标准规范等方面文献的搜集和整理，论证管理会计信息化发展体系构建的必要性，梳理我国管理会计信息化的发展脉络和发展规律，总结国外管理会计信息化的发展经验，构建管理会计信息化的基础理论。

（2）系统分析法

在"我国管理会计信息化发展体系"部分，对管理会计信息化发展体系从组成要素和行为主体两个维度入手，在宏观层面剖析管理会计信息化的发展生态，在微观层面剖析应用单位管理会计信息化发展的内在逻辑，进而推演出我国管理会计信息化事业的发展路径和推动策略。

（3）案例分析法

在"第二部分　实务篇"部分，分别剖析了典型的预算管理系统建设、成本管理系统建设、管理会计报告系统建设和绩效管理系统建设案例,并基于这些案例梳理相应子系统的数据交互模型及其建设的演进发展。

(4) 实验模拟法

在"国内外管理会计信息化的发展"部分,借助信息技术,通过实验控制和业务模拟,研究信息化在管理会计流程中的实施与优化等问题。以预算管理为例,通过预算管理电子沙盘的模拟实验,分析企业管理者在预算管理中的偏好与预算执行结果的关系,以及预算管理中存在的关键问题和解决方案。

## 1.5 研究意义

中共十八届三中全会对全面深化改革做出了总体部署,其中大力发展管理会计是财政部门的重点方向。本课题对于管理会计信息化基础理论、发展脉络和历史规律的研究,将丰富管理会计信息化理论;对于管理会计信息化发展趋势和发展体系,以及发展路径和发展策略的研究,将对我国实际绘制管理会计信息化发展蓝图、规划管理会计信息化路径、推动管理会计信息化工作、提高管理会计工作水平、促进管理会计工作全面深化改革,具有十分重要而深远的积极意义;对于管理会计信息系统子系统的逻辑模型、建设过程、数据交互模型和发展演进的研究,将有助于软件商对管理会计信息系统的改进与完善,以及对企业管理会计信息系统的规划和建设。

## 1.6 研究创新与研究不足

### 1.6.1 可能的创新点

(1) 探讨管理会计信息化的基础理论

本书第3章尝试对管理会计信息化的基础理论进行初步探讨,包括管理会计信息化的理论基础、管理会计信息化的内涵与外延、管理会计信息化的研究思路与方法等内容,以期为探索管理会计信息系统建设、探讨管理会计信息化发展奠定基础。

(2) 探讨管理会计信息化的发展体系

本书第4章新建管理会计信息化多层次、多维度发展体系,确立了管理会计信息化发展体系的顶层架构,并且分别针对各组成要素和各行为主体构建了细分的子发展体系。这一创新内容为指导管理会计信息化工作提供了框架性参考,并且为我们清晰地认识体系内部的逻辑关系奠定了基础。

(3) 探讨管理会计信息化的发展路径和推动策略

本书第5章基于管理会计信息化发展体系及我国企业管理会计信息化的现状,首先从组织、技术、管理三个维度分析企业管理会计信息化发展面临的挑战,紧接着通过对发展机制的分析,明确了我国管理会计信息化的发展路径,并最终形成以企业为发展主体、借助政府的引导作用、协同多方相关者共同推动我国管理会计信息化发展的策略。

(4) 基于典型案例演绎管理会计信息系统的一般特征

本书第6章至第10章基于管理会计信息系统中的核心子系统——预算管理系统、成本管理系统、管理会计报告系统、绩效管理系统,研究其基本逻辑模型;基于典型案例研究其建设过程、数据交互模型和演进发展。

## 1.6.2 存在的不足

本课题的研究还存在一些不足:第一,仅对管理会计应用方面的信息化发展体系进行了初步研究,没有涉及管理会计信息化的其他分支,如管理会计理论研究、管理会计政府管理、管理会计人才培养等方面;第二,对管理会计信息化的发展路径仅分三段进行了框架式的探讨,对其中的核心内容,如系统升级、数据融合、流程再造、组织变革、业财融合、内部控制变化等方面的发展路径缺乏细致的讨论。这些都有待于今后的进一步研究和完善。

# 2

# 管理会计信息化发展历史研究

本章对我国管理会计信息化的发展历程和现状、国外管理会计信息化发展的经验进行梳理,以期为我国管理会计信息化的进一步发展提供参考。

## 2.1 我国管理会计信息化的发展历程

管理会计信息化是会计信息化的一部分,本书依据中国会计学会会计信息化专业委员会(2009)对会计信息化发展阶段的划分,从经济社会背景、管理会计信息化的实践应用、理论研究等方面对我国管理会计信息化的发展历程进行了梳理。

### 2.1.1 核算型开发与应用阶段(1979—1995年)

20世纪八九十年代,计算机和局域网技术在我国得以应用,改革开放和市场经济体制转型的快速发展对会计核算的效率提出了更高的要求。在第一次信息化浪潮的影响下,我国的企事业单位开始利用计算机模拟手工会计作业,即财务会计的电算化。会计信息系统经历了从单项会计处理到部门会计处理的过渡,实现了部门内会计信息的共享,但是在企业层面,部门间的会计信息还没有实现共享,管理会计信息化还在酝酿中。会计信息化的研究主要是电算化概念、会计信息系统开发等。在这个阶段的后期,已经有学者开始提出会计电算化从核算型向管理型的过渡(王景新,1995)。

### 2.1.2 管理型开发与应用阶段(1996—2000年)

我国改革开放步入深化发展,经济社会更加开放,企业面临国内外的竞争压力,管理能力需要提高,要求会计工作不能停留在核算领域,还需要延伸到管理领域。

在实践方面,企业内部的业务信息和财务信息需要整合,业务部门和财务部门之间数据不互通,部门之间信息孤岛的问题亟待解决。20世纪90年代中后期互联网和IT技术在我国的兴起,带来了会计信息化的第二次浪潮。在这次浪潮中,我国的财务软件厂商获得了发展机会,并为会计软件从核算型过渡到管理型提供了软件支持。借助这些软件工具,企业开始关注如何利用会计信息提高管理和决策的水平。会计电算化的发展也从核算型阶段过渡到管理型阶段,企业开始用计算机手段实现管理会计,管理会计信息化开始萌芽。

在研究方面,管理型会计电算化系统是这个时期研究的热点之一。该系统需要体现管理会计工具的应用,是基于预算系统、分析预测系统、业绩评价系统以及决策系统等构建的综合系统(祁怀锦,1996)。管理型软件更强调事前、事中和事后的全流程管理(金光华,1997),还可以完成包括预测、分析、控制和辅助决策等管理会计工作(陈婉玲和韦沛文,1997)。阎达五(1999)认为,会计软件由核算型向管理型转化的理论依据是,会计既有核算职能也有管理职能(王景新,1999)。罗金明(1999)从现代管理科学和计算机科学的角度对管理会计电算化进行了定义,并指出了管理会计电算化向决策支持系统发展的方向。

### 2.1.3 一体化开发与应用阶段(2001—2005年)

伴随着我国经济的持续高速发展、企业管理水平的提升,会计信息化进入一体化阶段。企业基于统一的信息管理平台,根据业务流程这根主线,对各个子系统进行重新规划、设计和集成(杨全文,2010)。

这个时期,ERP从概念变成了更多企业的实践。先进企业的ERP系统开始更加注重支持业务发展,通过企业内部信息资产、人力资源等与财务系统的整合,改善经营管理、提升产品服务和客户关系服务(孙绪才,2015)。ERP系统开启了管理会计信息化业财融合的尝试,为管理会计信息化的发展提供了基础数据和系统基础。但是受制于管理会计技术工具的应用程度,当时的ERP系统尚未达到业务和财务系统较深层次的融合。例如,当时流行的财务预算信息化不能等同于全面预算管理的信息化(李晓虎,2011)。

这个时期管理会计信息化的研究主要集中在对系统功能和ERP的探讨上。ERP系统应该突破单一管理的局限,实现成本、资金的一体化管理,并利用核算、分析和预测功能解决企业的管理需求(周山和李媛媛,2002)。张宏等

(2005)提出了预算管理模块、成本管理与控制模块、获利能力分析模块、绩效衡量模块的划分及实施。当时的企业大多实行单一的财务会计信息系统,而在财务会计信息系统的信息搜集、加工和处理过程中,管理会计基础性会计信息被汇总或者忽略,出现了信息含量不充分的问题(杨雄胜等,2001)。

在会计信息化第二次浪潮的后期,互联网技术在我国加速普及,会计软件和信息系统出现了网络化的趋势。相关的研究集中在网络财务报告方面,网络与管理会计信息化的研究并不多,主要是适用性的研究。例如,杨标(2005)提出企业需要适应网络经济环境,建立网络战略管理会计信息系统,并从数据库、数据挖掘、工作流、群件等信息技术的角度分析了其实施的可能性。

### 2.1.4 嵌入型开发与应用阶段(2006年至今)

经济全球化不断发展,我国从区域经济大国向全球经济大国转变,经济结构深化调整,经济发展逐步进入新常态。大智移云、物联网等技术的兴起,掀起了以规范化、标准化、知识化、智能化、互联化、云化、社会化、产业化为主要标志的会计信息化第三次浪潮。如何在知识经济时代、信息时代,实现企业管理效率和效益的提升是管理会计信息化面临的问题。

信息技术在管理会计领域的应用出现了管理会计软件功能细分化、专业化和集成化的特点。基于不同生产经营和管理的需要,为更充分地利用信息通信网络,更加高效地获取和使用网络资源,各行业利用信息化手段进一步建设商业智能,促使企业信息化技术及其应用也朝着更加细分的方向发展(王学东和商宪丽,2008)。软件厂商开发了与管理会计的主要技术工具对应的各种管理会计信息系统,并应用于各类企业。部分在管理会计领域比较领先的软件厂商开始探索管理会计专业化软件服务——专业化的管理会计套件,以管理会计数据为起点,主动提供企业管理会计需要的管理会计信息化服务(张丽,2007)。2014年,财政部发布《关于全面推进管理会计体系建设的指导意见》之后,企事业单位更加重视管理会计工作,管理会计信息化进入了快速发展时期。十几年的时间,我国管理会计软件已经覆盖了预算管理、成本管理、战略管理、营运管理、投融资管理、绩效管理、风险管理、管理会计报告等管理会计技术工具运用的主要领域。近年来,管理会计信息化逐步开始从独立的管理会计技术工具应用系统的构建向集成式的管理会计信息系统的构建过渡(李彪,2016)。

理论研究的一个特点是紧跟技术发展和软件工具创新,研究管理会计新工具的信息化问题。例如,全面预算管理信息系统架构和关键技术(于新华等,2006;王惠颖,2009)、全面预算管理系统和ERP系统全面融合的技术基础(刘畅,2011)、用平衡计分卡的思想提升ERP系统的管理会计功能(曾维梁,2007)、基于MES(制造执行系统)的价值链成本管理系统(张明明,2014)。随着网络财务报告研究的深入和XBRL研究从FR延伸到GL,XBRL在管理会计中的研究开始被关注。引入XBRL统一资料文件的类型,提高了数据的真实性和可靠性,也提高了信息处理和传输的效率(韩庆兰和樊丽梅,2011)。

## 2.2 我国管理会计信息化的应用现状

### 2.2.1 系统应用

我国多数企业已步入业财一体化的会计信息系统发展阶段,并有少数企业进入了智能化、云化的高级会计信息系统发展阶段(杨周南,2009)。目前我国企业构建管理会计信息系统采用的一个较常见的方式是在前期信息化的基础上,基于业务层和核算层建设管控层。系统应用的新领域层出不穷,如财务战略定义组件(张瑞君等,2007)、多维度预算管理(韩向东,2014)、成本管理纳入事中控制(周清林和张铁梁,2017)、预算系统与成本管理系统的深度集成(刘梅玲,2016)、财务共享中心从财务会计延伸到管理会计(陈虎等,2015;王振华,2015;李闻一和刘东进,2015)、大数据支持管理会计决策(崔慧敏,2015;陈旭和范亮,2015)、云计算降低管理会计数据交互和管理会计信息化成本(熊磊,2014)。

我国在管理会计信息系统应用方面还存在一些不足。一是系统应用差异较大,"数据分析与决策"等深层次管理会计职能的信息化应用较少(张继德和刘向芸,2014;中国会计学会会计信息化专业委员会,2015)。二是不同规模企业的管理会计信息化应用程度存在较大差异,小企业应用程度低(张继德和刘向芸,2014)。三是管理会计信息系统与业务系统的集成程度差异较大,深度集成较少(中国会计学会会计信息化专业委员会,2015;李彪,2016)。四是数据标准和软件接口缺乏规范,数据共享成本较高(陈秀凤和王素义,2012)。

### 2.2.2 产业发展

目前我国财务软件提供商提供的管理会计信息化服务主要包括软件服务

和咨询服务。软件服务又可以细分为管理会计基础系统、专门的管理会计工具软件或实现管理会计某项职能的软件、全局性决策支持软件。云计算和"互联网＋"让更多企业有机会以较低的成本使用软件服务,这对软件业的许可销售商业模式产生了影响(秦荣生,2013)。另外,"营改增"、信用体系建设、"互联网＋"政务使财税信息化也进入了管理会计信息化软件厂商关注的领域。在标准建设方面,相关部门在不同厂商数据的统一性方面继续提供引导。财政部在2016年就《会计软件数据接口第1部分:企业》公开征求意见。

我国的软件厂商在"互联网＋"和大数据的新一轮技术潮流中进一步缩小了与国际厂商的差距,还出现了较长时期聚焦在管理会计专业领域的软件厂商。在管理会计信息化方面的服务不再仅仅局限于单纯的软件销售,越来越多的厂商开始提供整套的管理会计方案咨询和落地服务。长期来看,我国的管理会计信息化软件在移动化办公、多平台交互、共享性、安全性、个性化、操作的简便性、与其他系统的集成、结合商业智能和人工智能、利用可视化以及对于非财务专业人员的决策支持方面还有较大的发展潜力(王文京,2014;尚惠红,2015;韩向东,2014;王兴山,2015)。

### 2.2.3 人才培养

财政部2010年发布的《会计行业中长期人才发展规划(2010—2020)》提出,我国会计职业领域已从传统的以记账、算账、报账为主,拓展到内部控制、投融资决策、企业并购、价值管理、战略规划、公司治理、会计信息化等高端管理领域。管理会计信息化正是为这些高端管理领域提供技术和智力支持的。从财务人员自我认识的视角,他们认为信息化对管理会计人员的专业胜任能力具有一定的影响(佟成生等,2014)。从人才需求的视角,用人单位对于会计人员的要求除了财务软件之外,还包括网络知识、数据库、数据分析等计算机技术等(李露,2016)。田海霞和王珂(2012)认为,提高会计人员可以使其从管理信息思维转变成信息管理思维,从信息反映者的角色转变成价值整合者的角色,从事后管理的视角转变成事前管理的视角。

### 2.2.4 信息安全

根据中国会计学会会计信息化委员会2015年的调查,现有会计软件迫切需要解决的问题中"提高数据安全性"排名第一(占比44.86%),可见财务人员对软件安全性的担忧。管理会计信息系统与会计信息系统一样,存在硬件、软件、网络、人为操作和制度规范等方面的安全风险。管理会计决策支持的云服务同样存在云会计环境下会计信息存储、传输、使用和数据管理模式等风险。云计算环境中的虚拟化、共享资源池等技术也带来了新的安全问题,特别是缺乏控制云服务资源的有效方法(何洪林,2015;李攀,2015;冀宇平,2016;张玉清等,2016)。另外,对商业泄密的管控也是管理会计信息化安全管控的重要一环(申亚楠等,2016)。

### 2.2.5 政策法规和标准规范

(1) 会计信息化制度规范中的管理会计部分

财政部分别于 2009 年和 2013 年发布了《财政部关于全面推进我国会计信息化工作的指导意见》和《企业会计信息化工作规范》。这两个文件都强调了会计信息与业务信息(经营管理信息)的融合,突出了"数出一门,信息共享"的重要性和要求,强调了会计信息化要便于不同信息使用者获取、分析和利用信息进行投资和相关决策。财政部制定了我国企业的业务元素向 XBRL GL 元素映射的规则,起草了《会计软件数据接口第 1 部分:企业》征求意见稿,旨在通过加强对会计软件数据接口的规范和统一,提高企业会计账簿和凭证电子数据的可比性,提高会计监督、会计数据迁移和会计数据存档等工作的效率,避免重复开发和资源浪费。

(2) 管理会计相关规章中关于信息化的部分

2014 年以来,我国管理会计相关的规章不断完善。财政部 2014 年发布的《关于全面推进管理会计体系建设的指导意见》(以下简称《指导意见》)明确指出,力争通过 5~10 年的努力使管理会计信息化水平显著提高,并在具体的任务和措施中提出了"推进面向管理会计的信息系统建设"的指导意见。2016 年发布的《管理会计基本指引》强化了单位将管理会计信息化纳入单位信息规划的要求。把《指导意见》中的"鼓励"调整为"应"。在随后公开征求意见的 22 项管理会计应用指引中,单独将管理会计信息化列为一个具体指引。《管理会计应用指引第 802 号——管理会计信息模块》(征求意见稿,2016 年)系统地规定了管理会计信息化的定义、实施原则、实施路径(在已有信息系统基础上应用管理会计信息化模块,也可以新建系统同时应用)、应用环境、建设和应用程序、应用评价等。

## 2.2.6 理论研究

管理会计信息化的研究是管理会计与信息化的交叉研究。从整个管理会计的研究文献来看,管理会计信息化的研究虽然占比较低,但是占比在持续上升(杜荣瑞等,2009;孟焰等,2014)。到了21世纪,随着会计信息化实践的深入发展,理论研究的重点转向了会计信息化理论体系结构、方法学体系结构、会计信息学、会计信息资源学等会计信息化本体研究(杨周南,2009)。随着大智移云等一系列新技术的兴起,近年来管理会计信息化的研究除了依然关注系统设计、应用外,还将云计算、大数据、互联网等纳入了管理信息化的研究(刘勤等,2014;张超,2015)。在基础理论研究方面,部分研究从管理会计信息化的内涵、外延及其发展意义对管理会计信息化"是什么""为什么"等基本问题进行了探讨(许金叶和王梦琳,2015;胡仁昱和孔令曼,2016)。

我国管理会计信息化的研究主要还是具体管理会计工具应用的实践性研究,研究的系统性不高,实践应用驱动理论研究和基础理论创新不足(朱卫东和张超,2015;韩向东,2014;李彪,2016)。孟焰等(2014)的研究对其筛选的管理会计文献是否具有理论来源进行了统计,其总体样本中没有相关理论来源的文献占比为48.3%,其中管理会计信息系统文献的相应比例达到53.8%,管理会计信息化的理论研究还有待加强。

## 2.3 国外管理会计信息化的发展

### 2.3.1 理论研究

(1) 基础理论

国外的学者引入了不同的理论来探索会计信息系统的基础理论:基于权变理论(contingency theory)研究信息系统与企业需要的相互关系(Nicolaou,2000);基于社会资本理论(social capital theory)和行动者网络理论(actor-network theory)研究系统实施中具有对应关系的参与者的关系,特别是关注更广范围的相关者和业务(King 和 Burgess,2008;Brignall 和 Ballantine,2004);基于社会交换论(social exchange theory)对类似功能的系统进行比较(Gefen 和 Ridings,2002;King 和 Burgess,2008)。

(2) 其他研究

管理会计信息化的研究还可以基于技术来研究会计问题,主要的研究成果集中在基于信息系统的账务处理、财务报告、信息系统模型架构等,对于管理会计与信息系统的研究不多,特别是具体管理会计行为与信息系统关系的研究更少(Granlund,2011)。主流会计研究对信息化研究的关注较少,表现在主流研究中对信息化文献的引用较少。信息化的研究者可以通过论文撰写、成果报告、研究评论等方式增加整个会计学术界对新技术的关注,特别是新技术对会计可能产生的影响,来增加不同学术领域研究者的互动(Granlund,2011)。近年来,国外的会计信息系统研究开始关注集成信息系统(Internet Information Services,IIS),研究的领域包括集成信息系统推动管理会计更深入实施、信息化影响管理会计组织、管理会计影响信息化(唐梦泽,2016)。

### 2.3.2 实践应用

(1) 信息系统、系统集成与管理会计信息化

21世纪初期,发达国家企业ERP信息系统的一些内嵌功能未能完全与其他软件充分集成,使得系统的潜能还没有完全被利用(White,2004)。从企业界的整体情况来看,高度集成的系统还未能完全普及,主要是部分小公司还未采用这类系统。一方面,小公司对于系统实施的成本更加敏感;另一方面,小公司业务的复杂程度使其安于已有的、比较简单的系统(Granlund,2011)。ERP系统与大数据技术的结合可以为管理会计工作提供更多的内外部数据,从而管理会计可以提供描述性分析(descriptive analytics)、预测性分析(predictive analytics)和提供最优决策的指导性分析(prescriptive analytics)。目前的管理会计提供的大部分还是描述性分析和一些预测性分析,几乎没有指导性分析(Granlund,2011)。

系统集成的另一个管理会计工具是平衡计分卡。基于平衡计分卡理论、运用商业智能的管理会计数据分析(Managerial Accounting Data Analytics,MADA)的框架,企业可以在公司业绩管理的四个方面(包括财务、客户、内部流程、学习和成长)应用上述三种分析(Appelbaum 等,2017)。

(2) 技术发展与管理会计信息化

从20世纪90年代到21世纪初,发达国家的先进企业已经通过引入数据仓库、在线分析处理、数据挖掘、网络(特别是基于网络的数据标准化技术,如

XML、XBRL)等技术,提高系统处理多维度数据的能力,打破了信息处理时间空间的限制,将更多的会计信息更高效率地进行集成和整合,从而提高会计信息处理的能力(Berson 和 Smith,1997;Thomsen,2002;Debreceny 和 Gray,2001;Deshmukh,2006)。

在大数据的背景下,更多的数据可能纳入企业信息系统。这些数据从载体分,包括移动端数据、网页数据、扫描端数据等,从来源分,包括安全记录数据、电话记录数据、社交媒体记录数据等(Moffitt 和 Vasarhelyi,2013)。数据挖掘在管理会计领域的应用主要集中在成本管理(包括产品、设备、流程和项目等层面)、资产管理(主要是存货管理)方面,在预算管理、收入管理、企业并购等方面也有一些应用。采用的主要措施包括分类、选择、预测和优化存货管理、定义成本动因、估计和预测项目与产品成本、建立预算系统、预测现金流量等。实施的主要方法是通过神经网络进行估计和优化(Amani 和 Fadlalla,2017)。

### 2.3.3 管理会计信息化的成功因素

(1) 人的因素

一是最高管理层的支持和其他参与者的态度和决心(Grabski 等,2011)。二是将外部的第三方咨询专家和他们的实践经验整合到企业的实施中来(Grabski 等,2011;Somers 和 Nelson,2001)。三是采用实时商业模拟(real-time business simulations)的体验式教学、模拟游戏式教学(simulation game-based training)等创新的培训方法有利于员工更好地适应 ERP 等信息系统提供决策信息的方式(Léger,2006;Cronan 等,2011)。四是加强外部顾问与项目实施团队的紧密合作(Grabski 和 Leech,2007)。另外,Umble 等(2003)还发现,在整个 ERP 系统实施的预算中,为系统实施的培训留出 10%~15% 的预算额度,可以为企业带来高达 80% 的系统实施成功概率。ERP 的培训不应该是一次性的,而是需要持续的培训和后续的交流(Yu,2005)。

(2) 组织因素

一是企业战略的一致性问题。考虑得越早越好,最常见的实施风险其实是在早期的概念阶段没有考虑企业战略,最终导致了 ERP 系统实施的失败(Aloini 等,2007)。二是变革管理。比较领先的企业在信息系统实施的过程中采用了变革管理(change management),主动对系统实施可能给员工带来的影响进行引导和管理,包括准备程度评估、培训计划、工作内容重新设计,甚至还有组织架构的相应调整(Grabski 等,2011)。三是最佳实践模板加上个性化改进。国外先进企业实施 ERP 是先引入信息系统的整体框架,再由实施企业的专家进行最适合本企业的、最有效的调整(Mayere 等,2008)。四是详尽的实施需求、明确的目标、详细的实施计划等(Grabski 和 Leech,2007)。五是实施前的系统测试、实施后的密切监测、对系统实施成功与否的界定标准(Grabski 和 Leech,2007)。对实施效果进行后续评估(post-implementation review)可以提高实施的效果(Nicolaou,2004)。后续评估越早,效果越好(Nicolaou 和 Bhattacharya,2008)。六是项目实施的内部审计,对具体可执行项目的内审跟踪(Grabski 和 Leech,2007)。另外,McLaren 等(2016)基于体制理论(institutional theory)的框架和新西兰企业的实践,提出想要完整地理解管理会计制度化(信息化)的过程,需要在组织层面考虑技术属性的变化。

(3) 信息系统因素

一是系统和组织的匹配度(Hong 和 Kim,2002)。二是系统功能覆盖的范围(scope)和规模(scale)也会影响实施的效果(Quattrone 和 Hopper,2005)。三是系统集成的程度。ERP 系统本身只对交易方面的管理会计工作具有促进作用,仅有 ERP 系统是很难实现较高程度决策支持的,ERP 系统需要整合客户管理系统(Customer Relationship Management,CRM)和供应链系统(Supply Chain Management,SCM),才可能成为决策支持系统(Decision Support System,DSS)(Shafiei 和 Sundaram,2004)。系统之间的差异使得系统的集成程度成为管理会计信息系统实施中必须要考虑的因素(Rom 和 Rohde,2007)。四是业务流程再造(Business Process Reengineering,BPR)。信息系统内嵌的业务流程会影响甚至在一定程度上决定实施企业的业务流程,实施企业原有的业务流程与系统内嵌的、模板化的"最佳实践"的业务流程差别越大,企业需要进行的业务流程的改造也就越大(Huang 等,2004;Wenrich 和 Ahmad,2009)。主动的业务流程调整也是促使信息系统成功实施的关键控制因素之一(Grabski 和 Leech,2007)。五是系统的安全问题与系统权限的分配(Hsu 等,2006)以及初始设置(Wah,2000;Hunton 等,2004)有关。

### 2.3.4 影响与经济后果

(1) 企业管理与决策

信息系统的实施提高了信息集成的程度,使信息共享变得更加容易,并提高决策支持的效果(Grabski 等,2011),从而带来一系列的变化,如岗位职责和内容的调整(Morris 和 Venkatesh,2010)、组织文化的变化(Ke 和 Wei,2008)、组织架构的扁平化(Grabski 等,2011)。但是在一些情况下,ERP 的实施(可能是系统权限的设置)反而会保护部门间职责的壁垒和管理层级(Quattrone 和 Hopper,2005)。ERP 系统的初始设置(initial configuration)会在较长的一个时期影响企业未来的管理决策(Dechow 和 Mouritsen,2005;Dechow 等,2007)。ERP 系统可以自动处理很多数据,为企业提供从业务开始到结束的无缝对接的数据,有利于企业的风险管理(Sayana,2004)。信息技术对企业高级经理决策环境也会产生影响,有利于营造一种客观、公正、尊重、协作、和谐的决策支持环境(Liew,2015);信息技术还会改变组织的边界(Ouritsen 和 Thrane,2006;Thran 和 Hald,2006)。

(2) 经济后果

从企业内部看,大部分国家的企业实施 ERP 后的 3 年时间内,总资产回报率(ROA)、投资回报率(ROI)、总资产周转率(ATO)都好于未实施的对比企业(Hunton 等,2003)。但是在韩国的部分样本企业,这个差异并不明显(Oh 等,2016)。在马来西亚,即使国有企业的管理会计信息系统还没有很好地实现集成,仍然可以帮助企业获得一定的竞争优势(Napitupulu 和 Situngkir,2016)。持续的云计算审计(continuous CCS audit program)可以帮助公司提高业务流程的业绩,进而提升企业的总体业绩(Prasad 和 Green,2015)。Lee 等(2013)的研究发现,管理会计信息系统可以通过战略管理工具帮助初创企业渡过危机。

从外部市场反应看,Hayes 等(2001)发现 ERP 的实施对于企业总是正面的效果,而且大软件商带来的正面效应更加明显。ERP 与企业盈利的提高有关;实施供应链管理系统的企业还赢得了市场的正面回应(股价上涨)(Mabert 等,2003;Hendricks 等,2007)。

(3) 对管理会计人员的影响

信息系统与管理会计的结合,促使了交叉岗位的出现,在国外出现了非会计背景人士从事管理会计岗位的现象(Caglio 和 Ditillo,2012;Scapens 和 Jazayeri,2003;Hyvönen 等,2009;Newman 和 Westrup,2005)。另外,也有财务人员借调研发部门参与研发,以便提高研发费用的核算和管理。这些都是信息系统进一步促进深度业财融合的表现,而原有管理会计岗位的员工也会影响信息系统的实施（Hyvönen 等,2009）。IMA 的管理会计指南（statement of management accounting）体系还将技术支持纳入管理会计人员的能力范围。

## 2.4 本章小结

我国管理会计信息化的理论创新和实践探索仍在不断前进,本章结合我国管理会计信息化发展的历史、现状和国外的经验,提供几点建议:一是基于管理会计理论和信息化理论,加强管理会计信息化的基础理论研究,为我国管理会计信息化发展体系和发展路径的研究提供理论支持。二是主管部门继续通过不断完善管理会计信息化标准体系,引导管理会计信息化的全面发展。三是软件业界在总结、固化成功企业系统模板的基础上,关注技术创新,探索适合不同类型、规模、行业的管理会计信息化软件工具和个性化咨询服务。四是企事业单位等管理会计信息化主体可以围绕组织战略,依托信息技术加强管理会计工具的整合,提高管理会计信息系统与其他系统的集成程度,增强培训效果,强化后续评估,探索管理会计信息化实践新方向。

# 3 管理会计信息化基础理论研究

本章尝试对管理会计信息化的基础理论进行初步探讨,包括管理会计信息化的理论基础、管理会计信息化的内涵与外延、管理会计信息化的研究思路与方法等内容,以期为探索管理会计信息系统建设、探讨管理会计信息化发展奠定基础。

## 3.1 管理会计信息化的理论基础

### 3.1.1 新老三论

老三论是在 20 世纪 40 年代形成和发展起来的,包括:

① 系统论。一般系统论是贝塔朗菲创立的一门逻辑和数学领域的科学,主要目的是试图建立适用一切系统的一般原则,主要任务是找到不同系统、不同学科之间的共同语言和术语。系统论的主要方法是系统方法。

② 信息论。申农的信息论是以通信为背景提出和建立起来的。它主要研究信息的获取、变换、传输、处理等问题,任务是解决电子通信技术的编码和抗干扰等问题,从而提高通信系统的传输效率和可靠性。信息论的主要方法为信息方法。

③ 控制论。维纳把控制论看作一门研究机器、生命社会中控制和通讯的一般规律的科学,研究动态系统在变化的环境条件下如何保持平衡状态或稳定状态的科学。控制论的主要方法有功能模拟方法、反馈方法和黑箱方法。

新三论是相对于老三论而言的,在 20 世纪 60 年代末 70 年代初兴起,包括:

① 协同论。协同论是物理学家哈肯教授创立的一门新兴学科,它研究不同的系统在一定外部条件下,系统内部各子系统之间通过非线性的相互作用产生协同效应,从无序状态走向有序状态,以及从有序状态又转化为混沌的机理和共同规律。

② 耗散结构论。耗散结构论是物理学家普利高津创立的一种系统理论,它从理论上说明了远离平衡态的系统要从无序向有序的方向发展,必须保持开放性,并从外界不断耗散物质和能量、接收信息量以抵消自身产生的熵。

③ 突变论。突变论是法国数学家雷内·托姆于1972年提出来的新的数学分支,主要内容是运用拓扑学、奇点理论和结构稳定性等数学工具研究自然界各种形态、结构和社会经济活动中非连续性的突然变化现象①。

### 3.1.2 管理会计基础理论

财政部《管理会计基本指引》②指出,管理会计的目标是通过运用管理会计工具方法,参与单位规划、决策、控制、评价活动并为之提供有用信息,推动单位实施战略规划。单位应用管理会计,应包括四要素:

① 管理会计应用环境,是单位应用管理会计的基础,包括内部环境和外部环境。内部环境主要包括与管理会计建设和实施相关的价值创造模式、组织架构、管理模式、资源保障、信息系统等因素。外部环境主要包括国内外经济、市场、法律、行业等因素。

② 管理会计活动,是单位利用管理会计信息,运用管理会计工具方法,在规划、决策、控制、评价等方面服务于单位管理需要的相关活动。

③ 管理会计工具方法,是单位应用管理会计时所采用的战略地图、滚动预算管理、作业成本管理、本量利分析、平衡计分卡等模型、技术、流程的统称,主要应用于战略管理、预算管理、成本管理、营运管理、投融资管理、绩效管理、风险管理等领域。管理会计信息包括管理会计应用过程中所使用和生成的财务信息和非财务信息。

④ 管理会计报告,是管理会计活动成果的重要表现形式,旨在为报告使用

---

① 陶承德. 现代科学方法论[M]. 郑州:河南人民出版社,1987.
② 《管理会计基本指引》,2016年6月22日起施行。

者提供满足管理需要的信息,按期间可以分为定期报告和不定期报告,按内容可以分为综合性报告和专项报告等。

### 3.1.3 会计信息化基础理论

会计信息化,是指在会计行业、组织或企业会计活动中,普遍采用现代信息技术,构建会计信息系统,深入开发和有效利用会计信息资源,使会计信息资源成为全社会的共享财富,以推动会计信息化产业发展的历史过程。其战略目标是促进会计行业、组织或企业的会计管理活动和会计业务的变革,以推动会计事业的发展[①]。作为一门学科,其体系架构包括会计信息化理论、会计信息化方法学、会计信息化应用、会计信息化实施、会计信息化行业和社会管理五个子体系。

## 3.2 管理会计信息化的内涵与特征

### 3.2.1 管理会计信息化的内涵

林毅夫认为,信息化是指建立在信息与通信技术(ICT)产业发展以及 ICT 在社会经济各部门扩散的基础之上,运用 ICT 改造传统经济和社会结构的过程[②]。该定义首先强调了信息化的基础,即 ICT 在社会经济各部门中的扩散;其次强调了信息化的实质,即运用 ICT 改造传统经济和社会结构的过程。为此,信息化的实质主要表现在以下四个方面:其一,信息化的基础是对 ICT 的运用;其二,信息化的作用对象是传统经济和社会结构;其三,信息化的结果是对传统经济和社会结构的改造;其四,信息化表现为一个过程,即对传统经济和社会结构的改造需要经过一定的程序和阶段。

财政部在《管理会计应用指引第 802 号——管理会计信息模块》(征求意见稿)中指出,管理会计信息化是会计信息化的子集,是指以财务数据和业务数据为基础,借助计算机、网络通信等现代信息技术手段,对信息进行获取、加工、整理、分析和报告等操作处理,为企业有效开展管理会计活动提供全面、及时、准

---

① 杨周南.论会计信息化的 TMAIM 体系架构[J].会计之友(下旬刊),2009(12):23-36.
② 林毅夫.信息化——经济增长新源泉[J].科技与企业,2003(8):53-54.

确的信息支持①。该定义基于系统论和信息论,基于管理会计信息系统,借助信息方法对管理会计信息化予以界定,偏重于管理会计信息的流转,包括信息的输入、信息的处理、信息的输出,以及信息的使用。如图3-1所示,输入的信息是业务数据和财务数据;信息的处理包括信息获取、信息加工、信息整理、信息分析、信息报告等,信息的处理工具是计算机、网络通信等现代信息技术手段,在实务工作中主要体现为管理会计信息系统;信息的输出是全面、及时、准确的管理会计信息;信息的使用主要是指企业将输出的管理会计信息有效地用于开展管理会计活动。

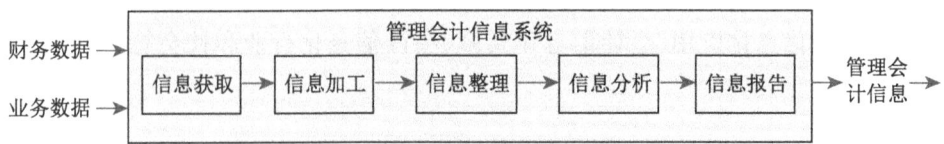

图3-1　管理会计信息系统示意

## 3.2.2　管理会计信息化的特征

本书基于财政部提出的管理会计信息化概念,结合林毅夫提出的信息化的实质和管理会计信息化的三大理论基础,对管理会计信息化的特征进行剖析:

① 管理会计信息化的发展基础,是在管理会计活动中运用信息与通信技术,处理工具是计算机、网络通信等现代技术手段,具体体现为管理会计信息系统。管理会计信息系统,以信息基础设施为基本运行环境,由人、信息处理设备和运行规程组成,是管理会计信息化的核心要素。

② 管理会计信息化的作用对象是管理会计活动,具体体现为管理会计工具方法在管理会计各领域的信息化落地、管理会计信息的高质生成和高效利用,以及管理会计活动的有效开展。

③ 管理会计信息化的目标,是为企业开展各项管理会计活动提供信息支持。所提供的信息需满足全面性、及时性和准确性等信息质量特征。

④ 管理会计信息化的过程,可通过管理会计信息的流转来抽象描述。流转环节主要包括管理会计信息获取、管理会计信息加工、管理会计信息整理、管理会计信息分析和管理会计信息报告。

---

① 《管理会计应用指引第802号——管理会计信息模块》(征求意见稿),2016年12月14日。

⑤ 管理会计信息化的结果,是对管理会计活动和管理会计组织结构的改造。管理会计信息化是一个渐进的过程,这种渐进过程,由信息与通信技术在管理会计领域中的渗透引起,这种渗透引发管理会计活动和管理会计组织结构的量变和质变,结果是管理会计从一种状态跃升为另一种状态,在不同状态中迭代发展。

## 3.3 管理会计信息化的外延

### 3.3.1 按信息化发展要素划分

从发展的视角来看,管理会计信息化发展体系是我们关注的重点。依据会计信息化发展体系①可以界定管理会计信息化发展体系,是指以现代信息技术在管理会计领域中的广泛应用为主导,以管理会计信息资源的开发利用为核心,以信息网络的构建为基础,以信息技术的不断创新和管理会计信息化产业的蓬勃发展为支撑,以管理会计信息化人才的培养为依托,以管理会计信息化政策法规、标准规范和管理会计信息安全为保障的综合体系。因此,按信息化发展要素,可将管理会计信息化划分为管理会计信息系统、管理会计信息资源、管理会计信息安全、信息网络和信息技术、管理会计信息化产业、管理会计信息化人才、管理会计信息化政策法规和标准规范七大要素。

### 3.2.2 按管理会计职能定位划分

财务的基本职能如表 3-1 所示。财务共享是实现管理会计信息化的基础②。财务共享以前,财务的基本职能可明确划分为财务会计职能和管理会计职能。其中,财务会计职能包括财务运作、财务报告、资金管理和税务管理等,管理会计职能包括经营绩效管理、预算管理、成本管理等。每项职能均涉及指导层、控制层和执行层三个层次的工作,由总部财务部、财务公司(或结算中心)、分(子)公司财务部分工合作完成。

---

① 刘梅玲. 会计信息化标准体系研究[M]. 北京:经济科学出版社,2015.
② 陈虎,孙彦丛. 管理会计信息化——财务信息化发展的必然趋势[J]. 财务与会计,2015(7):11-12.

表 3-1　财务的基本职能

| | 财务运作 | 财务报告 | 资金管理 | 税务管理 | 经营绩效管理 | 预算管理 | 成本管理 |
|---|---|---|---|---|---|---|---|
| 指导 | •集团会计政策<br>•集团会计流程<br>•会计分录审核及批准<br>•财务核算稽核 | •合并报表管理<br>•法定财务披露要求<br>•外部审计要求<br>•财务报表合规性管理 | •集团现金流筹划<br>•集团资金调拨<br>•资金统一支付<br>•集团资金解决方案 | •集团税务规划<br>•税务合规性政策及流程<br>•税务知识库 | •管理报告体系<br>•KPI考核流程/规则/指标定义<br>•激励政策 | •预算制定流程及规则<br>•战略规划及战略目标的设定<br>•预算模型设计<br>•集团预算组织 | •成本战略<br>•成本核算及管理准则<br>•成本激励 |
| 控制 | •授权及权限管理<br>•财务运营协调<br>•本地财务制度 | •本地财务报表<br>•合规性管理<br>•财务报表内部检查<br>•本地财务报表调整 | •本地现金流平衡<br>•汇率控制 | •国际商务模式<br>•税务合规性管理 | •经营业绩预测<br>•经营业绩分析及推动 | •预算编制及申报<br>•预算过程控制<br>•预算分析考核 | •设计成本控制<br>•项目成本控制<br>•生产成本控制<br>•费用控制 |
| 执行 | •销售及应收流程<br>•采购及应付流程<br>•固定资产流程<br>•工资流程<br>•费用及报销流程<br>•项目流程<br>•特殊事项流程 | •定期关账<br>•财务报表制作<br>•内部往来清理<br>•财务报表自查<br>•报告 | •海外银行对账<br>•下达支付指令 | •税务核算<br>•税务报表制作<br>•税务检查支持 | •全程利润报表制作<br>•责任现金流报表制作<br>•发货报表制作<br>•库存周转报表制作 | •预算执行数据加工<br>•预算执行标准报表<br>•费用分析报表 | •成本核算<br>•成本报表 |

财务共享以后,企业的财务会计职能和管理会计职能由总部财务部、财务公司、财务共享服务中心和分(子)公司财务部分工合作完成。其中,总部财务部主要履行财务会计和管理会计的指导层职能,财务公司(或结算中心)主要履行资金管理的控制层和执行层职能,财务共享服务中心主要履行财务会计的执行层职能,分(子)公司财务部主要履行财务会计和管理会计的控制层职能。因此,财务共享以后,按管理会计职能定位,可将管理会计信息化划分为指导层信息化、控制层信息化和执行层信息化。

## 3.3.3　按信息系统功能结构划分

企业实施管理会计信息化,重点体现为管理会计信息系统的建设和应用。管理会计信息系统主要包括:

① 成本管理子系统。该系统应实现成本管理的各项主要功能,一般包括参

数设置、成本核算方法的配置,从其他子系统抽取所需数据进行精细化成本核算,生成多维度的成本信息,以及基于成本信息进行成本分析,实现成本的有效控制,为企业成本管理的事前计划、事中控制、事后分析提供有效的支持。

② 预算管理子系统。该系统应实现的主要功能一般包括对企业预算参数设置、预算管理模型搭建、预算目标和计划制订、预算编制、预算执行控制、预算调整、预算分析和评价等全过程的系统化管理。

③ 绩效管理子系统。该系统主要实现业绩评价和激励管理过程中各要素的管理功能,一般包括业绩计划和激励计划的制订、业绩计划和激励计划的执行控制、业绩评价与激励实施管理等,为企业的绩效管理提供支持。

④ 投资管理子系统。该系统主要实现对企业投资项目进行计划和控制的系统支持过程,一般包括投资计划的制订和对每个投资项目进行的及时管控等。

⑤ 管理会计报告子系统。该系统应实现基于信息系统中财务数据、业务数据自动生成相对固化的管理会计报告,支持企业有效实现各项管理会计活动。

⑥ 经营决策支持子系统。该系统从业务系统抓取合同销售、收入、毛利、利润、收款、现金流、资金预算等决策支持所需要的财务信息和非财务信息,并将企业经营信息和绩效数据进行对比,为经营决策提供支持[1]。

以上六个子系统,也是按信息系统功能结构对管理会计信息化进行划分的结果。

### 3.3.4 按信息化实施落地环节划分

管理会计信息化的实施落地,主要是管理会计信息系统的建设和应用,该过程一般包括系统规划、系统实施和系统维护等环节[2]。在系统规划环节,企业应将管理会计信息化的系统规划纳入企业信息系统建设的整体规划中,遵循整体规划、分步实施的原则,确认企业的战略目标和管理会计应用目标,形成清晰的管理会计应用需求,因地制宜、逐步推进。在系统实施环节,企业应制订详尽的实施计划,清晰划分实施的主要阶段、有关活动和详细任务的时间进度。该阶段一般包括项目准备、系统设计、系统实现、测试和上线等过程。在系统维护

---

[1] 陈虎,孙彦丛.管理会计信息化——财务信息化发展的必然趋势[J].财务与会计,2015(7):11-12.

[2] 《管理会计应用指引第 802 号——管理会计信息模块》(征求意见稿),2016 年 12 月 14 日。

环节,企业应做好管理会计信息化运行维护和支持,实现日常运行维护支持及上线后持续培训和系统优化。

管理信息系统的实施落地要点,可参考《企业会计信息化工作规范》第十四条"用户操作日志"、第二十四条"整体规划和统一标准"、第二十八条"企业内互联"、第二十九条"企业间互联"、第三十条"参与前端系统的建设和改造"、第三十一条"会计信息系统内控"、第三十二条"自动审核会计凭证"、第三十四条"财务共享服务中心建设"和第四十和四十一条"会计资料无纸化"等内容。

## 3.4 本章小结

基于管理会计信息化的内涵和外延,本书认为对于管理会计信息化的研究,有以下思路和方法:

① 在研究管理会计信息化发展体系和管理会计信息系统本身的特性时,可借助系统论中的系统方法,将两者分别作为一个有机系统进行研究,即从系统的观点出发,始终着重从整体与部分之间、整体与环境之间的关系中综合地、精确地考察研究对象,揭示系统的性质和运动规律。

② 在研究管理会计信息的流转过程时,可借助信息论中的信息方法,不考虑研究对象物质和能量的具体形态,只研究系统和环境之间的信息输入和输出关系;完全撇开研究对象的具体运动形态,把系统的有目的运动抽象为一个信息变换过程,通过对信息的获取、转换、传输、处理和使用等步骤组成的信息流来揭示研究对象的性质和规律。

③ 在研究管理会计信息系统的控制作用时,可借助控制论中的反馈方法,研究施控系统如何把控制信息输送出去作用于被控系统,又如何将其作用结果的信息返送回来影响和调节信息的再输出,从而起到控制作用。

④ 在研究管理会计信息系统的进化时,可借助耗散结构论中的负熵流概念来研究经济环境变化、信息技术发展、管理模式和商业模式创新等外界因素对管理会计信息系统更迭发展的影响。

⑤ 在研究管理会计信息系统的建设管理时,可借助协同论的思想,研究如何通过有效的系统集成和系统优化,使系统内部各子系统之间通过非线性的相互作用产生协同效应。

⑥ 在研究管理会计信息化的发展阶段时,可借助突变论的思想,研究管理

会计信息化在特定时间节点上发生的、非连续性的突然变化现象。

⑦ 在研究管理会计信息化的基础理论时,可继承会计信息化的基础理论,发展管理会计信息化的特色理论,研究管理会计信息化的理论体系、方法学体系、应用体系、实施体系和管理体系。

#  4

# 我国管理会计信息化发展体系研究

## 4.1 管理会计信息化发展体系的概念探讨

按照财政部《管理会计应用指引第802号——管理会计信息模块(征求意见稿)》中第二条的定义,管理会计信息化是会计信息化的子集,是指以财务和业务数据为基础,借助计算机、网络通信等现代信息技术手段,对信息进行获取、加工、整理、分析和报告等操作处理,为企业有效开展管理会计活动提供全面、及时、准确的信息支持。

此外,借鉴会计信息化的基本定义,我们认为,管理会计信息化应是管理会计信息从人工处理到计算机辅助处理,再到智能化处理的动态演变过程;同时,管理会计信息化也是管理会计应用、管理会计理论、管理会计管理、管理会计教育等领域全面信息化的集合体。考虑到管理会计应用主体的重要性,本章仅聚焦管理会计应用的信息化问题。

针对"发展体系",相关的文献中并没有专门的定义,仅有一些对"发展"和"体系"等名词零星的解释。专家认为,"发展是事物不断前进的过程,是事物由小到大,由简到繁,由低级到高级,由旧物质到新物质的运动变化过程";"体系是指若干有关事物或某些意识相互联系的系统构成的一个有特定功能的有机整体"。

结合上述定义,我们认为,管理会计信息化发展体系是指管理会计信息系统从低级阶段发展到高级阶段所涉及的主体、过程和环节的集合,包括管理会计信息化所涉及的行为主体、发展要素和发展路径等内容。为深入理解发展体系应用单位内外的区别,我们还可以从宏观(外部)和微观(内部)两个视角来探究发展体系。

从宏观上看,管理会计信息化发展体系是指以现代信息技术在管理会计领域中的广泛应用为主导,以管理会计信息资源的开发利用为核心,以信息网络的构建为基础,以信息技术的不断创新和管理会计信息化产业的蓬勃发展为支撑,以管理会计信息化人才的培养为依托,以管理会计信息化政策法规、标准规范和管理会计信息安全为保障的综合体系,是包含信息系统、信息资源、信息安全、信息技术、信息化产业、信息化人才、信息化相关政策标准等要素的集合体。

从微观上看,管理会计信息化发展体系主要是指企业内部信息化事业的发展主体、发展过程和发展环节等,包括管理会计信息化发展的相关部门和人员,管理会计信息系统建设和应用的过程和核心环节,信息化事业所涉及的技术、方法、工具、系统、制度、流程、文化等因素。

## 4.2 管理会计信息化发展的行为主体和核心要素分析

构建管理会计信息化发展体系,首先必须分析影响(或驱动)管理会计信息化发展的行为主体和核心要素。行为主体是管理会计信息化工作的主要参与者,核心要素是管理会计信息化工作所投入的重要资源和管理活动。

### 4.2.1 管理会计信息化发展的行为主体分析

按照财政部对管理会计的定义,"管理会计是会计的重要分支,主要服务于单位(包括企业和行政事业单位)内部管理需要,是通过利用相关信息,有机融合财务与业务活动,在单位规划、决策、控制和评价等方面发挥重要作用的管理活动",可知实施管理会计的行为主体是企业和行政事业单位。

在中国已成功实施管理会计信息化的单位有传统机械制造企业、装备研发企业、第三方支付企业、连锁零售企业、多元化地产公司、新兴的互联网企业,还有医院、大学和研究机构等事业单位,它们是管理会计活动的主角。

当然,应用单位不是一个封闭的个体,如欲对其实施有效的管理会计信息化建设,需要相关政府主管部门、行业协会、信息系统(平台和大数据)供应商、咨询服务机构、教育和出版机构等方面的大力指导和配合。因此,这些组织也是管理会计信息化发展行为主体的有机组成部分。

在这些组织中,信息系统供应商、咨询服务机构、教育和出版机构等主要是利用市场机制参与应用单位管理会计信息化的发展,为单位有偿提供信息化建设所需的软硬件系统、数据资源、管理和技术人才、咨询服务和信息系统审计服务等产品和服务;政府和行业协会的作用则是弥补市场经济的不足,通过政策、法规、知识和公共资金等提高市场资源配置效率,协调社会各方利益以及提供社会公共服务。

### 4.2.2 影响管理会计信息化发展的核心要素分析

从国内外媒体披露的有关管理会计文献中可以看到,影响管理会计信息化发展的核心要素主要有:管理会计的方法和工具、管理会计信息系统、管理会计信息化人才、管理会计相关信息资源、信息安全管理机制以及与管理会计相关的政策法规等。

建设面向管理会计的信息系统,就是要利用管理会计的基本原理和工具方法对企业活动进行规划、决策、控制和评价,是信息技术在管理会计领域的集中体现。因此,思想、工具、系统、人才、信息资源、安全机制和相关的法律法规都是必不可少的重要因素。

目前,在我国最常用的管理会计工具方法有战略地图、滚动预算管理、经济附加值(EVA)、作业成本管理、准时制生产方式(JIT)、本量利分析、平衡计分卡和杜邦分析体系等;最常用的管理会计信息系统有独立或集成的预算管理系统、成本管理系统、战略决策支持系统、绩效评价系统、风险管理系统和一体化的财务共享服务系统等;最主要的法律法规有《企业会计信息化工作规范》《管理会计基本指引》和《管理会计应用指引》等;在管理会计信息化人才培养方面,主要包括人才培养机制、专业证书体系、人才总体规模等。

## 4.3 管理会计信息化发展体系的构建

构建管理会计信息化发展体系,首先需要明确构建的基本原则,再参照基本概念逐层细化和分解相关的行为主体和核心要素。

### 4.3.1 构建的基本原则

① 普遍性原则。尽管管理会计信息化是一个个性化非常强的建设过程,每个单位的发展内容、发展水平和发展路径都会存在较大差异,但考虑到体系的

普遍性意义,拟构建的管理会计信息化发展体系必须能反映大部分应用单位的一般性规律。

② 系统性原则。在构建发展体系时,需要综合考虑业务系统、财务会计系统和管理会计系统的内在关系,不能仅单方面考虑管理会计信息系统的信息处理过程,否则会割裂各子系统间的彼此联系。

③ 层次性原则。在构建发展体系时,需要同时考虑宏观(单位外部)和微观(单位内部)两个层次,不仅要考虑宏观环境对应用单位管理会计信息化发展的影响,还要考虑应用单位管理会计信息化发展的内在驱动力和固有的发展规律。

④ 动态性原则。在构建发展体系时,需要从动态、变化的视角看问题,既要考虑当前的发展现状,也要结合管理思想、管理工具、信息技术的发展变化,预测管理会计信息化的发展趋势。

### 4.3.2 发展体系构建

本章提出的发展体系框架主要从单位管理会计信息化发展生态(宏观体系)、单位未来管理会计信息系统架构(微观体系)两个层面展开,同时立足管理会计的应用主体——企业和行政事业单位,对信息化发展的未来几个阶段进行预测。

(1) 管理会计信息化发展生态

如图 4-1 所示,管理会计的应用主体——应用单位是最核心的部分,尽管它的信息化发展主要由其内在的发展动力所驱动,但外部的政府主管部门、行业协会(学会)、供应链、经济技术环境等方面也起到非常重要的推动(或阻碍)作用。

在这些外部的影响因素中,政府主管部门是指政府财政、审计、金融、税务、国资委、证监会等部门,它们主要通过制定法规、标准、规范、准则、指引等来管理、协调、推动各应用单位管理会计信息化的发展;管理会计行业协会(学会)则主要通过组织专业技术人员,研究知识体系、收集最佳实践来影响单位,其知识体系主要包括管理会计思想、管理会计工具和方法、信息安全知识体系、人才培养框架等,在管理会计行业协会(学会)服务应用单位的同时,先进的应用单位的最佳实践也会通过协会(学会)的渠道影响到其他单位;管理会计信息化发展供应链是指与应用单位管理会计信息化相关的教育培训机构、中介服务机构和

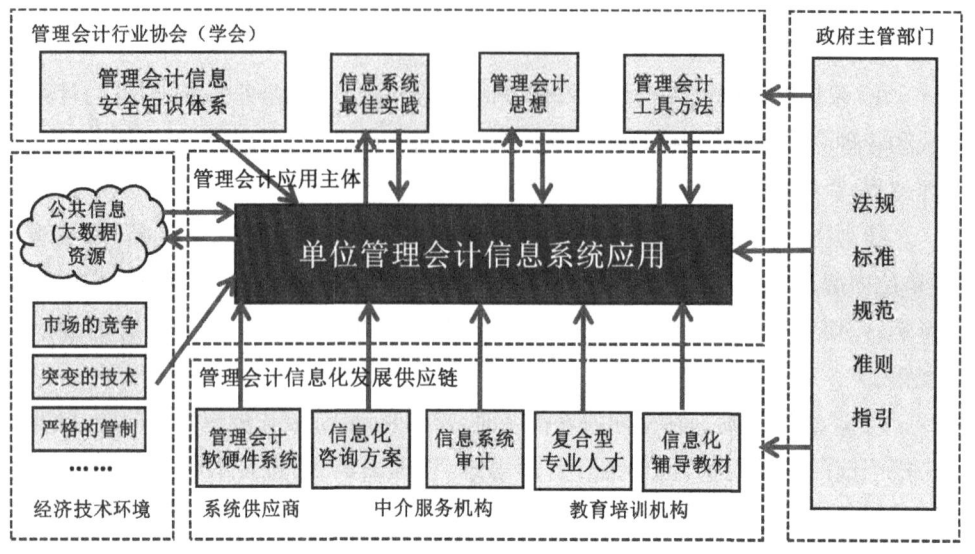

图 4-1 管理会计信息化发展生态

系统供应商等,它们主要提供信息化所必需的专业人才、学习资料、软硬件系统、数据库资源、管理咨询、信息系统审计、信息系统工程监理等产品和服务;经济技术环境则通过不断加剧的市场竞争、突飞猛进的信息技术、严格监管的经营环境以及丰富的公共信息资源(大数据环境)激发应用单位实施管理会计、应用信息系统的动力。

(2) 应用单位管理会计信息化内在逻辑

需要说明的是,应用单位管理会计信息化发展是一个逐步演变和发展的过程(见图4-2),它将从当前的各管理会计子系统(如战略管理子系统、预算管理子系统、成本管理子系统、营运管理子系统、投融资管理子系统、绩效管理子系统和风险管理子系统等)相对独立发展,与财务会计系统、业务管理系统以及外部相关组织信息系统的松耦合阶段(阶段一),发展到利用企业外部网络Extranet整合内外部系统资源,实现内部各子系统高度信息共享的紧耦合阶段(阶段二),最终再发展到利用现代信息技术去重构传统会计模式,构建单位外部生态系统与内部各功能子系统模块间数据充分共享、功能充分融合的阶段(阶段三)。

在阶段三的应用单位未来管理会计信息系统中(见图4-3),单位内部已实现了高度的业财融合。在信息输入方面,业务凭证和会计凭证已合并,并实现

4 我国管理会计信息化发展体系研究

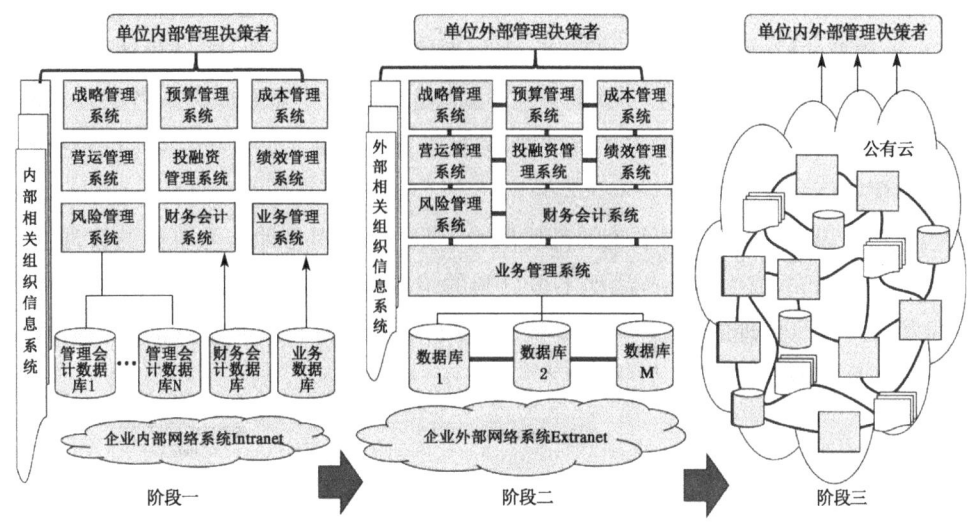

图 4-2 应用单位管理会计信息化发展路线

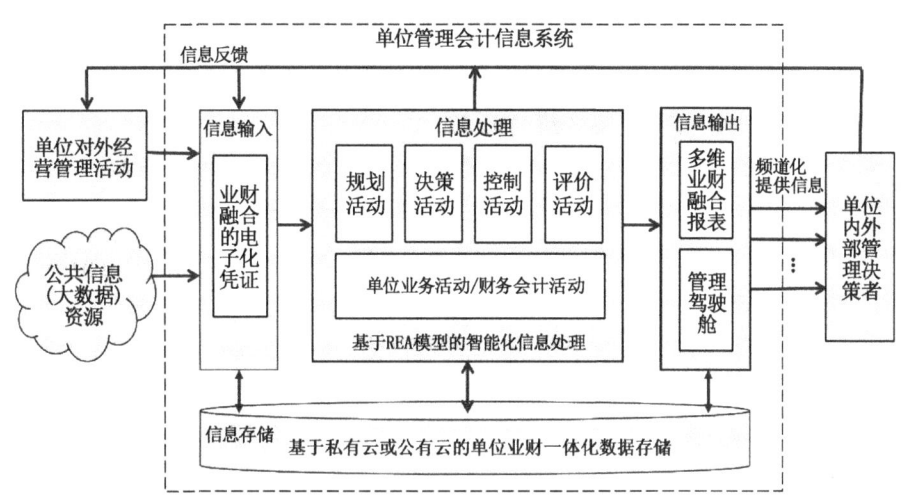

图 4-3 应用单位未来管理会计信息系统

了电子化和自动化的处理;输入信息不仅来源于单位对外的经营管理活动,还来源于对外部大数据资源的自动扒取;在信息处理方面,基于 REA 模型,应用单位将实现内部各项经营管理活动基于资源(Resources)、事件(Events)和主体(Agents)的智能化信息处理,在实现业务活动管理和财务会计管理的同时,实现规划、决策、控制和评价的管理会计活动,真正实现业务和财务的深度融合;

在信息输出方面,系统将通过成熟的商业智能(BI)技术,利用数据仓库、智能挖掘、管理驾驶舱,借助于数字仪表盘、虚拟现实等技术动态地、频道化地展示多维业财融合报表信息和实时查询信息,以满足单位内外部管理决策者的需求。除了信息的输入、处理、输出环节之外,信息系统还包括了必要的大容量信息存储和深度信息反馈环节。

在阶段三,由于业财系统的高度融合,事实上管理会计作为单独的管理活动会逐渐消失,成为与业务活动不可分割的组成部分。当然,要实现图 4-3 所示的未来信息处理的目标,应用单位、信息系统供应商和政府主管部门还有大量的工作要做。

## 4.4 本章小结

本章基于当前的理论和应用水平,对管理会计信息化发展体系进行了初步的构建,但由于信息技术的发展、管理理论的变革、企业宏观经营环境的变化,以及应用单位在发展中所面临的管理理念转换、人才队伍建设、相关信息化工具和方法的探索等诸多掣肘,可能会导致管理会计信息化发展路径存在着较大的不确定性,因此,体系还需要进行修正。

# 我国管理会计信息化的发展路径与推动策略研究

基于我国企业管理会计信息化的现状,本章首先分析企业发展管理会计信息化面临的挑战,紧接着通过对发展机制的分析,明确我国管理会计信息化的发展路径,并最终形成以企业为发展主体、借助政府的引导作用、协同多方相关者共同推动我国管理会计信息化发展的策略。

## 5.1 企业发展管理会计信息化面临的挑战

在信息技术迅猛发展的今天,管理会计信息化是企业发展的必然选择,企业只有实施和完善管理会计信息化,才能建立企业竞争优势。我国管理会计信息化的发展在很大程度上受企业组织因素的影响,但显而易见的是,管理会计信息化的发展还与外部环境以及信息技术的发展水平关联密切。其中,信息技术是指组织内外部的信息技术,既包括企业内部的信息化水平,也包括通过外部市场能够获得的信息技术支持;企业组织情况则包括企业对管理会计信息化的重视程度,以及相应的人才建设等;外部环境指企业所处行业、行业的竞争水平,以及政府的政策法规等。以下从技术、组织、环境这三个方面分析企业发展管理会计信息化面临的挑战。

### 5.1.1 技术方面

管理会计信息系统包括全面预算管理系统、费用控制系统、作业成本管理系统等。这些系统工具都已在一定程度上得到应用,但是普遍存在两方面的问题。其一,这些系统工具大多基于原有核算型会计软件,通过核算型会计软件产生数据,在此基础上实现数据汇集、计算、加工、提取,然后形成一些分析结果。基于核算型会计软件的设计思路导致数据来源先天性不足,很难为企业的经营决策分析提供更多、更细致的信息。其二,市场上的管理会计软件有很大比例是"舶来品",这些系统工具大多是根据国外的企业实践和操作习惯总结而来,很少考虑我国的国情制度和管理经验,这往往会导致已有的管理信息系统中一部分功能无法得到应用,在特定功能上反而还需要自制或者购买相应的功能软件,资源的使用效率低下。

## 5.1.2 组织方面

目前,企业的管理层对管理会计以及管理会计信息化的认识与重视程度普遍还不够。很多企业的管理者对于管理会计信息化的认识,还停留在记录和编制企业的财务指标、提供企业的成本费用控制信息等方面。显然,管理会计信息化能够胜任的工作远不止于此。在实施管理会计信息化的过程中,企业更重视"硬能力"建设,如硬件购置、系统搭建等,而较轻视"软能力"建设,如系统管理、流程优化、人员升级等。很多企业以为管理会计信息化的建设就是购买先进的管理会计软件,配备相应的专业人员,而忽视了企业的信息化过程不仅要考虑技术方面的因素,还应当强调企业组织和管理的相互适应。企业当前的组织结构和管理制度限制了组织内部与外部环境之间、组织内部各部门之间的信息沟通和共享。

同时,管理会计信息化涉及管理学、会计学、信息科学等学科的知识,目前企业普遍缺乏这种复合型的人才,多数财务人员的素质还无法综合运用交叉学科的知识,不能胜任复杂管理会计信息的挖掘和分析工作。

## 5.1.3 环境方面

管理会计信息化的发展并不是一件可以一步到位的事情,而是一个需要长期持续优化的项目管理过程,并且需要多方利益相关者共同协助。目前,环境方面的挑战在于:

① 软件公司大多缺乏共赢的意识,更多的是仅关注其前期的销售和实施过程,不能提供后续的相应的业务指导和改进服务,导致企业管理会计信息化无法真正融入企业的管理活动。

② 前文提到的企业管理会计信息化人才缺乏,很大程度上是因为受到当前我国高校人才培养模式的限制。现有的高校人才培养模式专业划分过细,很难

培养出复合型的人才。

③ 我国单位运用管理会计大多是自发而为,尚未形成完整的管理会计人才资格认证制度和评价体系对管理会计进行规范化管理,也没有专门的行业协会推动其发展。

## 5.2 我国管理会计信息化发展的路径选择

当前,我国的管理会计事业已步入一个关键的时期,亟需管理会计信息化的有力支撑。这就需要明确我国管理会计信息化的发展目标,制定符合中国国情的发展路径,这样才能够为我国发展管理会计信息化指明方向,为制定具体的发展策略提供指导方针。

### 5.2.1 我国管理会计信息化发展的机制

揭示管理会计信息化发展的动力和激励机制是后续发展能否有效推动的重要前提。企业管理会计信息化发展的动力主要包括内在驱动力和外在动力。内在驱动力源自企业期望通过发展管理会计信息化为企业带来价值增值,获得竞争优势。企业客观存在的应用需求促使企业选择管理会计信息化,并不断进行优化。外在动力则取决于企业所处的技术环境、市场环境、社会服务环境等外部因素。在内在驱动力和外在动力的耦合作用下,通过企业内部和外部因素的不断配合、协调和综合作用,共同推动企业管理会计信息化的进程。

激励机制是我国管理会计信息化发展的另一个重要因素,主要是在企业动力机制的前提下,通过改善发展环境,加快发展速度和提高发展质量。对管理会计信息化发展的激励作用是其启动、实施和优化的力量源泉,信息化发展速度的快慢以及规模大小很大程度上受激励机制提供的动力强弱影响。激励机制是动力机制的补充,在动力机制不足以支撑企业管理会计信息化实施的情况下,可以弥补其动力不足,以政府政策激励、企业人才激励等方式来促进管理会计信息化的开展。

综上,我国管理会计信息化推广发展是一个包含技术、制度、组织、管理、文化、政策等诸多因素并且各因素全面整合与不断协同的过程。

### 5.2.2 政府的重要作用

通常而言,政府的主要作用在于弥补市场经济的不足,有助于提高资源配

置效率,协调社会各方利益以及提供社会公共服务等。信息化是一项复杂的系统工程,历史上许多成功的信息化经验都是由政府引导完成的。虽然欧美发达国家在信息化产业方面具有相对领先的优势,社会信息化程度优于我国,我们国家的国情制度和经济基础与发达国家有一定差异,但仍可以借鉴发达国家引导信息化发展的政府经验。首先,发达国家政府普遍重视制定中长期信息化发展战略规划,如美国的"国家信息基础设施行动计划""全球信息基础设施行动计划",日本的"E-Japan Ⅱ"战略,以及加拿大的"信息高速公路计划"等。政府通过宏观政策的制定,能够准确把握信息化发展方向,并形成信息化的国家竞争优势。其次,在信息化的研究与产业化过程中,发达国家能够根据自身的特点,结合国家的信息化基础、人员素质以及信息技术等因素,有针对性地制定信息化发展方向。最后,发达国家在信息化普及方面也起到极大的推动作用。

长期以来,我国管理会计信息化的发展仅考虑技术的推动作用和企业需求的拉动作用,这在某种程度上推动了我国管理会计信息化的发展。从企业自身发展角度分析,管理会计信息化建设确实是企业自身的行为选择,但缺乏有效引导也造成了我国当前管理会计信息化发展自发无序的状态。有效的管理会计信息化发展应当是基于多方协同的,是一个复杂的技术与经济、技术与市场相结合的长期过程。这一过程中,政府应发挥其重要作用。

## 5.2.3 符合中国国情的管理会计信息化发展路径

显然,政府参与推动管理会计信息化发展的方式方法和程度势必会决定发展的走势,不仅会影响发展的范围,还会影响发展的速度,甚至决定了发展的成败。政府可以选择的策略是强制推行,或是政府与市场行为相结合,抑或是完全市场行为。首先,完全市场行为已被证明缺少效率。其次,我国企业管理模式繁多,企业的管理水平参差不齐,导致可能的管理会计信息化模式大相径庭。再次,企业的管理会计信息化本身支撑企业的管理会计工作,并不能进行限制性规定。因此,过多的强制执行反而会制约企业的灵活应用。

财政部作为全国会计工作的主管部门,在全面推进管理会计体系建设过程中,针对信息系统建设方面提出了两点要求:一是鼓励企业建立管理会计信息系统,实现会计与业务活动的有机融合,从源头上防止"信息孤岛";二是支持会计软件中介机构向管理会计服务领域拓展,加快会计职能从会计核算到理财、管理和决策转变。财政部为现阶段我国管理会计信息化提出了发展方向和期望,同时"鼓励"和"支持"也表明了政府将在中国管理会计信息化进程中扮演的角色。

因而,符合我国国情的管理会计信息化的发展路径应当是政府与市场行为相结合的方式。政府为企业发展管理会计信息化营造一个良好环境,制定相关的支持政策,包括知识产权保护、公平机制搭建、专业人才培养等,协调社会多方相关者的力量,帮助企业根据自身情况开展管理会计信息化工作。

## 5.3 我国管理会计信息化发展的策略研究

随着云计算、大数据、移动互联网等新兴技术的快速发展,当今社会已步入大智移云的时代,我国管理会计信息化的发展也应顺应潮流,结合新兴技术与管理模式变革,加快推进面向管理会计的信息系统建设。以下从企业的主体视角,借助政府的引导作用,协同多方利益相关者,提出推动我国管理会计信息化发展的策略。

### 5.3.1 企业推动管理会计信息化的主体作用

企业的管理会计信息化建设是一个逐步推进和持续改进的过程,不可能一蹴而就。对于企业而言,应当加强对管理会计信息化重要性的认知,正确认识实施管理会计信息化的必要性;并且始终将管理会计信息化建设与企业发展的战略保持一致,始终以提高企业竞争力为目标。

由于不同企业所处的发展阶段、规模、组织结构、人员素质等因素不尽相同,企业的管理会计信息化进程必定有所不同,企业应当充分考虑现实的需要,选择合适的管理会计信息化切入点。但最初的管理会计信息化规划应当是整体性的,能够为未来的改进升级奠定基础,便于各部门、各单位随着管理会计信息化建设的逐步推进,进行系统整合。

企业管理会计信息化能否成功,取决于多方面因素,有技术因素,也有企业自身管理因素。企业应当建立健全的管理体制,搭建科学的组织架构,优化合理的业务流程,确保企业管理体制、组织架构、业务流程与信息技术相适应。同时,还取决于外部因素。企业在实施管理会计信息化过程中,应当符合国家宏观发展战略,充分利用社会资源;在实施决策过程中,可以寻求外部专家与咨询机构的支持。

### 5.3.2 政府推动管理会计信息化的引导作用

政府应当制定企业管理会计信息化的中长期规划和实施纲要,明确发展方针和当前的工作重点,加强对企业管理会计信息化的引导和管理,并协调各行业的企业管理会计信息化发展,促进企业管理会计信息化健康发展。在促进企业管理会计信息化的过程中,应参考和借鉴国内外先进的管理会计信息化实施经验,并充分考虑我国特殊的国情特点,制定科学合理的实施策略。

政府可以选择有代表性的企业,给予适当的技术和政策支持,使它们能够在管理会计信息化应用方面做出表率,成为企业管理会计信息化的最佳实践;并通过论坛、报道、经验交流等形式对企业的最佳实践进行宣传,营造良好的社会舆论和实施环境,提升其影响力、辐射力和带头作用。

在企业管理会计信息化发展进程中,政府的政策目标应当有相应的社会服务机构的行动作支撑,政府的策略措施应当能够通过社会化、市场化的手段来推动。政府应当协调行业协会、软件服务商、管理咨询机构、科研院校等力量,通过建立更为完善的社会服务体系来帮助企业进行管理会计信息化建设。

### 5.3.3 社会各方推动管理会计信息化的协调作用

管理咨询机构应当帮助企业进行管理会计信息化的诊断和分析,协助企业制定管理会计信息化的总体规划;帮助企业进行管理会计信息化软件、硬件以及系统集成方案的选型、实施和维护;帮助企业进行复合型管理会计信息化人才的培养;管理咨询机构自身也应当加强专业能力建设,加大管理会计信息化研究力度,不断追踪和研究管理会计信息化领域的最新技术趋势,深入企业进行实地调研,为企业制订最佳的管理会计信息化解决方案。

软件提供商应当抓住当前管理会计发展的大好形势,深入挖掘企业管理信息化发展过程中的系统建设需求,在借鉴国外管理会计信息系统设计理念的基础上,更多地考虑我国管理会计信息化的实际情况;在满足管理会计信息化的一般功能和使用习惯的前提下,加强与企业的沟通交流,充分考虑企业管理会计工作的实际需求,设计出真正符合中国国情的管理会计信息系统。

科研院校应当在培养管理会计的复合型专业人才方面发挥重要作用,不断加强管理会计课程体系和师资队伍建设,制订有效的管理会计专业人才的培养方案,改革与优化课程体系,不断更新相应的教学内容;不断深化学校与企业之

间的互动,为学生创造更多接触企业管理会计实践的机会,提高学生管理会计实践应用能力。

## 5.4 本章小结

随着经济全球化和知识经济时代的到来,企业面临着管理升级的压力。管理会计理论能够帮助企业进行管理转型,提升核心竞争力和价值创造力,而管理会计信息化是管理会计理论落地和贯彻的重要抓手。因此,发展我国管理会计信息化事业就显得尤为迫切。当前我国管理会计信息化已呈现出新的特点,我们应在了解当前应用现状的基础上,全面分析企业发展管理会计信息化所面临的挑战,明确符合我国国情的管理会计信息化发展路径,制定相应策略。唯有明确企业的主体作用,在政府部门的引导下,协调社会多方相关者的力量,才能推动我国管理会计信息化的发展,从而将其融入企业的经营管理中,发挥管理会计信息化的真正价值。

# 第二部分

实务篇

# 企业管理会计信息系统的应用与发展

## 6.1 管理会计信息系统范围界定

管理会计信息系统以责任中心为主要对象,包括但不限于预算管理、成本管理、管理会计报告、绩效管理等子系统,如图 6-1 所示。

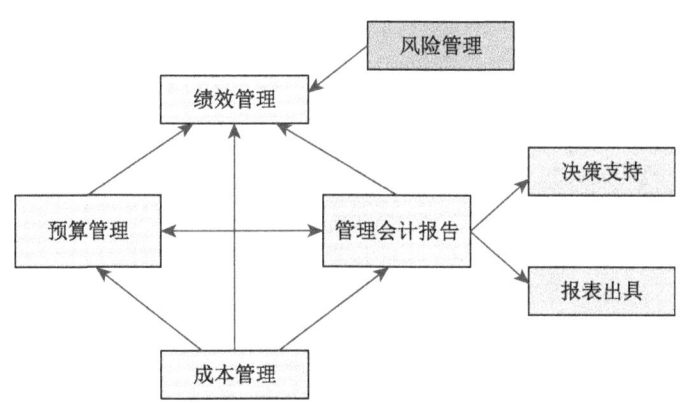

图 6-1 管理会计信息系统范畴

预算管理系统,应实现的主要功能一般包括对企业预算参数设置、预算管理模型搭建、预算目标和计划制订、预算编制、预算执行控制、预算调整、预算分析和评价等全过程的系统化管理[①]。

成本管理系统应实现成本管理的各项主要功能,一般包括对成本要素、成本中心、成本对象等参数的设置,以及核算方法的配置;从财务会计核算模块、

---

① 《管理会计应用指引第 802 号——管理会计信息模块》(征求意见稿),第二十一条,2016 年 12 月。

业务处理模块以及人力资源模块等抽取所需数据进行精细化成本核算,生成分产品、分批次(订单)、分环节、分区域等多维度的成本信息;基于成本信息进行成本分析,实现成本的有效控制,为企业成本管理的事前计划、事中控制、事后分析提供有效的支持①。

管理会计报告系统,应实现基于信息系统中的财务数据和业务数据自动生成相对固化的管理会计报告,支持企业有效实现各项管理会计活动②。

绩效管理系统,主要实现业绩评价和激励管理过程中各要素的管理功能,一般包括业绩计划和激励计划的制订、业绩计划和激励计划的执行控制、业绩评价与激励实施管理等,为企业的绩效管理提供支持③。

## 6.2 管理会计信息系统应用模型

管理会计信息系统的应用过程一般包括输入、处理和输出三个环节④,特殊情况下还会有反馈环节,如图6-2所示。

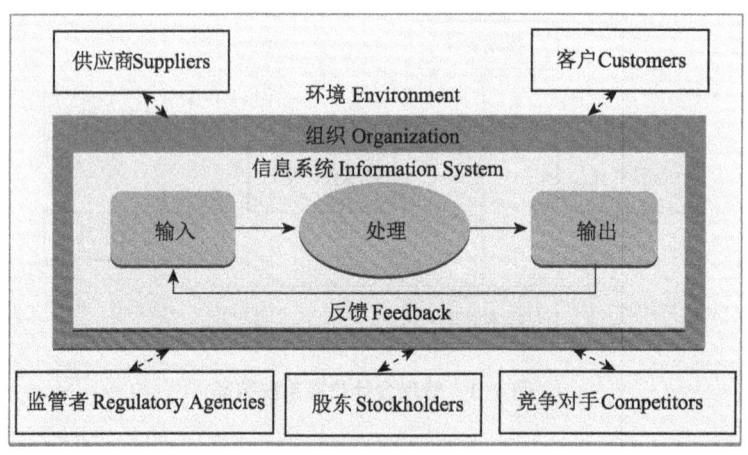

图6-2 管理会计信息系统的应用过程

输入环节,是指完成从管理会计信息系统或其他应用系统中获取数据的过

---

① 《管理会计应用指引第802号——管理会计信息模块》(征求意见稿),第十五条,2016年12月。
② 《管理会计应用指引第802号——管理会计信息模块》(征求意见稿),第三十七条,2016年12月。
③ 《管理会计应用指引第802号——管理会计信息模块》(征求意见稿),第二十七条,2016年12月。
④ 《管理会计应用指引第802号——管理会计信息模块》(征求意见稿),第十三条,2016年12月。

程。管理会计信息系统需提供已定义清楚数据规则的数据接口,以自动采集财务数据和业务数据。同时,系统还应支持本模块其他数据的手工录入,以满足相关业务调整和信息补充的需要。

处理环节,是指借助管理会计工具模型进行数据加工处理的过程。管理会计信息系统可以充分利用数据挖掘、在线分析处理等商业智能技术,借助相关工具对数据进行综合查询、分析统计,挖掘出有助于企业管理活动的信息。

输出环节,是指提供丰富的人机交互工具、集成通用的办公软件等成熟工具,自动生成或导出数据报告的过程。数据报告的展示形式应注重易读性和可视化。最终的系统输出结果不仅可以采用独立报表或报告的形式展示给用户,也可以输出或嵌入到其他管理系统(如客户关系管理系统)中,为各级管理部门提供管理所需的相关的、及时的信息。

反馈环节,是指根据输出数据和输出效果,对输入环节进行改进和完善的过程。

## 6.3 管理会计信息系统发展研究思路

本书对于管理会计信息系统发展的研究思路如图 6-3 所示。

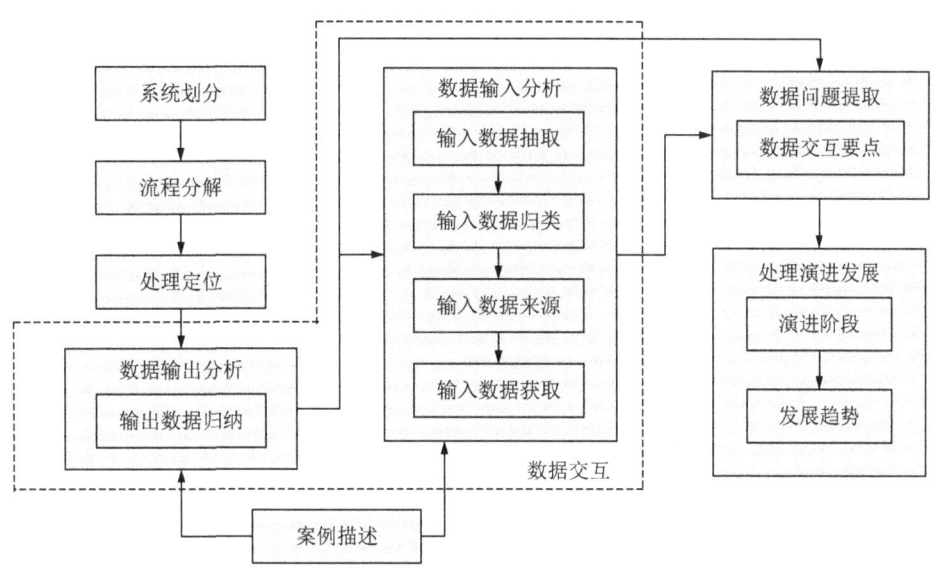

图 6-3 管理会计信息系统发展研究思路

首先，针对管理会计信息化的某一核心系统（如预算管理系统）进行业务流程和数据流程分析，以定位该系统中的主要处理环节（如预算管理系统中的预算编制、预算执行控制、预算分析、预算调整和预算考核）；其次，针对某一处理环节（如预算编制），结合实际案例，描述其数据输出，进而对输入数据进行抽取、归类、来源和获取方式分析，即研究该处理环节的数据交互模型，以提取该处理环节的数据交互要点；最后，依据该处理环节对数据交互要点的解决方式，对该处理环节进行演进阶段划分和发展趋势探讨。

# 7 预算管理系统的发展研究

本章重点梳理预算管理系统的基本逻辑模型,体现四大模块之间的逻辑关系;预算管理系统建设的案例分析,涵盖四大模块的建设过程;预算管理系统的数据交互模型,以预算编制模块为例,分析该模块的数据交互,即输入、处理、输出和反馈;预算管理系统建设的演进发展,以预算编制模块为例,按输入、处理、输出、反馈的进阶划分。

## 7.1 预算管理系统的基本逻辑模型

### 7.1.1 预算管理系统的业务流程

预算管理的核心环节包括战略规划、年度运作计划、预算编制、预算执行控制、预算分析、预算调整和预算评价考核等。各环节之间的逻辑关系如图7-1所示。

战略规划,是企业在市场经济条件下,根据企业内外部环境及可获得资源的情况,为求得企业生存和长期稳定的发展,对企业发展目标、达成目标的途径和手段的总体谋划[1]。战略规划包括企业发展方向和企业资源配置策略两项基本内容,是企业经营思想的集中体现,也是制订企业年度运作计划和日常计划的基础。

年度运作计划,是企业将战略规划和战略目标,分解和转化为可操作的执行计划和经营目标,保证业务行为和战略目标能够吻合,是企业在本年度内的运营指南。

---

[1] 邹志英.玩转全面预算魔方[M].北京:机械工业出版社,2015.

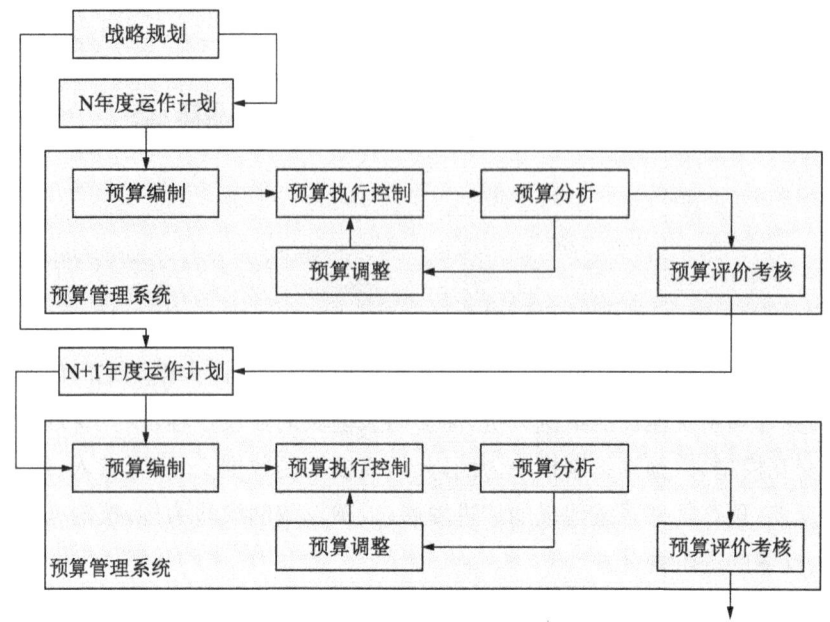

图 7-1　预算管理系统的业务流程

预算编制,是将企业的年度运作计划转化为财务目标,完成该过程的投入资源配置、财务结果平衡和各方差距协调。预算编制平台主要完成预算目标设定、预算分解和目标下达、预算编制和汇总以及预算审批过程,实现自上而下、自下而上等多种预算编制流程,以及提供固定预算、弹性预算、零基预算、滚动预算、作业预算等一种或多种预算编制方法的处理机制①。

预算执行控制,是企业实时对预算执行情况进行收集、监督和控制。预算执行控制平台主要实现预算系统与各业务系统的及时数据交换,实现对财务和业务预算执行情况的实时控制等②。

预算分析,是企业定期对预算执行情况进行分析和评估,对实际发生数和预算数之间存在的差异进行成因分析,并制定管理改进措施。预算分析平台主要提供多种预算分析模型,实现在预算执行的数据基础上,对预算的实际发生数进行多期间、多层次、多角度的分析③。

---

① 《管理会计应用指引第 802 号——管理会计信息部模块》(征求意见稿),第二十三条,2016 年 12 月。
② 《管理会计应用指引第 802 号——管理会计信息模块》(征求意见稿),第二十四条,2016 年 12 月。
③ 《管理会计应用指引第 802 号——管理会计信息模块》(征求意见稿),第二十六条,2016 年 12 月。

预算调整,是企业对预算执行过程中的偏差进行纠正。这种纠正一般不进行,除非产业形势发生重大变化、国家相关政策发生重大变化、公司组织或战略发生重大变化,以及预算委员会认为存在应该调整的其他事项。预算调整平台在预算分析的基础上,主要实现对部分责任中心的预算数据进行调整,完成调整的处理过程等①。

预算评价考核,是企业预算管理的生命线,是在对预算执行结果进行评估的基础上,对预算编制的准确性与及时性、对预算完成情况进行评价考核。预算考核平台是在预算分析的基础上,最终完成预算的业绩评价,为绩效考核提供数据基础②。

## 7.1.2 预算管理系统的数据流程

预算管理系统各环节的数据交互关系如图 7-2 所示。

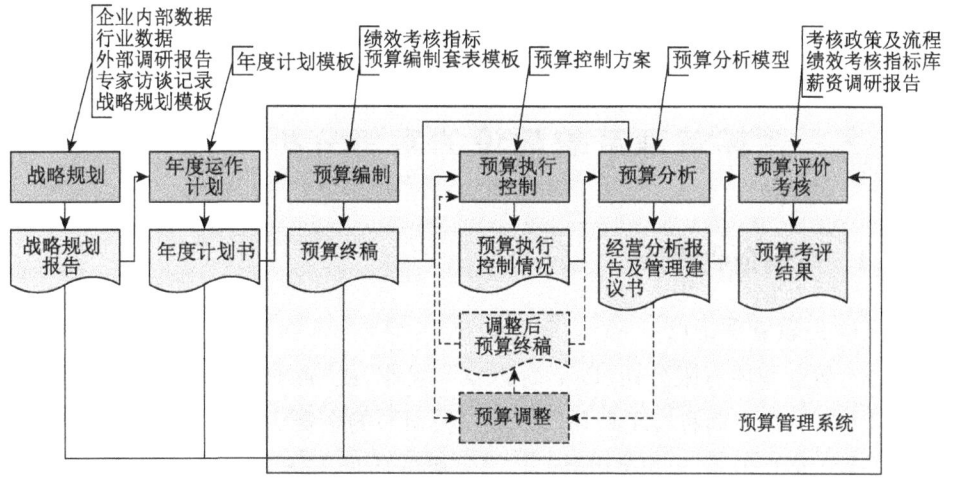

图 7-2 预算管理系统的数据流程

在战略规划环节,输出数据主要是战略规划报告,输入数据主要是企业内部数据、行业数据、外部调研报告、专家访谈记录,以及战略规划模板。

在年度运作计划环节,输出数据主要是企业各级责任中心的年度计划书,输入数据主要是企业战略规划报告和年度计划模板。

---

① 《管理会计应用指引第 802 号——管理会计信息模块》(征求意见稿),第二十五条,2016 年 12 月。
② 《管理会计应用指引第 802 号——管理会计信息模块》(征求意见稿),第二十六条,2017 年 12 月。

在预算编制环节,输出数据主要是企业各级责任中心的预算终稿,输入数据主要是企业各级责任中心的年度计划书、企业整体的绩效考核指标以及预算编制套表模板。

在预算执行控制环节,输出数据主要是预算执行结果和预算控制情况,输入数据主要是预算编制环节生成的预算终稿和预算控制方案。若有预算调整,输入数据则主要是预算调整环节生成的调整后预算终稿和预算控制方案。

在预算分析环节,输出数据主要是经营分析报告及管理建议书,输入数据主要是预算终稿或调整后预算终稿、预算执行结果和预算分析模型。

在预算调整环节,输出数据主要是调整后预算终稿,输入数据主要是经营分析报告及管理建议书。

在预算评价考核环节,输出数据主要是预算考评结果,输入数据主要是经营分析报告及管理建议书、考核政策及流程、绩效考核指标库,以及薪资调研报告。

通常来说,预算管理系统一般只覆盖预算管理后五个环节的数据交互。

## 7.2 预算管理系统建设的案例分析

### 7.2.1 案例企业背景

(1) 经营管理特点

ZT置业集团有限公司(以下简称"ZT置业"或"置业集团")是中国ZT股份有限公司(以下简称"ZT股份"或"股份公司")的全资子公司,成立于2007年2月,注册资本21亿元人民币,拥有72家成员企业,包括三级区域公司、二级开发项目公司、一级开发项目公司、专业公司和分公司。

ZT置业的主要业态是房地产开发,以一级项目开发和二级项目开发为主,以建筑工程、物业服务、工程项目管理和投资咨询为辅。作为国有房地产企业,ZT置业除具有房地产企业的一般经营特征,如政策敏感性强、地域差别性大、资金要求巨大、项目开发周期长等之外,还具有国有企业的显著特点,如市场销售行为受限、考核导向明显、风险意识强烈等。

(2) 预算管理特点

第一,以项目预算为主体。房地产开发项目投资是房地产企业的主要投资

方式,其全面预算管理需要细化到开发项目,对开发项目的全生命周期进行预算。房地产项目开发周期一般需要3年以上,因此,较长周期的项目预算成为房地产全面预算中的主体内容。ZT置业全面预算中的业务预算,以房地产业态的项目预算为主体,包括一级开发项目预算和二级开发项目预算。

第二,以资金预算为核心。房地产企业往往需要巨额银行贷款及其他金融机构融资的大量资金支持,严重的资金链断裂会威胁企业生存。巨额资金吞吐若筹划不善,也会大大增加企业成本,减少企业利润,降低企业价值。因此,资金预算成为房地产企业全面预算中的核心内容。ZT置业全面预算以资金预算为核心,贯穿资金的收入和支出全过程。

第三,以风险防控为重点。房地产行业属于高风险行业,企业风险识别和风险管控能力,是影响企业生存的重要因素。因此,预算控制成为房地产企业全面预算中的重要内容。ZT置业全面预算以风险防控为重点,在预算控制环节体现得尤为明显。

此外,作为二级国有企业,ZT置业的全面预算管理还具有预算考核的严谨性、预算执行的严格性和预算博弈的严重性等特点。受中央国资委的管控,ZT置业全面预算中的预算考核环节执行较为严格,与绩效和奖金直接挂钩,导致预算编制过程中的博弈现象较为严重,以及预算执行过程中的预算控制较为严格,特别是费用类的项目完全执行刚性预算。

(3)预算管理现状

置业集团在成立之初就十分重视全面预算管理体系的建设。经过多年的探索和实践,基于Excel的全面预算管理体系初见成效,但依然存在较多不足。其主要体现在:第一,部门职责不清晰。集团公司存在交叉管控、标准不统一、口径不一致的问题,导致资源分配不合理。第二,预算组织不完善。集团公司的预算委员会、预算管理办公室比较健全,但项目公司的预算组织不健全,没有形成"集团—区域公司—项目公司"的多级管控体系,导致全面预算管理不能贯彻到底。第三,偏重于财务预算,业务预算体系不健全,没有形成从业务到财务的全面预算管控体系,导致预算缺乏业务源头,难以发挥预算执行及考核的作用。第四,没有形成全面预算闭环管理体系,基础标准体系及定额体系薄弱,没有形成滚动预算,导致预算只停留在编制阶段,难以真正发挥全面预算的作用。

(4)预算管理系统建设需求

第一,股份公司要求。应中央国资委和财政部要求,ZT股份全面预算信息化项目于 2012 年 2 月启动，10 月完成全面预算咨询方案，于 2013 年 5 月召开了全面预算管理信息化建设试点项目总部启动会议。ZT 置业是参加试点的 6 家二级集团之一，以房地产业态为特色。

第二，行业竞争要求。鉴于房地产巨头企业的强大实力和不断涌现的新进房地产企业，置业集团面临激烈的行业竞争压力，利润空间逐渐降低，需要通过全面预算配置资源、执行控制，从而压缩经营成本、提升经济效益。

第三，加强风控要求。作为资金密集型企业，ZT 置业经营风险高、影响大，必须加强企业内部控制管理，加强精细化管理。

第四，提升管理要求。置业集团成立时间较短，存在较多管理问题，缺乏有效的管理提升工具。

基于预算管理现状和预算管理系统建设需求，置业集团急需一套全面预算管理系统来进行战略落地和资源配置，实现从上至下的精细化管理。

## 7.2.2 案例企业预算管理系统架构

### 7.2.2.1 预算管理系统的建设目标

项目的整体目标是：建立一个全面预算管理信息集成平台，支撑 ZT 置业落地实现"分层级、分业态、全流程、从业务到财务"的全面预算管理体系，体现全面预算管理内涵要求，实现"横向到边、纵向到底，全方位、全过程、全员参与"的全面预算管理目标。建立的全面预算管理信息系统，应固化预算管理制度、流程，逻辑清晰完整，数据真实可靠，系统稳定有效运行。

项目的具体目标是：

第一，建立覆盖各预算主体的预算编制体系，并按层级进行汇总，提供一个能够让全集团共同参与的预算编制平台，实现集团全面预算编制的统一管理。

第二，根据建设规划和管理要求，在主要业态中建立预算控制系统，明确分级控制和归口管理职责，提高对各项经营活动的事前和事中控制水平。

第三，建立覆盖各预算主体的预算分析系统，提供即时查询分析功能，根据业务特点、管控重点设计相应的预算分析内容及相应指标，完成自动分析。通过分析模块，实现各种图形和表单直观展示预算完成情况，满足预算管理人员对全面预算分析结果的需求。

第四，根据业绩考核总体思路和管理要求，在主要业态中建立预算考核系统，并将预算考核结果回传至相应业务系统，以满足日常的预算考核要求。

第五,建立预算管理系统间的数据接口,保障 ZT 置业与总部 ZT 股份的预算数据传送顺畅、准确;建立预算管理系统与核算系统、业务系统等的数据接口,通过将预算数据、核算数据、业务审批及执行数据等进行集成,为预算管理各环节提供数据支持,实现数据共享。

第六,ZT 置业在实施全面预算管理信息系统的同时,同步制定集团及下属单位分层级、分业态的全面预算管理实施细则。

#### 7.2.2.2 预算管理系统的体系架构

借助全面预算管理系统,ZT 置业构建了一套完整的预算管理体系,包括经营预测、预算编制、预算合并、预算调整、预算预警、预算控制、预算分析和预算考核等多方面的管理活动,借助集团管控平台和企业大数据的应用,实现"战略目标—经营计划—过程管控—结果反馈—战略分析"的一体化集团管控流程,实现集团纵向的垂直管控、集中应用和集中决策。ZT 置业全面预算管理系统架构如图 7-3 所示。

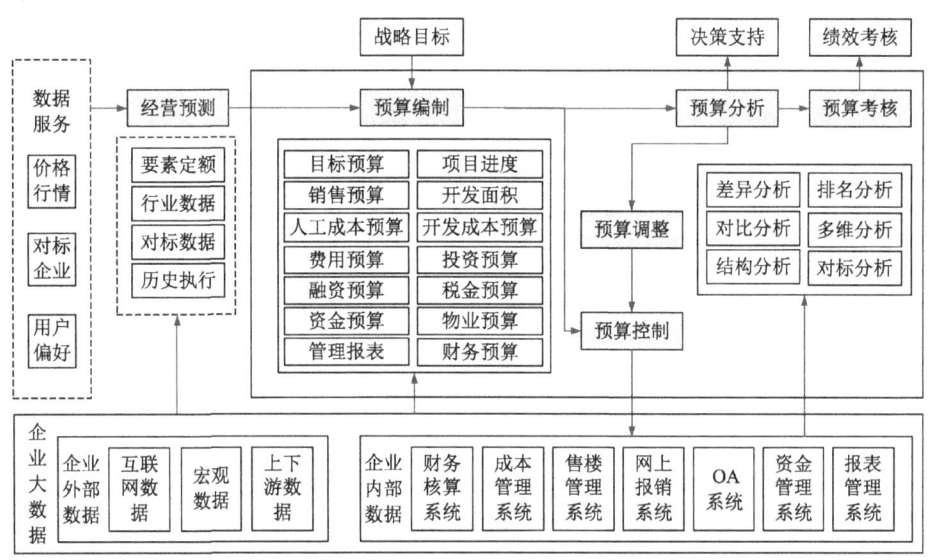

图 7-3 ZT 置业全面预算管理系统架构

经营预测是企业进行决策和规划的基础。整合价格行情、对标企业、用户偏好等外部数据,借助互联网应用,对企业大数据进行抽取分析,形成企业要素定额、行业数据、对标数据、历史执行情况等企业经营预测的关键数据,全面提高预算编制的科学性和准确性。

预算编制是预算管理的起点,预算编制平台支持预算方案的定义、预算数据的汇总细化,可对预算的整个编制周期进行管理。ZT置业的预算编制模型总体思路是:依据"战略—预算"联动的思想,建立囊括年度预算和项目全周期预算的"1+X"模型。

预算执行实现对下达后的预算进行实际数据归集。目前在用的与预算管理系统相关的业务系统中,能通过建立接口从业务系统归集预算管理系统所需的实际执行数的主要是财务核算系统。其他预算执行数常通过日常业务管理报表(Excel形式)和手工录入方式来实现。

预算控制是预算管理的核心,是预算目标顺利实现的有力保证。预算控制平台支持刚性控制和柔性控制,以及刚柔结合的控制方式,通过开放的控制接口,可以与其他业务系统集成,在业务发生时进行预算控制或预警提示。基于目前ZT置业各业务系统的应用情况,预算执行控制主要通过财务核算系统进行事后控制。预算执行控制重点是对下属单位及二级集团公司本部的资本性支出、资金支付等的控制。

预算调整是对已下达执行的预算进行调整,支持某一时间段按预算表进行统一调整和基于业务环境变化按预算调整单进行单一调整,同时提供预算调整对比查询、调整历史查询等多种方式,对调整前后的数据进行对比分析。

预算分析是全面预算管理的结果。预算分析平台提供多种分析模式,也支持自定义分析模式,可追溯数据来源,同时结合BI实现多维分析、图形分析,进行更丰富的预算分析展现。根据ZT置业的管理要求及业务特点确定相应的预算分析内容,具体可从组织、时间、产品类型、关键指标等维度展开预算分析工作,并借助整合后的企业大数据,重新构建预算分析的数据来源,并加入对标分析内容,为管理决策提供更丰富的数据支撑。

预算考核是对预算执行和控制实行的一种有效激励和约束形式。预算考核平台可根据绩效考核指标,按表单形式将考核方法通过公式固化在系统中,进行多层级的预算责任中心考核。同时,可将预算考核结果反馈给人力资源系统作为绩效考核依据。

## 7.2.3 案例企业预算编制平台

### 7.2.3.1 预算编制流程

ZT置业的预算编制流程如图7-4所示。

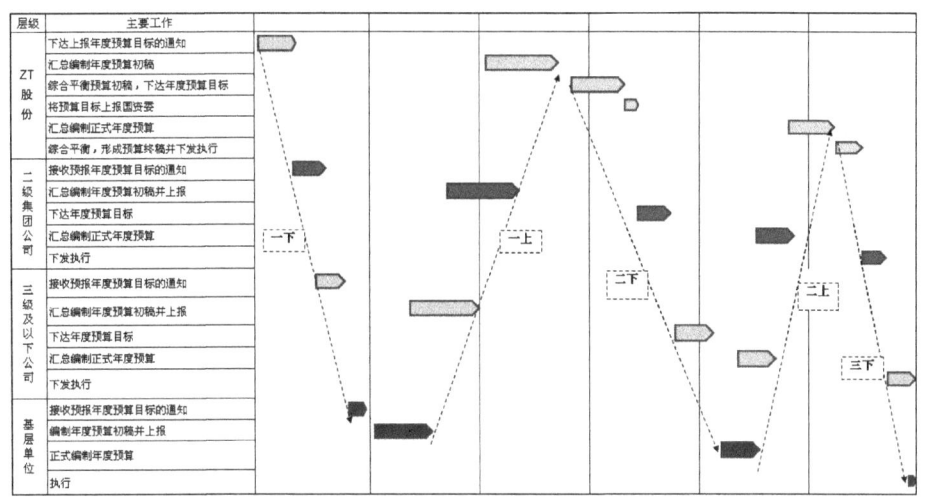

图 7-4　ZT 置业预算编制流程

#### 7.2.3.2　预算编制平台架构

ZT 置业的预算编制平台架构如图 7-5 所示。

ZT 置业全面预算的内容包括业务预算、资本预算和财务预算中的所有重点业务,体现"横向到边、纵向到底"的全面预算管理要求。其中,业务预算包括 ZT 股份通用业务预算和房产个性业务预算,前者包括主要业务预算、海外业务预算和费用预算,后者包括项目进度预算、销售预算、库存预算、开发成本预算和物业业务预算。

资本预算包括 ZT 股份通用资本预算和房产个性资本预算,前者包括股权投资预算、金融工具投资预算和资本性支出预算,后者主要包括新项目投资额预算。

财务预算包括 ZT 股份通用财务预算和房产个性财务预算,前者包括融资预算、财务报表预算和管理报表预算,后者主要包括资金预算。

#### 7.2.3.3　预算编制特色

一是"层次＋业态":组织多层,包括 ZT 置业二级集团、ZT 置业集团本部、三级区域公司、二级项目开发公司、一级项目开发公司。多业态,包括房地产开发、建筑工程、物业服务、工程项目管理和投资咨询。ZT 置业在试点过程中,贯穿所有组织层次,覆盖一级开发项目和二级开发项目。

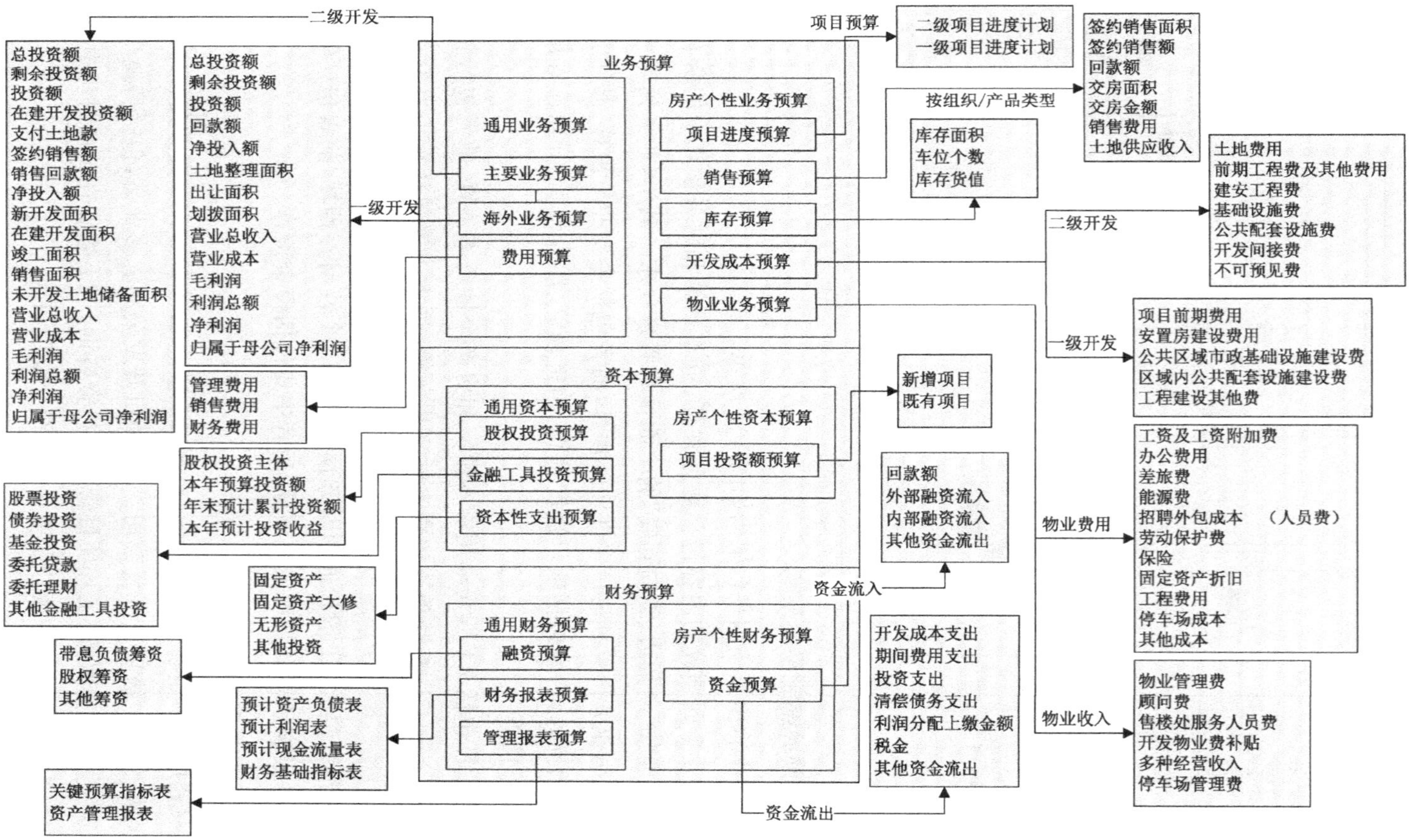

图 7-5 ZT 置业预算编制平台架构

二是"二上+三下":一下是指 ZT 股份下达上报年度预算目标的通知,各级单位根据战略规划目标初步明确其自身年度预算目标。一上是指 ZT 股份各级单位根据年度预算目标,编制年度预算初稿(即编制版预算),经过上下沟通讨论,逐层汇总上报至 ZT 股份预算管理办公室,由 ZT 股份预算管理办公室审核各级单位上报的年度预算初稿,编制形成 ZT 股份合并层面的年度预算初稿,上报预算管理委员会进行审议。二下是指经 ZT 股份预算管理委员会综合平衡,报董事会审批通过后,形成各单位的预算批复指标并下达。二上是指 ZT 股份各级单位根据预算批复指标,逐级调整和完善年度预算相关内容,并上报备案。三下是指 ZT 股份综合平衡,形成预算终稿并下发执行。

三是"汇总+穿透":按照"置业集团—区域公司—项目公司"的管理层级搭建预算组织机构,可从纵向实现自下而上多层级的汇总抵消,生成区域公司合并和集团合并预算编制,并且支持自上而下的逐级数据穿透,查看各层级的明细数据构成。

四是"通用+个性":通用预算,包括整个 ZT 股份通用的业务预算、资本预算和财务预算,体现在通用表单和通用指标中;个性预算,包括 ZT 置业房地产业态个性化的业务预算、资本预算和财务预算,体现在个性表单和个性指标中。

五是"项目+年度":项目全周期预算,横跨整个房地产开发项目,一级项目有 7 个开发节点,二级项目有 11 个开发节点;年度预算,以会计年度为预算周期,对于具体项目而言,是项目预算的一部分。项目全周期预算和年度预算综合体现于"1+X"预算模型中。

六是"目标+动态":一级开发项目和二级开发项目的成本预算,都包括目标成本和动态成本。目标成本由 ZT 置业内部额定,动态成本为已发生成本和预计发生成本之和。

## 7.2.4 案例企业预算执行控制平台

### 7.2.4.1 预算控制概况

(1) 预算控制重点

ZT 股份全面预算的管控重点与组织层级有关。其中,ZT 股份的管理以集团战略为导向,其管控重点是战略控制;二级集团公司的管理以管理战略为导向,其管控重点是管理控制;三级及以下公司的管理以经营战略为导向,其管控重点是业务控制;基层单位的管理以成本战略为导向,其管控重点是成本费用控制。

(2) 预算控制方式

预算控制的方式从系统平台方面分为系统自动控制和人工分析控制,分别用于有业务系统支持和没有业务系统支持两种方式。对于有业务系统支持的控制点,可以实现在业务系统中进行具体业务操作时触发柔性预警提示或刚性操作控制;而对于没有业务系统支持的控制点,只能通过在预算管理系统中手工录入或通过 Excel 导入执行数后,借助系统分析或人工分析定期进行预警消息的提示。

(3) 预算控制方案

根据 ZT 股份的预算控制要求和置业集团本身的实际业务需求,ZT 置业确定了 10 个控制点,其预算控制方案如表 7-1 所示。

表 7-1 ZT 置业的预算控制方案

| 控制点 | 控制维度 | 预算单位 | 对应系统 | 控制周期 |
| --- | --- | --- | --- | --- |
| 二级开发进度 | 组织+项目+期间+进度计划节点+完成日期 | 二级开发项目公司 | 预算管理系统 | 月度预警 |
| 销售业务费用 | 组织+项目+期间+销售业务费用项目+金额 | | 预算管理系统 | 总额控制 |
| 销售指标完成情况 | 组织+项目+期间+销售指标+预算完成率 | | 售楼管理系统 | 总额控制 |
| 库存去化情况 | 组织+项目+期间+产品类型+去化率 | | 售楼管理系统 | 总额控制 |
| 项目成本 | 组织+项目+期间+开发成本科目+动态成本 | 项目公司 | 成本管理系统 | 总额控制 |
| 工资总额 | 组织+期间+工资总额 | 各级单位 | 预算管理系统 | 总额控制 |
| 资金支付 | 组织+期间+资金流程科目+金额 | | 财务核算系统 | 逐笔单项控制 |
| 融资 | 组织+期间+融资渠道+融资金额+融资成本 | | 财务核算系统 | 逐笔单项控制 |
| 资本性支出 | 组织+期间+资本性支出科目+金额 | | 网上报销系统 | 总额控制 |
| 管理费用 | 组织+期间+管理费用科目+金额 | | 网上报销系统 | 总额控制 |

#### 7.2.4.2 预算控制平台架构

ZT置业的预算控制平台架构如图7-6所示。

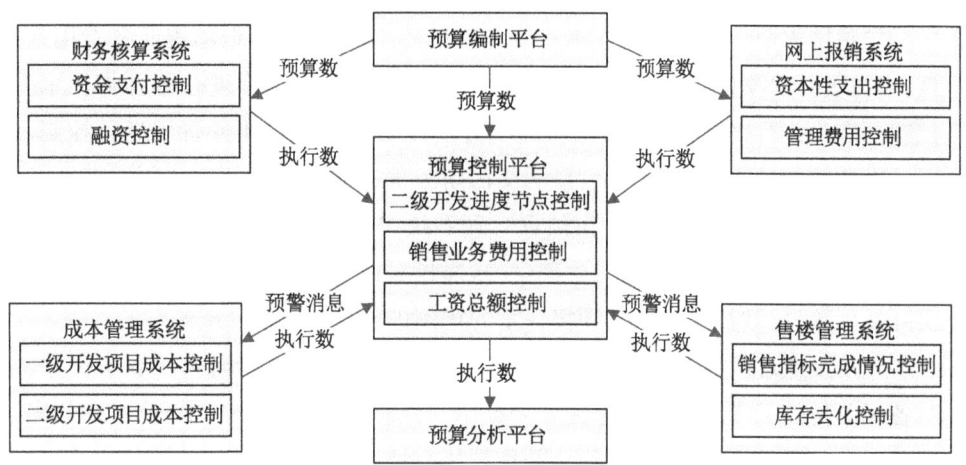

图7-6 ZT置业预算控制平台架构

#### 7.2.4.3 预算控制实现方式

（1）预算管理系统单独实现的预算控制

① 预算控制方式。对于没有业务系统支持的控制点，ZT置业在预算管理系统中收集执行数后，定期进行预警消息的提示。2014年3月中旬，ZT置业已按照预算控制方案，在预算管理系统中对采用预警控制方式的控制点完成系统部署，包括预警控制指标、预警周期、预警方式、预警通知人员等，实现按照各控制点要求的预警提示系数，对预算完成比率超过预警系数的指标，定期对相关人员进行系统内消息或者邮件的预警提示。

② 预算控制实现。通过预算管理系统单独实现的预算控制点有以下三个：

一是二级开发进度节点控制。本控制点归口集团项目管理部，依据二级开发进度计划，对二级开发项目公司的各项目进度节点完成时间进行月度预警提示。控制要点为：ZT置业对计划任务节点的实施与监督实行质询报告制度，提前一个月、两周、一周对节点进行预警。对不能按期完成的节点，要提前7个工作日写出书面报告，说明未完成的原因，何时完成，对后续节点及开工、开盘、交付节点的影响以及所采取的措施。对再次未完成的节点，项目总经理应当面向集团主管领导汇报相关事宜。预算控制实现方式为：各二级开发项目公司按完成情况,及时将各项目进度节点完成日期录入预算管理系统中。预算管理系统通过项目节点计划日期与当前日期对比、计划日期与录入的实际完成日期对比,按月通过预算控制模块发送预警消息。

二是销售业务费用控制。本控制点归口集团营销部,依据销售业务费用预算,对二级开发项目公司各销售业务费用项目的金额进行季度总额预警提示。控制要点为:项目公司各归口管理部门对项目公司的销售业务费用进行控制,再经由分管领导或总经理审批,最后交由财务部启动付款。预算控制实现方式为:由项目公司定期(按季度)在预算管理系统中录入相关科目的实际发生数。预算管理系统按照预算的项目分期口径,通过对销售业务费用的季度预算数和实际发生数进行对比,定期按预警提示的比例进行系统内消息或邮件的发送。

三是工资总额控制。本控制点归口集团人力资源部,依据人工成本预算,对各级单位的工资总额进行总额预警提示。控制要点为:各分(子)公司按照集团公司有关要求,定期报送工资总额预算执行情况表。集团公司对各分(子)公司工资总额预算执行情况进行监测、提示和预警。预算控制实现方式为:各分(子)公司定期在预算管理系统中录入工资总额执行情况,以此分析工资总额是否符合工资效益联动机制、职工平均工资是否同比增长较快或突破职工平均工资增长指导线等,对工资总额预算执行存在问题的所属单位及集团公司进行提示和预警。

(2) 与财务核算系统共同实现的预算控制

通过预算管理系统和财务核算系统的系统集成,完成预算指标和核算科目的对应,支持核算系统在凭证制单过程中进行预算控制。

① 系统集成数据。财务核算系统与预算管理系统的集成数据包括基础数据共享、预算数据共享和执行数归集。其中,基础数据包括核算组织、部门核算、核算科目、项目核算、业务类别、商品类别等;预算数据主要包括资金支付预算和融资预算等;执行数包括财务核算系统中的资金预算执行数、税金预算执行数、营业外收支预算执行数,以及报表管理系统中的三项费用预算执行数和三张财务报表执行数。

② 系统集成方式。对于预算执行数据归集,预算管理系统采用中间库的模式,从财务核算系统获取预算执行数。财务核算系统每个月向中间库表推送一次各核算单位的科目余额、科目辅助余额数据,预算管理系统按季度从中间库表中取数。

③ 预算控制实现。通过预算管理系统和财务核算系统集成,共同实现的预算控制点有以下两个：

一是资金支付控制。本控制点归口集团财务部的资金中心,依据资金预算、资金计划和已确认的完工进度,对各级单位资金支付用途和金额进行逐笔单项刚性控制。通过在财务核算系统的凭证制单阶段进行控制,即在资本支付类凭证保存或者记账时根据资金支付预算,对本期发生额进行预警提示。控制要点为：由各职能部门提交资金支付申请,归口管理部门对资金支付内容进行审批,审批通过后提交给分管领导,分管领导进行审批,权限内审批通过后将申请单反馈给财务部门,财务部门依据各部门的资金支付预算进行审核,审核通过后进行资金支付,权限外提交上级领导进行审批,若预算外的审批不通过则返回提交申请部门。资金支付预算控制实现方式可以分为两个场景：第一种是在项目公司对外付款时调用预算数据进行预警提示;第二种是集团划拨资金给项目公司时调用预算数据查看是否超出预算。第一种场景下,项目公司发生对外支付业务,对资金支出按照现金流量辅助(分为经营活动产生的现金流、投资活动产生的现金流和筹资活动产生的现金流)中的支出部分进行总额控制。当制单凭证的贷方辅助为现金流量对应的明细时,系统对此单据调用资金预算数据,对比总额和发生额并进行预警提示。第二种场景下,当集团进行资金下拨时,集团资金中心在银行付款凭证中借方为"其他应付款—内部调剂资金—本金",辅助为某下级公司,贷方为"银行存款",调用该公司的资金预算情况,预警提示是否超出该公司的资金流出预算。

二是融资控制。本控制点归口集团财务部的资金中心,依据融资预算,对各级单位的融资渠道、融资金额和融资成本进行逐笔单项预警提示。控制要点为：置业集团财务部对区域公司及所有项目公司的每笔融资方案都进行严格的审批,主要针对融资渠道、融资额度和融资成本等进行审批,同时,需报 ZT 股份批准后办理融资放款。预算控制实现方式为：通过在财务核算系统的凭证制单阶段进行控制,即在融资类凭证(如短期借款、长期借款等)保存或者记账时根据内外部融资预算,对融资额的本期发生数进行预警提示。

(3) 与网上报销系统共同实现的预算控制

通过预算管理系统和网上报销系统的系统集成,完成预算指标和报销项目的对应,支持网上报销系统在报销申请阶段和报销审核审批阶段进行预算控制。

① 系统集成数据。预算管理系统与网上报销系统的集成数据包括基础数据共享、预算数据共享和执行数归集。其中，基础数据包括单位部门信息、费用项目、资本性支出项目或者专项信息等；预算数据主要包括非合同性的费用类预算数据；执行数主要包括非合同类的费用类执行数。

② 系统集成方式。预算管理系统和网上报销系统通过业务系统接口实现预算数据的共享。预算管理系统根据预算分析、控制、考核的需要，将预算数据以报销部门、费用项目信息的形式提供给网上报销系统；网上报销系统通过读取预算数据对费用报销单据进行预算控制，并将经过审核审批的报销（分摊）数据作为预算执行数，回传给预算管理系统，供预算分析使用。

③ 预算控制实现。通过预算管理系统和网上报销系统集成，共同实现的预算控制点有以下两个：

一是资本性支出控制。本控制点归口集团综合部，依据资本性支出预算，对各级单位的资本性支出内容和金额进行逐笔单项预警提示。控制要点为：依据年度预算，项目公司购房和购置一定金额以上车辆以及其他的大额资本性支出需要提交集团公司进行审批，除此之外的其他资本性支出严格按年度预算进行控制，如属预算外支出，则按预算外流程进行审批。预算控制实现方式为：在网上报销系统进行资本性支出申请阶段，调用相应的年度预算数据，对资本性支出用途及申请额进行事前控制预警提示。

二是管理费用控制。本控制点归口集团财务部，依据管理费用预算，对各级单位的管理费用明细和金额进行总额预警提示。控制要点为：各级单位的职能部门提交管理费用申请，归口管理部门在权限内根据各职能部门上报的管理费用预算进行审批，权限外的提交给分管领导，分管领导在权限内审批，权限外的提交给公司领导及决策层进行审批，通过后提交给财务部门进行费用报销。预算控制实现方式为：在网上报销系统进行费用申请或在报销阶段进行控制，在单据保存或提交审批时，对选择管理费用相应子科目的单据，调用该科目对应的季度及年度预算数据，对本期发生额进行预警提示。

（4）与售楼管理系统共同实现的预算控制

在售楼管理系统和预算管理系统之间建立接口，采用报表交互的方式定期归集数据，并通过定期的预警提示进行预算控制。

① 系统集成数据。ZT 置业目前使用的售楼管理系统中包含的数据基本涵盖预算管理系统所需要的预算数据，只是存在售楼管理系统中的维度颗粒度

比较细,因此需要售楼系统根据预算对应维度的颗粒汇总生成相应的数据,便于预算管理系统归集数据。售楼管理系统与预算管理系统的集成数据包括基础数据共享和执行数归集。其中,基础数据包括组织、房地产项目、营销指标等;执行数包括二级开发销售及回款预算执行数、二级开发销售库存预算执行数。

② 系统集成方式。预算管理系统与售楼管理系统接口采用报表交互方式进行,售楼管理系统定期输出规定格式的 Excel 报表,由预算管理系统定期从该表中读出成本预算执行数进行控制和分析。

③ 预算控制实现。通过预算管理系统和售楼管理系统集成,共同实现的预算控制点有以下两个:

一是销售指标完成情况控制。本控制点归口集团营销部,依据销售预算,对二级开发项目公司各销售指标的完成率进行总额预警提示。控制要点为:在项目年度销售指标分解上要求各区域/各项目对年度销售额及回款额按季度、月度进行指标分解,并上报集团营销部审核;集团营销部通过周报、月报、季报、半年报、年报等周期性报表对区域/项目年度销售计划完成情况、滚动计划完成情况进行监控。预算控制实现方式为:预算管理系统定期归集各二级开发项目公司的销售指标实际完成数,通过销售指标实际完成情况与预算对比,按照完成率定期进行预警消息的发送,监控销售指标的预算完成情况。

二是库存去化控制。本控制点归口集团营销部,依据销售库存预算,对二级开发项目公司各产品类型的库存去化比例进行总额预警提示。控制要点为:在项目年度销售指标分解上要求各区域/各项目公司按季度、月度对项目取证库存及新增房源的去化情况进行分解,且原则上对刚需项目及非刚需项目的年度库存去化比例有规定;集团营销部通过周期性统计分析及研讨对项目库存去化情况及计划完成情况进行监控。预算控制实现方式为:预算管理系统定期归集各二级开发项目公司的销售库存数据,通过库存指标实际完成情况与预算对比,按照完成率定期进行预警消息的发送,监控项目的取证库存及新增房源的去化情况。

(5) 与成本管理系统共同实现的预算控制

在成本管理系统和预算管理系统之间建立接口,实时归集成本数据;通过目标成本和动态成本的对比,进行累计总额的预警控制。

① 系统集成数据。成本管理系统与预算管理系统的集成数据包括基础数

据共享和执行数归集。其中,基础数据包括组织、房地产项目、成本科目、成本指标等;执行数包括二级开发成本数据和一级开发成本数据。

② 系统集成方式。预算管理系统与赛普爱德成本管理系统接口采用中间库方式进行,即:首先在预算管理系统中创建中间表(含组织、期间、项目、产品类型、成本科目、指标和数据字段);然后由成本管理系统定期将数据写入该表,其中每个维度字段的保存值为各维度数据的编号;最后由预算管理系统定期从该表中读出成本预算执行数进行控制和分析。

③ 预算控制实现。通过预算管理系统和成本管理系统集成,共同实现的预算控制点是项目成本控制。本控制点归口集团成本合约部,依据总控目标成本和合同签订情况,对一级开发项目公司和二级开发项目公司的项目开发成本,进行总额预警提示。控制要点为:项目成本控制可分为三个步骤。一是在定位策划、方案设计和合约规划三个项目前期阶段进行的成本控制;二是在合约管理控制、合同洽商及结算管理方面进行的项目过程成本控制;三是项目成本结算后,对主体工程及各专业分包工程进行项目建安成本分析。预算控制实现方式为:项目成本控制以合同控制为主,主要通过与成本管理系统的接口,在预算管理系统中对动态成本数据进行累计总额控制,将项目的目标成本和动态成本对比分析,进行预警提示。

#### 7.2.4.4 预算控制特色

一是控制分层:ZT 股份重在战略控制,ZT 置业重在管理控制,三级区域公司重在经营层面的业务控制,一级项目开发公司和二级项目开发公司重在成本费用控制。ZT 置业二级集团预算执行控制的重点是对下属三级单位及二级集团公司本部的费用、资金支付、资本性支出等的控制。三级区域公司对项目公司的预算执行控制重点是项目进度及项目成本。项目公司本身预算控制的重点是成本费用和资金支付。

二是控制集成:ZT 置业的预算控制,通过与财务核算系统、浪潮报表管理系统、赛普爱德成本管理系统和 OA 系统四个系统集成来实现。其中,财务核算系统、浪潮报表管理系统用于费用预算、财务预算执行数据的归集和对凭证制单的预算控制;赛普爱德成本管理系统用于成本执行数的归集;OA 系统实现预算系统和 OA 系统的单点登录和审批流集成。

三是刚柔并济:控制方式包括预警控制和业务系统刚性控制。ZT 置业对于二级集团本部资金支付实行刚性控制,对于资本性支出、二级集团本部费用、项目投资和融资实行全年刚性控制；对于预算外事项和合同签订实行弹性控制。所有经济指标的控制均实现从系统进行定期的预警提示消息或者邮件发送。

### 7.2.5 案例企业预算分析平台

#### 7.2.5.1 预算分析平台架构

ZT置业的预算分析平台是预算管理系统的一部分，满足ZT置业集团、三级区域公司、二级项目开发公司和一级项目开发公司四类主体的分析需求，与多个平台之间有数据联系，如预算编制平台中的预算数据、对标企业的实际数据、成本管理系统中的成本实际数据、售楼管理系统中的销售实际数据、报表管理系统中的三项费用和三张报表实际数据、其他未能直接录入集成系统中的实际数据，都提供给预算分析平台。预算分析结果也将提供给决策支持平台、预算调整平台和预算考核平台作参考之用，如图7-7所示。

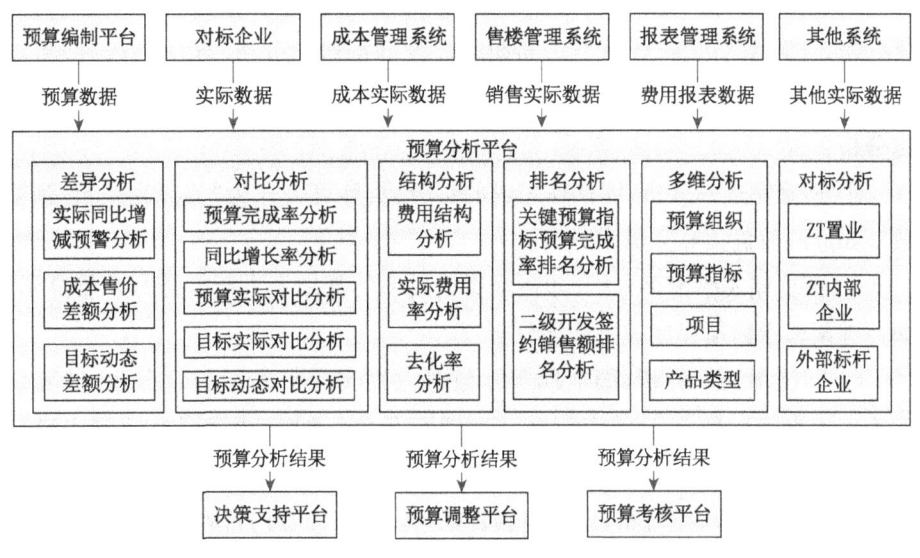

图7-7　ZT置业预算分析平台架构

#### 7.2.5.2 预算分析方法

ZT置业预算分析体系主要采用了以下六种分析方法。

(1) 差异分析

差异分析就是计算各预算报表的数据与实际绩效之间的差异,分析引起差异的内外部原因,及时发现和解决预算执行过程中出现的问题和存在的风险,为预算控制提供目标、方向和重点。ZT 置业预算分析体系中用到了三类差异分析:

① 实际同比增减预警分析,即对本期实际发生数与上期实际发生数的差额进行红绿灯预警分析,如资产负债分析(按组织)。

② 成本售价差额分析,即计算售价与成本之间的差额,如二级开发项目的销售价格/动态成本分析。

③ 目标动态差额分析,即计算目标成本和动态成本之间的差额,如一级开发项目公司的目标成本/动态成本分析。

(2) 对比分析

对比分析是将某项指标与性质相同的指标项进行对比来揭示差异,分析报表中的项目与总体项目之间的关系及其变动情况,探讨产生差异的原因,判断企业预算的执行情况。对比分析包括:实际数与预算数的对比分析;同比分析,即将本期实际数与上年同期实际数进行对比分析;环比分析,即将本期实际数与上期实际数对比分析等。ZT 置业预算分析体系中用到了七类对比分析:

① 预算完成率分析,即预算完成的百分比,计算公式为"实际完成数/预算数",如经济效益预算完成率分析。

② 预算完成率预警分析,即在预算完成率的基础上进行红绿灯预警显示,如关键预算指标预算完成率预警分析。

③ 同比增长率分析,即本期实际数对上期实际数的增长百分比,计算公式为"(本期实际数－上期实际数)/上期实际数",如关键预算指标同比增长率分析。

④ 预算实际对比分析,即只将预算数和实际发生数进行列示、图示,以便直观比较,如投资预算实际对比分析。

⑤ 预算实际对比预警分析,即在预算实际对比分析的基础上进行红绿灯预警显示,如一级开发项目进度分析。

⑥ 目标实际对比分析,即将总目标和实际已完成数进行列示比较,如二级开发项目全周期目标实际对比分析。

⑦ 目标动态对比分析,即以图示方式展现目标成本和动态成本,如二级开发目标成本和动态成本对比分析。

(3) 结构分析

结构分析是指某一子项占其总项的百分比,如期间费用中管理费用、财务费用、销售费用所占的比例,或办公费用、研发费用等占管理费用的比例。结构分析就是分析实际数结构与预算数结构之间的差异,分析结构变化对预算完成情况的不同影响。ZT置业预算分析体系中多处用到了结构分析,如二级开发项目公司的销售业务费用结构分析、经济效益占比分析、资产占比分析、负债占比分析、融资占比分析等。

① 实际费用率分析,即所发生费用占营业总收入的百分比,如销售费用率分析。

② 去化率分析,即销售面积占可售面积的比率,如二级开发项目的库存去化率分析。

(4) 排名分析

排名分析是指针对企业内部功能相同或相似的责任单位,选择一些能够反映责任单位运营情况的核心指标(如人均销售收入、人均管理费用等)进行排名,再进一步分析差距形成的原因,促进排名落后的责任单位加强管理、改善业绩。ZT置业预算分析体系中多处用到了排名分析,如关键预算指标预算完成率排名分析、二级开发签约销售额排名分析等。

(5) 多维分析

多维分析是指对以多维形式组织起来的数据进行上卷、下钻、切片、切块、旋转等各种分析操作,使分析者能从多个角度、多个侧面观察数据库中的数据,从而更深入地了解包含在数据中的信息和内涵。ZT置业预算分析体系中运用了预算组织、预算指标、项目和产品类型等多个维度的分析,以及"集团—区域公司—项目公司"多级上卷下钻分析。

(6) 对标分析

对标分析是选取行业内标杆企业作为比较标准,通过对标分析,可以了解企业在行业竞争中的地位,明确差距,提出相应的改进措施。ZT置业预算分析体系中多个指标用到了对标分析,包括营业总收入、净利润、毛利率、收入净利润率、资产总额、负债总额、收入负债比、净利润负债比、收入资产比和资产净利润率。对标企业包括ZT股份内部的10家房地产企业和ZT股份外部的10家同行房地产标杆企业。

#### 7.2.5.3 预算分析特色

一是组织分层:不同层次的组织,预算分析的内容和重点不同。二级集团预算分析的重点内容为关键业务指标分析、经营情况分析、投资分析、财务分析和对标分析;区域公司预算分析的重点内容是关键业务指标分析、经济效益分析、收入分析、成本费用分析和资金情况分析;二级开发项目公司预算分析的重点内容为项目进度分析、关键业务指标分析、经济效益分析、销售分析、成本费用分析和资金情况分析;一级开发项目公司预算分析的重点内容为项目进度分析、关键业务指标分析、经济效益分析、收入分析、成本费用分析和资金情况分析。

二是"通用＋个性":二级集团在进行经营情况分析的过程中,采用 ZT 股份通用的收入分析、成本分析、期间费用分析和利润分析,采用房地产业态个性的项目进度分析。

三是多维动态:针对 ZT 置业房地产业态的管理特色,系统提供从集团总目标到各项目的数据穿透及丰富的图表数据联动,同时提供可按照组织、项目、指标、产品类型进行的多维分析,实现集团及时、全面地掌握各项目动态,并通过多维展现更直观地反映项目现状,辅助管理决策。

四是多种方法:针对各层单位的 BI 分析展板,ZT 置业根据业务需求和特点,设置不同的分析主题,如营销展板中包括销售收入分析、销售库存分析和销售业务费用分析等,并且提供不同的分析方法,包括预实对比分析、期间对比分析、累计分析等。

五是自动分析:在预算管理信息系统的支持下,ZT 置业的整个预算分析过程是自动进行的,以各种图表、图形方式展现。通过定制的智能报告模板,预算分析结果自动生成到分析报告中,支持各类图表数据的直接导出。

六是移动支持:关键指标的预算分析情况可以在手机、Pad 等移动终端进行展现,支持安卓系统和 iOS 系统,方便各级领导及时查阅关键指标的预算完成情况,及时发现问题并做出管理决策。

七是网络抓数:即采用最新网络爬虫技术,从网络上抓取同行业竞争对手的公开经营成果数据进行对标分析。

### 7.2.6 案例企业预算考核平台

ZT 置业预算考核的对象主要是所属的项目公司(含一级开发项目公司和

二级开发项目公司）。预算考核根据考核周期分为年度考核和项目全周期考核。年度考核和项目全周期考核分别以年度预算和项目全周期预算为标准，对各项目公司的预算完成情况进行考核。

#### 7.2.6.1 预算考核指标及权重

ZT置业年度预算考核指标主要依据年初下达的预算目标制定，分为二级开发项目公司和一级开发项目公司考核指标，如表7-2和表7-3所示。

表7-2 二级开发项目公司预算考核指标及权重

| 考核对象 | 指标性质 | 指标类别 | 指标细分 | 指标名称 | 单位 | 指标权重 | 备注 |
|---|---|---|---|---|---|---|---|
| 二级开发项目公司 | 定量指标 | 通用类 | 规模类 | 签约销售额 | 万元 | 10% | |
| | | | | 营业收入 | 万元 | 5% | |
| | | | | 投资额 | 万元 | 5% | |
| | | | 盈利类 | 毛利率 | 百分比 | 5% | |
| | | | | 归属母公司净利润 | 万元 | 10% | |
| | | | | 经营净现金流 | 万元 | 10% | |
| | | | | 收入净利润率 | 百分比 | 5% | |
| | | | 风险类 | 存货周转率 | 百分比 | 5% | |
| | | 个性化 | 营销类 | 回款额 | 万元 | 10% | |
| | | | | 销售费用 | 万元 | 5% | |
| | | | 工程类 | 节点工期 | — | 5% | 14个节点工期* |
| | | | 成本类 | 开发成本 | 万元 | | |
| | | | 风险类 | 融资规模 | 万元 | 5% | |
| | | | 财务类 | 管理费用 | 万元 | 5% | |
| | | | | 财务费用 | 万元 | 5% | |
| | | | | 资金上缴额 | 万元 | | |
| | | | | 资金集中度 | 百分比 | 5% | |
| | 定性指标 | | | 预算数据的准确性 | — | — | 加减分项 |
| | | | | 预算编制的及时性 | | | 加减分项 |

注：项目进度对二级开发项目公司14个节点工期的考核分别为：定位策划完成、方案设计完成、取得建设工程规划许可证、施工图设计完成、取得施工许可证、开工日期、基础工程达到±0、达到预售条件的工程节点、正式售楼处开放、预售证、开盘时间、主体封顶、竣工验收和交付客户。

表7-3 一级开发项目公司预算考核指标及权重

| 考核对象 | 指标性质 | 指标类别 | 指标细分 | 指标名称 | 单位 | 指标权重 | 备注 |
|---|---|---|---|---|---|---|---|
| 一级开发项目公司 | 定量指标 | 通用类 | 规模类 | 营业收入 | 万元 | 10% | |
| | | | | 投资额 | 万元 | 5% | |
| | | | 盈利类 | 毛利率 | 百分比 | 10% | |
| | | | | 归属母公司净利润 | 万元 | 10% | |
| | | | | 经营净现金流 | 万元 | 10% | |
| | | | | 收入净利润率 | 百分比 | 5% | |
| | | 个性化 | 营销类 | 回款额 | 万元 | 15% | |
| | | | 工程类 | 节点工期 | — | 5% | 7个节点工期* |
| | | | 风险类 | 融资规模 | 万元 | 8% | |
| | | | 财务类 | 管理费用 | 万元 | 5% | |
| | | | | 财务费用 | 万元 | 5% | |
| | | | | 资金上缴额 | 万元 | 6% | |
| | | | | 资金集中度 | 百分比 | 6% | |
| | 定性指标 | | | 预算数据的准确性 | — | — | 加减分项 |
| | | | | 预算编制的及时性 | | | 加减分项 |

注：项目进度对一级开发项目公司7个节点工期的考核分别为：土地取得、征地拆迁、基础设施、安置房、土地收储、土地供应和获得土地出让回款。

项目全周期考核是指由区域公司在项目全部结束时对项目公司进行的考核，主要的考核指标有营业收入、开发成本、净利润，单位为万元，权重分别为25%、25%和50%。

#### 7.2.6.2 预算考核方法

为保证预算的准确性及对企业经营的指导性，预算考核指标分为定量和定性两类，其中定性指标为加减分项指标；定量指标按预算完成率和预算偏离度相结合的方式由预算管理办公室对各单位进行考核，具体考核算法可针对类型不同的指标设置偏离度，通过偏离度与权重计算得出考核分数。

（1）预算偏离度设定

正常偏离区间为[−5%，5%]；可接受偏离区间为[−10%，−5%)（属负向偏离）或(5%，10%]（属正向偏离）；不可接受偏离区间为[−∞，−10%)（属负向偏离)或(10%,+∞](属正向偏离)。

(2)考核指标分类

考核指标分为收入盈利类指标和成本费用类指标。对二级项目公司而言,收入盈利类指标包括签约销售额、营业收入、毛利率、归属母公司净利润、回款额、资金上缴额和资金集中度;成本费用类指标包括销售费用、融资规模、管理费用和财务费用。对一级项目公司而言,收入盈利类指标包括营业收入、毛利率、归属母公司净利润、回款额、资金上缴额和资金集中度;成本费用类指标包括融资规模、管理费用和财务费用。对项目全周期考核指标而言,收入盈利类指标包括营业收入、收入净利润率、毛利率;成本费用类指标为开发成本。

(3)考核对比方法

已确认收入的项目,按主营业务成本计,合计数与对应业态面积的总控目标成本对比,按差异比例计分。其中,主营业务成本是指财务损益表中确定的本年度主营业务成本,总控目标成本是集团下达的总控目标成本中对应的成本。

未确认收入的项目,按动态成本计,实际发生加预计的合计数与总控目标成本对比,按差异比例计分。其中,动态成本是指相对于总控成本的范围,结合实际执行情况(如已发生的变更、签证等),并考虑未来会发生的变化而做出的预计动态成本。

(4)考核分数计算

未超过总控目标成本的得10分,低于总控目标成本的,每节省1%加2分,最多加10分。超出总控目标成本的,每超支1%扣2分,扣完为止。以收入盈利类指标为例的预算考核得分计算如表7-4所示。

表7-4 收入盈利类指标的预算考核得分计算示例

| 预算偏离度的区间 | 收入盈利类指标的预算考核得分 | |
|---|---|---|
| | 说明 | 举例 |
| 正常偏离区间:[−5%,5%] | 指标权数 | 新签合同额的偏离度在正常偏离区间为6分 |
| 可接受偏离区间:[−10%,−5%)(属负向偏离)或(5%,10%](属正向偏离) | 正向偏离情况下:在指标权数基础上进行加分<br>负向偏离情况下:在指标权数基础上进行减分 | 新签合同额的偏离度属正向偏离加1分,考核得分为7分;<br>新签合同额的偏离度属负向偏离减1分,考核得分为5分 |

(续表)

| 预算偏离度的区间 | 收入盈利类指标的预算考核得分 | |
| --- | --- | --- |
| | 说明 | 举例 |
| 不可接受偏离区间：[－∞，－10%)（属负向偏离）或(10%，＋∞]（属正向偏离） | 在指标权数基础上进行减分。在偏离度绝对值相同的情况下，负向偏离的减分值应大于正向偏离的减分值 | 新签合同额的偏离度属正向偏离减1分，考核得分为5分；新签合同额的偏离度属负向偏离减2分，考核得分为4分 |

根据偏离度与权重计算得出考核分数，其中偏离度＝完成率－100％，完成率＝实际/预算×100％。可针对不同类型的指标设置偏离度。

#### 7.2.6.3 预算考核流程

ZT置业集团公司按年度和项目全周期对各项目公司进行预算考核，由预算管理办公室牵头组织对各项目公司的预算完成情况进行考评，将预算考核结果上报预算管理委员会，审核通过后，根据考核结果进行奖惩兑现，具体流程如表7-5所示。

表7-5 ZT置业的预算考核流程

| 编号 | 流程步骤 | 责任部门 | 流程步骤描述 | 输出文档 |
| --- | --- | --- | --- | --- |
| 01 | 提供基础数据 | 项目公司预算工作小组 | 项目公司各职能部门提供基础数据，由项目公司预算工作小组进行汇总提交 | |
| 02 | 审核 | 集团公司各归口管理部门 | 集团公司各归口管理部门进行审核 | |
| 03 | 预算完成情况测评 | 集团公司预算管理办公室 | 基础数据审核通过后，对各项目公司预算完成情况进行测评 | |
| 04 | 预算考核结果 | 集团公司预算管理委员会 | 决策各关键指标的预算完成情况，根据权重进行综合测算 | 《预算考核结果》 |

#### 7.2.6.4 预算考核特色

一是定性定量结合：定性考核来源于预算工作质量数据，包括预算编制的及时性、预算数据的准确性；定量考核来源于预算目标执行数据，主要考核关键指标的完成程度或控制程度，包括ZT股份通用指标中的规模类和盈利类指标，房地产业态个性指标中的营销类、工程类、风险类和财务类指标。

二是年度分层考核：二级集团公司按年对各区域公司的预算执行情况及预算工作进行考核，区域公司对一级开发项目公司和二级开发项目公司进行预算考核，项目公司对公司内部各部门进行预算考核。

三是项目全周期考核：项目全周期考核是指由区域公司在项目全部结束时对项目公司进行的考核，主要的考核指标有：营业收入、开发成本、收入净利润率、毛利率。

四是自动计算结果：系统按照区域公司、二级开发项目公司、一级开发项目公司和专业公司的不同业务特点分别预置不同的考核表单，自动带出各单位考核指标的执行情况，包括考核完成率和预算完成率，为实现动态考核和评价提供数据支持。在集团完成考核评价打分后，系统将按照设置的指标权重自动计算出预算考核结果。

五是考核执行严格：根据前期咨询手册的考核要求，ZT置业按照关于预算考核指标与绩效考核指标保持一致的原则，将集团对三级单位的考核办法，如考核指标及考核权重等在系统中进行固化。

## 7.3 预算管理系统的数据交互模型

预算管理系统的数据交互模型如图7-8所示。

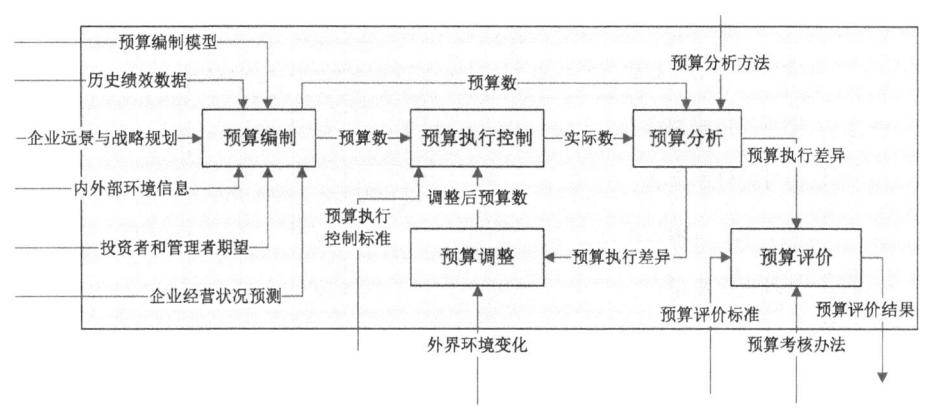

图7-8 预算管理系统数据交互模型

下面以预算编制为例，分析预算管理系统的数据交互。

### 7.3.1 预算编制环节的输出表单归纳

预算编制环节输出的是各个责任中心的预算方案,具体表现为不同组织、不同维度的预算编制表单。ZT 置业各级组织的预算编制表单体系如表 7-6 所示。

表 7-6  ZT 置业预算编制表单体系*

| 适用范围 | 表单分类 | 表单名称 | 集团通用 | 集团个性 | 集团本部 | 三级 | 三级本部 | 二级 | 一级 |
|---|---|---|---|---|---|---|---|---|---|
| 股份上报 | 主要业务 | 关键预算指标表 | √ | | | | | | |
| | | 主要业务预算汇总表(按业态) | √ | | | | | | |
| | | 主要业务预算汇总表(按板块) | √ | | | | | | |
| | | 土地一级开发项目投资预算表 | | | | √ | | | √ |
| | | 房地产二级开发项目投资预算表 | √ | | | | | √ | |
| | 费用预算 | 费用预算汇总表 | √ | | √ | | | | |
| | 人工成本 | 人工成本预算表 | √ | | √ | √ | √ | √ | √ |
| | 投资预算 | 投资预算汇总表 | √ | | | | | | |
| | | 股权投资预算表(二级集团本部) | | √ | | | | | |
| | | 金融工具投资预算表(二级集团本部) | | √ | | | | | |
| | | 资本性支出预算表 | √ | | √ | √ | √ | √ | √ |
| | 融资预算 | 融资按板块预算表 | √ | | | | | | |
| | | 对外筹资预算表 | √ | | | | | | |
| | 财务报表 | 应交税金及附加预算 | √ | | | | | | |
| | | 预计现金流量表 | √ | | √ | √ | | √ | √ |
| | | 预计利润表 | √ | | √ | √ | | √ | √ |
| | | 预计资产负债表 | √ | | √ | √ | | √ | √ |
| 置业内部 | 目标预算 | 战略目标表(中长期) | √ | | | | | | |
| | | 年度预算目标表(二级集团) | √ | | | | | | |

(续表)

| 适用范围 | 表单分类 | 表单名称 | 集团通用 | 集团个性 | 集团本部 | 三级 | 三级本部 | 二级 | 一级 |
|---|---|---|---|---|---|---|---|---|---|
| 置业内部 | 目标预算 | 目标分解表(分组织)(二级集团) | ✓ | | | | | ✓ | |
| | | 目标分解表(分板块)(二级集团) | ✓ | | | | | ✓ | |
| | | 目标与预算对比表(分组织)(二级集团) | ✓ | | | | | ✓ | |
| | | 战略目标(三级区域公司) | | | | ✓ | | | |
| | | 年度预算目标(三级区域公司) | | | | ✓ | | | |
| | | 年度预算目标(一级开发项目公司) | | | | | | | ✓ |
| | | 年度预算目标(二级开发项目公司) | | | | | | ✓ | |
| | | 目标分解表(分组织)(三级区域公司) | | | | ✓ | | | |
| | | 项目全周期目标表(二级) | | | | | | ✓ | |
| | | 项目全周期目标表(一级) | | | | | | | ✓ |
| | 项目进度 | 一级开发项目进度计划表 | | ✓ | | ✓ | | | ✓ |
| | | 二级开发项目进度计划表 | | ✓ | | ✓ | | ✓ | |
| | 开发面积 | 开发面积预算汇总表 | | ✓ | | ✓ | | | |
| | | 开发面积预算表(二级) | | | | | | ✓ | |
| | | 项目规划面积表 | | | | | | ✓ | |
| | 费用预算 | 管理费用预算表 | | | ✓ | | ✓ | ✓ | ✓ |
| | | 财务费用预算表 | | | ✓ | | ✓ | ✓ | ✓ |
| | | 销售费用预算表 | | | | | | ✓ | |
| | | 销售业务费用预算表 | | | ✓ | | ✓ | | |
| | | 客服费用预算表 | | | ✓ | | ✓ | | |
| | 销售业务预算 | 销售预算汇总表(按组织) | | ✓ | | ✓ | | | |
| | | 销售预算汇总表(按产品类型) | | ✓ | | ✓ | | | |
| | | 二级开发售楼收入及回款预算表(除车位) | | | | | | ✓ | |
| | | 二级开发售楼收入及回款预算表(车位) | | | | | | ✓ | |
| | | 一级开发收入及回款预算表 | | | | | | | ✓ |
| | | 销售库存预算汇总表 | | ✓ | | ✓ | | | |
| | | 销售库存预算表(除车位) | | | | | | ✓ | |
| | | 销售库存预算表(车位) | | | | | | ✓ | |
| | | 历史销售库存统计表 | | ✓ | | ✓ | | ✓ | |

(续表)

| 适用范围 | 表单分类 | 表单名称 | 集团通用 | 集团个性 | 集团本部 | 三级 | 三级本部 | 二级 | 一级 |
|---|---|---|---|---|---|---|---|---|---|
| 置业内部 | 成本预算 | 开发成本预算汇总表(二级) |  | √ |  | √ |  | √ |  |
|  |  | 开发成本预算汇总表(一级) |  | √ |  | √ |  |  | √ |
|  |  | 开发成本预算表(二级) |  |  |  |  |  | √ |  |
|  |  | 土地成本预算表 |  |  |  |  |  | √ |  |
|  |  | 前期工程费预算表 |  |  |  |  |  | √ |  |
|  |  | 建安成本预算表 |  |  |  |  |  | √ |  |
|  |  | 基础设施费预算表 |  |  |  |  |  | √ |  |
|  |  | 公共配套预算表 |  |  |  |  |  | √ |  |
|  |  | 开发间接费及不可预见费预算表 |  |  |  |  |  | √ |  |
|  |  | 开发成本预算表(一级) |  |  |  |  |  |  | √ |
|  |  | 公共区域市政基础设施建设费预算表 |  |  |  |  |  |  | √ |
|  |  | 区域内公共配套设施建设费用预算表 |  |  |  |  |  |  | √ |
|  | 投资预算 | 项目投资额预算表 |  | √ |  |  |  |  |  |
|  | 融资预算 | 融资预算汇总表(内外部) |  | √ |  | √ |  |  |  |
|  |  | 融资预算汇总表(长短期) |  | √ |  | √ |  |  |  |
|  |  | 外部融资预算表 |  |  |  |  | √ | √ | √ |
|  |  | 内部融资预算表 |  |  |  |  | √ | √ |  |
|  |  | 融资成本预算表 |  | √ | √ | √ |  | √ | √ |
|  | 税金预算 | 税金汇总表 |  | √ |  | √ |  |  |  |
|  |  | 税金预算表 |  |  |  |  |  |  | √ |
|  |  | 预缴税金预算表 |  |  |  |  |  | √ |  |
|  |  | 土地增值税预算表 |  |  |  |  |  | √ |  |
|  | 财务预算 | 营业外收支预算表 | √ |  |  |  |  |  |  |
|  |  | 资金预算汇总表 |  | √ | √ | √ |  |  |  |
|  |  | 资金预算表(二级) |  |  |  |  |  | √ |  |
|  |  | 资金预算表(一级) |  |  |  |  |  |  | √ |
|  |  | 项目盈利报表(一级) |  |  |  |  |  |  | √ |

(续表)

| 适用范围 | 表单分类 | 表单名称 | 集团通用 | 集团个性 | 集团本部 | 三级 | 三级本部 | 二级 | 一级 |
|---|---|---|---|---|---|---|---|---|---|
| 置业内部 | 财务预算 | 项目盈利报表（二级） | | | | | | √ | |
| | | 预售毛利测算表 | | | | | | √ | |
| | | 资产管理报表 | √ | | | | | | |
| | 投资性房地产预算 | 收入预算表（物业） | | √ | | | | | |
| | | 费用预算表（物业） | | √ | | | | | |
| | | 出租收入及回款预算表 | | | | | | √ | |

注：取自置业预算规划表单——目录（表单适用范围）。

表7-6中"集团通用"和"集团个性"是指ZT置业集团层面需要出具的预算表单。其中，"集团通用"是指在ZT股份整个集团范围内通用的预算表单，"集团个性"是指ZT置业需要编制的房地产业态个性化的预算表单。"集团本部"是指ZT置业二级集团本部需要编制的预算表单。"三级"是指三级区域公司需要出具的整个区域公司的预算表单，"三级本部"是指三级区域公司本部需要编制的预算表单，"二级"是指房地产二级开发项目公司需要编制的预算表单，"一级"是指土地一级开发项目公司需要编制的预算表单。

### 7.3.2 预算编制环节的输入数据抽取

根据表7-6中ZT置业的预算编制表单，可对表单中的输入数据进行抽取，抽取结果如表7-7所示。

表7-7 ZT置业预算编制环节的输入数据抽取

| 表单分类 | 预算类型 | 表单名称 | 表单输入数据 |
|---|---|---|---|
| 通用表单 | 目标预算 | 战略目标 | 长期规划数/历史按年实际数 |
| | | 年度预算目标 | 上级单位下达目标 |
| | | 目标分解 | 各组织目标/各板块目标 |
| | 业务预算 | 主要业务预算 | 项目全周期预算数/项目上年预计数/项目本年预算数/项目全周期累计数/项目全周期剩余数 |
| | | 费用预算 | 上年实际数/本年按季预算数/未来按年预计数 |
| | 资本预算 | 股权投资预算 | 本年按年预算数/年末预计累计投资额 |
| | | 金融工具投资预算 | 上年实际数/本年按季预算数 |
| | | 资本性支出预算 | 上年实际数/本年按季预算数 |

(续表)

| 表单分类 | 预算类型 | 表单名称 | 表单输入数据 |
|---|---|---|---|
| 通用表单 | 财务预算 | 融资预算 | 上年预计数/本年按季预算数/本年按月预算数 |
| | | 财务报表 | 上年预计数/本年预算数/上年实际数/本年按季预算数 |
| | | 管理报表 | 本年预算数 |
| 房地产个性表单 | 业务预算 | 项目进度预算 | 项目全周期预算数 |
| | | 销售预算 | 上年实际数/本年按季预算数/未来按年预计数 |
| | | 销售库存预算 | 上年实际数/本年按季预算数/未来按年预计数/历史按年库存 |
| | | 开发成本预算 | 目标成本/累计已发生成本/预计发生成本 |
| | | 物业业务预算 | 上年实际数/本年按季预算数/未来按年预计数 |
| | 资本预算 | 项目投资额预算 | 上年实际数/本年预算数 |
| | 财务预算 | 资金预算 | 上年实际数/本年按季预算数/未来按年预计数 |

在输入数据的抽取过程中,只需要关注从预算编制表单之外获取的数据,忽略预算表单内部经过计算生成的数据,以及预算表单之间经过引用和计算生成的数据。

## 7.3.3 预算编制环节的输入数据归类

根据表7-7对预算编制环节的预算编制表单进行输入数据抽取的结果,可将预算编制环节的数据划归为如下十二个类别。

(1) 关键业绩指标——长期规划数

预算编制环节涉及的第一类数据是长期规划数。如"战略目标"中,需要根据ZT置业"十二五"规划(2011—2015年)编制新签合同额、投资预算总额、利润总额等关键业绩指标的中长期战略目标。对于历史年份,则更新为历史实际数。

(2) 关键业绩指标——本年预算数

预算编制环节涉及最多的一类数据是本年预算数,根据预算管理精细度的不同,可划分为本年预算数、本年按季预算数和本年按月预算数。其中,本年预算数,主要涉及"目标与预算对比"中的各组织新签合同额、利润总额等关键业务指标的本年预算数,"主要业务预算"中投资额、支付土地款、签约销售额等关键业务指标的本年预算数,"股权投资预算"中的本年预算投资额,"预计资产负债表"中各科目和"财务基础指标表"中各指标的本年预算数,资产管理报表中资产价值、预计现金流入等的本年预算数,"项目投资额预算"中投资额、回款额、出让面积、营业总收入等的本年预算数,"开发成本预算"中的本年预计发生成本。

本年按季预算数,主要涉及"费用预算"中管理费用和财务费用各细项的本年各季度预算数,"金融工具投资预算"中不同融资工具在平均资金占用额、投资收益等方面的本年各季度预算数,"资本性支出预算"中固定资产、固定资产大修、无形资产和其他投资的本年各季度预算数,"融资预算"中不同筹资方式本期增加额、本期减少额和筹资费用的本年各季度预算数,"预计利润表"中各经营成果科目和"现金流量表"中各现金流项目的本年各季度预算数,"销售预算"中签约销售额、回款额等各销售指标的本年各季度预算数,"销售库存预算"中库存面积、车位个数和库存货值等各销售库存指标的本年各季度预算数,"物业业务预算"中各物业收入项和物业费用项的本年各季度预算数,"资金预算"中各资金流入项和流出项的本年各季度预算数。

本年按月预算数,主要涉及"融资预算"中不同融资工具在平均资金占用额、投资收益等方面的本年各月度预算数。

(3) 关键业绩指标——未来预计数

预算编制环节涉及的第三类数据是未来若干年的按年预计数。如"费用预算"中三大费用细项在预算年度后未来 4 年的按年预计数,"销售预算"中签约销售额、回款额等各销售指标在预算年度后未来 4 年的按年预计数,"销售库存预算"中库存面积、车位个数和库存货值等各销售库存指标在预算年度后未来 4 年的按年预计数,"物业业务预算"中各物业收入项和物业费用项在预算年度后未来 4 年的按年预计数,"资金预算"中各资金流入项和流出项在预算年度后未来 4 年的按年预计数。

(4) 关键业绩指标——上年预计数

预算编制环节涉及的第四类数据是上年预计数。如"主要业务预算"中投资额、回款额、净投入额在预算前一年的预计"年累"数,"融资预算"中不同筹资方式在预算前一年的全年预计"期末数"和全年预计"筹资费用","预计资产负债表"中各财务状况科目和"财务基础指标表"中各指标的上年预计数。

(5) 关键业绩指标——上级下达数

预算编制环节涉及的第五类数据是上级下达数。如"年度预算目标"中,ZT股份下达给ZT置业的年度目标,涉及新签合同额、营业总收入、签约销售面积等关键指标。

(6) 关键业绩指标——本级分解数

预算编制环节涉及的第六类数据是本级分解数。如"目标分解"中,按置业集团本部、三级区域公司、二级开发项目公司、一级项目开发公司等各级组织分解的关键业绩指标的目标,以及按基建建设板块、房地产开发板块、基础设施投资板块等各业务板块分解的目标。

(7) 历史绩效指标——上年实际数

预算编制环节涉及的第七类数据是上年实际数。如"费用预算"中三大费用各细项的上年实际数,"金融工具投资预算"中不同融资工具及其细项的上年实际数,"资本性支出预算"中固定资产、固定资产大修、无形资产和其他投资的上年实际数,"预计利润表"中各经营成果科目和"现金流量表"中各现金流项目的上年实际数,"销售预算"中签约销售额、回款额等各销售指标的上年实际数,"销售库存预算"中库存面积、车位个数和库存货值等各销售库存指标的上年实际数,"物业业务预算"中各物业收入项和物业费用项的上年实际数,"主要业务预算"中投资额、支付土地款、签约销售额等关键业务指标的上年实际数,"资金预算"中各资金流入项和流出项的上年实际数。

(8) 历史绩效指标——历史累计数

预算编制环节涉及的第八类数据是历史累计数。如"战略目标"中,对于历史年份的新签合同额、投资预算总额、利润总额等关键业绩指标,则填制当年的实际数;"股权投资预算"中各投资项目的年末预计累计投资额;"销售库存预算"中各级组织各类产品的库存面积、车位个数和库存货值,在预算年度前面4年的年度库存和累计库存。

(9) 项目周期指标——全周期预算数

预算编制环节涉及的第九类数据是全周期预算数。如"主要业务预算"中,每个在建项目和新增项目的全周期总投资额;"项目进度预算"中,每个二级开发项目14个建设节点的预计时间,每个一级开发项目7个建设节点的预计时间。

(10) 项目周期指标——全周期累计数

预算编制环节涉及的第十类数据是全周期累计数。如"主要业务预算"中,投资额、回款额、净投入额在预算前一年和预算年度的预计开累数;"开发成本预算"中,各级组织土地费用、建安工程费等开发成本明细科目的累计已发生成本。

(11) 项目周期指标——全周期剩余数

预算编制环节涉及的第十一类数据是全周期剩余数。如"主要业务预算"中每个在建项目和新增项目的全周期剩余投资额。

(12) 工程预算定额指标——目标成本

预算编制环节涉及的第十二类数据是目标成本。如"开发成本预算"中,各级组织土地费用、建安工程费等开发成本明细科目的目标成本。

### 7.3.4 预算编制环节的输入数据来源

根据ZT置业预算编制的实际情况,可分析预算编制环节十二类输入数据的数据来源,如表7-8所示。

表7-8 预算编制环节的输入数据来源分析

| 数据大类 | 数据细类 | 数据来源 |
| --- | --- | --- |
| 关键业绩指标 | 长期规划数 | 根据置业集团的"十二五"规划进行编制 |
| | 本年预算数 | 根据企业2013年度实际完成生产经营情况,结合2014年度预计情况填列 |
| | 未来预计数 | 根据历史绩效指标,预测预算年度后续四年的关键业绩指标 |
| | 上年预计数 | 根据企业2013年度实际完成业绩指标分析填列,等于"前十月的实际数+后两月的预计数" |
| | 上级下达数 | 根据ZT股份下达给ZT置业的年度目标填列 |
| | 本级分解数 | 由集团本部相关部门按一定的比例将集团目标分解到集团本部及三级单位,其中,新增取证可售面积、签约销售面积、销售费用和回款额——二级开发由营销部负责,土地供应面积、土地供应收入、回款额——一级开发由土地开发部负责,其他指标由财务部负责 |
| 历史绩效指标 | 上年实际数 | 根据2013年度实际完成生产经营指标填列,在预算编制时若尚未得到全年的实际数,则用上年预计数代替 |
| | 历史累计数* | 根据企业2012年及以前年度实际完成绩效指标分析填列 |

(续表)

| 数据大类 | 数据细类 | 数据来源 |
| --- | --- | --- |
| 项目周期指标 | 全周期预算数 | 按二级开发项目分期分批次列示各节点的预计完成日期,按一级开发项目各地块列示每个节点的预计完成日期 |
| | 全周期累计数 | 针对上年度新增或存续的投资项目,根据从项目开工到上年末止总计已完成的金额或数量填列 |
| | 全周期剩余数 | 针对上年度新增或存续的投资项目,根据从项目总额中扣减掉项目开工到上年末止总计已完成的金额或数量填列 |
| 工程预算定额指标 | 目标成本 | 根据工程项目预算中的总控成本填列 |

注:历史累计数:上年末累计完成投资额,指上年度新增或存续的投资项目,从项目开工到上年末止,总计已完成的投资额,含在上年度已完工的项目。累计已发生成本:有产值的成本科目以产值作为已发生成本,没有产值的成本科目以合同已付款作为已发生成本。

### 7.3.5 预算编制环节的输入数据获取

根据预算编制环节输入数据的来源分析,结合 ZT 置业的实际情况,可描绘 ZT 置业预算编制环节十二类输入数据的获取方式,如图 7-9 所示。

由图 7-9 可知,在预算编制环节的数据交互,主要涉及三种获取方式:第一种,从相关文件资料中获取数据,如从五年规划中获取长期规划数,从工程造价中获取项目全周期数和目标成本,从工程项目施工总进度计划中获取全周期进度数;第二种,从相关信息系统中获取数据,如从业务系统和财务系统中获取历史实际数,从 ZT 置业预算管理系统中获取本公司上年预算数和下级公司上报数,从 ZT 股份预算管理系统中获取下达指标;第三种,从非信息系统环境中获取预算相关数据,如企业内外部环境、投资者期望、管理者期望、对标及管理需要、对下级公司的管控重点等。

在预算管理系统建设过程中,这三类数据分别对应三种数据传递方式。从相关文件资料中获取的数据,一般通过手工录入的方式手动采集;从相关信息系统中获取的数据,一般通过系统集成的方式自动采集;从非信息系统环境中获取的数据,一般通过人工分析的方式手动采集,在预算决策时进行考量。

### 7.3.6 预算编制环节的数据交互要点

从预算编制环节输入数据的获取分析可知,在预算编制环节存在三大核心

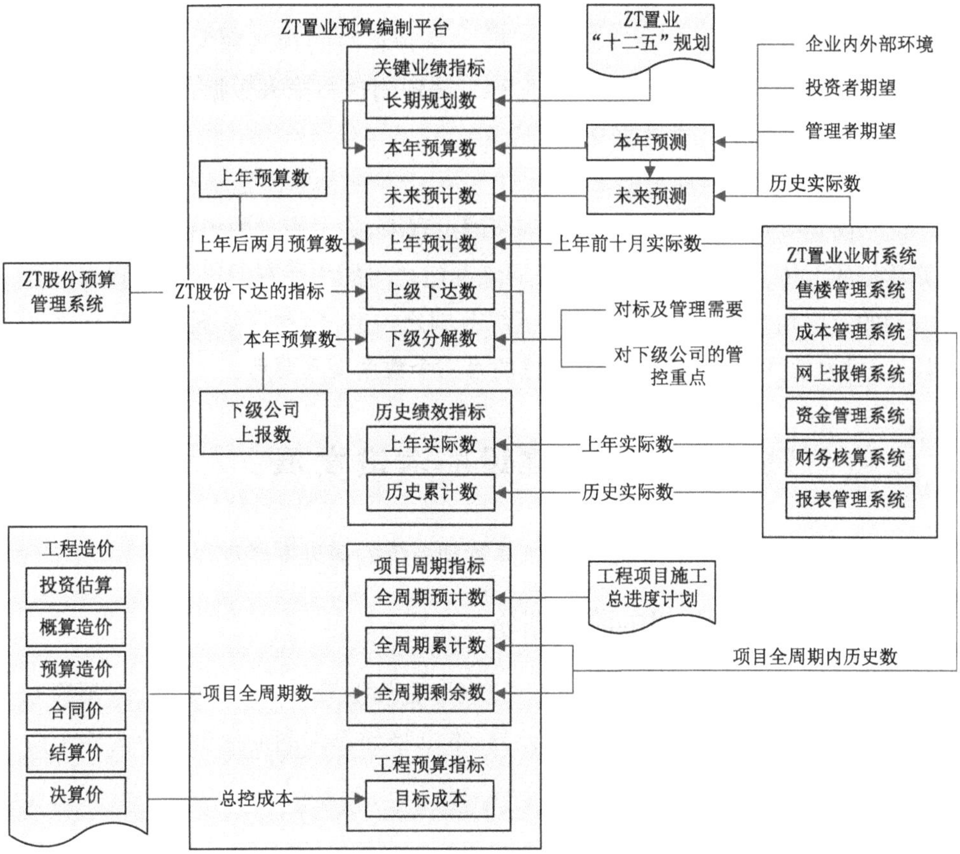

图 7-9 预算编制环节的输入数据获取

数据交互要点：一是历史数据采集方式；二是未来数据预测方法；三是编制数据共享程度。

(1) 历史数据采集方式

从图 7-9 可以看出，预算编制过程中要进行大量的历史数据采集，一是用来编制预算时进行参考比对，二是用来预测未来数据。这些历史数据包括历史若干年的实际数、上年实际数、上年前十月实际数、项目全周期内历史数等。以何种方式采集这些历史数据，是预算编制过程中需要考虑的第一个数据交互要点。

(2) 未来数据预测方法

从图 7-9 可以看出，预算编制过程中最重要的就是要对未来数据进行预测,这关系到预算编制的准确性,及其作为控制和评价标准的价值所在。这些未来预测数据包括本年预算数的预测、本季预算数的预测和本月预算数的预测,以及未来若干年的预计数。以何种方法预测这些未来数据,是预算编制过程中需要考虑的第二个数据交互要点。

(3) 编制数据共享程度

从图 7-9 中可以看出,在预算编制的过程中,除了表单的填制,还会涉及预算数据的上传下达、审核审批,以及同级部门之间的相互查看比对,以提高预算编制的效率和效果。因此,在哪些组织范围之内共享,预算数据共享到什么颗粒度,成为预算编制过程中需要考虑的第三个数据交互要点。

## 7.4 预算管理系统建设的演进发展

本部分以预算编制为例,分析预算管理系统的演进发展过程。

### 7.4.1 预算编制演进的阶段划分

依据预算编制环节的数据交互要点(历史数据采集方式、未来数据预测方法和编制数据共享程度)的变化和差异,本书将预算编制的演进划分为四个阶段,如图 7-10 所示。

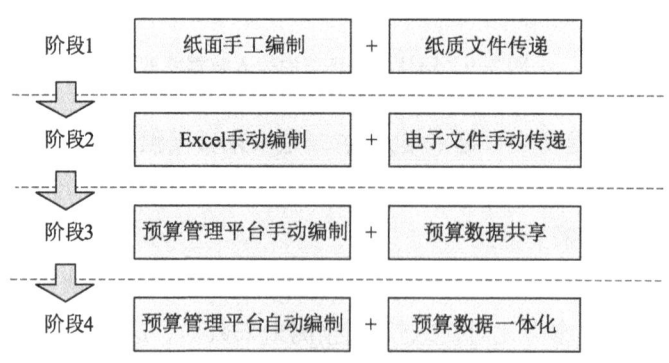

图 7-10 预算编制演进的阶段划分

(1) 阶段 1:纸面手工编制+纸质文件传递

在本阶段,没有借助任何计算机软件或平台,整个预算编制过程,包括预算目标制定、预算分解和目标下达、预算编制、预算审批、预算汇总,以及预算文件的上传下达等,都是基于纸面文件进行的。基于纸面文件的预算数据,依靠复印等手段进行存储和备份,依靠邮政和人工散发等方式进行传递,成本较高、效率较低、数据量受限、预算颗粒度较粗。

(2) 阶段 2:Excel 手动编制+电子文件手动传递

在本阶段,预算编制部门多借助 Excel 等办公自动化软件绘制与填写预算表单,通过电子邮件、QQ 等即时通讯工具进行预算表单的上传下达,预算管理部门再次借助 Excel 等软件进行预算审批和预算汇总。基于 Excel 等表格文件的预算数据,容易在计算机上进行存储和备份,容易通过网络进行传递,但是不容易保留数据操作痕迹。

(3) 阶段 3:预算管理平台手工编制+预算数据共享

在本阶段,出现了相对独立的预算管理平台。该平台包括基础设置、预算编制、预算执行控制、预算分析、预算调整和预算考核等功能。其中,整个预算编制过程都在预算管理平台中进行,如 ZT 置业就是在预算管理平台中进行"二上三下"的预算编制(参见图 7-4)。

本阶段的最大特色是预算表单的手工填制和预算编制数据的全局共享。ZT 置业预算编制平台中共计设计预算表单 129 张,其中,集团通用表单 15 张,集团个性表单 12 张,集团本部表单 4 张,三级区域公司表单 32 张,三级区域公司本部表单 11 张,二级项目开发公司表单 35 张,一级项目开发公司表单 20 张。这些表单全部在预算管理平台中供预算管理者全程共享,但预算表单中约 2/3 的表单为编制表,需要人工手动填制数据,约 1/3 的表单为结果表,可由预算管理平台根据计算公式和表间数据引用自动计算。

此阶段的数据共享,一般局限于预算管理系统和预算相关信息系统中的基础数据共享、预算数共享和执行数共享。

(4) 阶段 4:预算管理平台自动编制+数据一体化

在本阶段,仍然使用预算管理平台,但此阶段编制表单中的若干数据,由系统基于历史数据和各种预测模型自动生成,再由预算责任中心如实调整。如中石油湖北销售分公司建立了基于 XBRL 的业财一体化大数据平台,其单站纯枪销量预算和单站水电费预算如下:

① 对于单站纯枪销量预算,首先利用车流量、柴汽比、进站率对加油站进行特征性画像和科学聚类。具体推导过程为(见表 7-9):从单站客观历史数据出发,分析历史数据的波动性,提炼特殊事项对销量的影响,根据聚类平均增长率

对历史数据进行修正;基于修正后的销量数据,综合考虑投运年限、聚类特征、可研销量等因素,采用 TSCR① 时间序列算法,在移动平均的基础上,剔除长期趋势与周期波动的影响,净化季节变动的规律,自下而上逐级汇总,得出"加油站—分公司—省公司"的三级纯枪销量预算系统推导值。推导之后,根据实际运营的特殊情况,如新增、停业、维修、线路改道等,建立对系统推导值合理可追溯的调整机制。整个推导和调整过程在系统中完整记录,不仅可以解析过去、控制现在,还可以预测未来、指导决策。

表 7-9　单站纯枪销量预算模型

| 执行层级 | 多维度自动推导 | 个性因素调整 |
| --- | --- | --- |
| 省公司 | • 发布预算编制通知<br>• 跟踪掌握编制进度 | • 钻取查看特殊原因及调整值<br>• 决策核准调整值 |
| 分公司 | • 自动推导生成分公司、单站预算数 | • 钻取查看调整因素及原因<br>• 上下沟通,掌握具体情况 |
| 加油站 | • 查看预算自动推导值 | • 录入单站个性化调整因素、调整值及调整原因<br>• 查看预算个性化调整值 |

② 对于单站水电费预算,利用影响水电费消耗的关键因素(销量和柴汽比)对加油站进行聚类。区分生产用电和生活用电,结合加油站聚类,对标不同类型加油站的水电消耗规律,遵循同类站点消耗孰低原则,确定水电预算,引导基层主动控费。

可见,此阶段的另一特征是数据一体化,业务数据和财务数据都集中在一套大数据平台中,使用统一的技术标准和数据标准,且由业务人员负责按规定程序进行数据指标维护。

### 7.4.2　预算编制发展的趋势判断

(1) 数据共享化

预算编制阶段的数据共享,第一层含义是指预算基础数据在预算管理系统和相关业务财务系统之间的共享,这要靠建立统一的大数据平台或多方系统集

---

① TSCR 中的 T 表示长期趋势项,S 表示季节变动趋势项,C 表示循环变动趋势项,R 表示随机干扰项。

成来实现,目的是提高数据的标准化和一致性,如中石油湖北销售分公司建立的是基于 XBRL 的统一大数据平台,建立唯一的数据标准,并将所有业财数据采集到数据平台中来实现数据的集中统一管理。而 ZT 置业则通过预算管理系统与多个有数据交互关系的信息系统的集成来实现信息系统之间的数据互联互通。

预算编制阶段的数据共享,第二层含义是指预算编制数据在集团各组织范围内的共享,这要靠预算管理系统内部的数据共享规则设置来实现。如通联支付在预算编制过程中,预算数据在平级部门之间是透明的,皆可看到预算排名。而中石油湖北销售分公司则是通过对标同类加油站的水电预算,依据消耗孰低原则确定该类站点最终的水电预算,引导基层站点主动控费。

(2) 系统集成化

系统集成化,主要是指预算管理系统与其他财务系统和业务系统的集成,目的是获取预算基础数据和历史实际数据。如 ZT 置业的预算编制平台,与财务核算系统采用系统接口的方式集成,映射核算组织、部门核算、核算科目、项目核算、业务类别、商品类别等基础数据;与售楼管理系统采用报表交互的方式集成,映射组织、房地产项目和营销指标等基础数据;与成本管理系统采用系统接口的方式集成,映射组织、房地产项目、成本科目、成本指标等基础数据。通联支付的预算编制平台通过 Excel 报表的方式,从业务系统获取各业务条线的实际业务量数据。

(3) 编制自动化

预算编制自动化有两方面的含义:一是将业务系统和财务系统中的历史数据自动采集到预算表单上,节省预算编制的人工负担和工作量,提升数据采集效率和数据采集质量,使得所采集的历史数据可追溯。二是依据自动采集的历史数据和预测模型,自动预测预算编制表单上的预算数和预计数,再经预算责任中心确认或调整确认,减少预算过程中的博弈行为,提升预算编制的准确性。如中石油湖北销售分公司的单站纯枪销量预算,就是基于历史数据,采用 TSCR 时间序列算法推导出每座加油站的纯枪销量,加油站可根据实际运营的特殊情况,如新增、停业、维修、线路改道等,对系统推导值进行合理可追溯的调整。

# 成本管理系统的发展研究

　　成本管理系统是管理会计信息系统中的一个关键组成部分,也是目前在应用中存在问题较多、尚不普遍的部分,需要深入地研究和解决。它所存在的问题主要是目前大多数成本管理系统所提供的成本信息不具有相关性,因此不能提供决策支持。"相关性"的概念最早由美国的管理会计学家托马斯·约翰逊(H. Thomas Johnson)和罗伯特·卡普兰(Robert S. Kaplan)在其1987年所著的《相关性的遗失——管理会计兴衰史》(Relevance Lost: The Rise and Fall of Management Accounting)中提出。在该著作中他们提出尖锐的批评:在1925—1985年的60年间,成本管理系统的发展停滞不前甚至倒退,其原因是随着各界对财务报表需求的日益增加,对外的财务报表在企业中占据了统治地位,管理会计服务于财务报告中的成本信息,使存货计价的各种方法取代了过去基于生产流程的成本核算。现实是,企业分别建立内、外两套账务处理系统的成本大于收益,所以,管理会计失去了其独立性,成本信息也就失去了相关性。因此,要想建立能够提供具有相关性成本信息的系统,必须实现基于业务流程的成本核算。1999年,卡普兰和库珀在其著作《成本管理系统设计》(The Design of Cost Management Systems)中提出了成本管理系统发展分成四个阶段模型的观点,指出其中的第四阶段叫作"集成的成本管理和财务报告系统",该系统基于业务流程核算并与对外财务报告相一致,还指出它应该在ERP系统中实现。ERP系统在中国的推广应用已经有十几年的历史了,大多数企业完成了物流和资金流的集成,但是成功应用成本管理系统的企业并不多。

　　在中国急需发展管理会计的今天,我们遇到的挑战是:身处大数据时代,如何通过信息技术来提供高质量、具有相关性的成本大数据,为管理提供决策支持。这是管理会计信息化的一个重要内容,该问题的解决需要完成以下工作:

建立创新的成本管理理论;在新理论指导下的新一代成本管理系统的开发;在集成的大系统环境中该成本管理系统的成功运行;推广应用。这是一个完整的研究周期,需要一段较长时期。

## 8.1 成本管理系统的基本逻辑模型

### 8.1.1 成本管理的业务流程

企业实现可持续发展的关键是实现利润的最大化,而实现利润最有效、最根本的途径是降低成本。成本是综合性指标,也是关键性指标。完善成本管理和考核体系,形成全员参与、全过程控制的成本管理体系,可以实现成本核算与全员目标管理的紧密结合,从而把成本管理提升到新的高度。我国现代企业的成本管理业务流程主要由成本预测、成本决策、成本核算、成本控制、成本考核、成本分析和成本信息反馈等部分构成,详见图 8-1。各个部分作为成本管理的子过程和子系统,形成动态目标成本体系和多维的成本核算、盈利分析的有效管理体系。

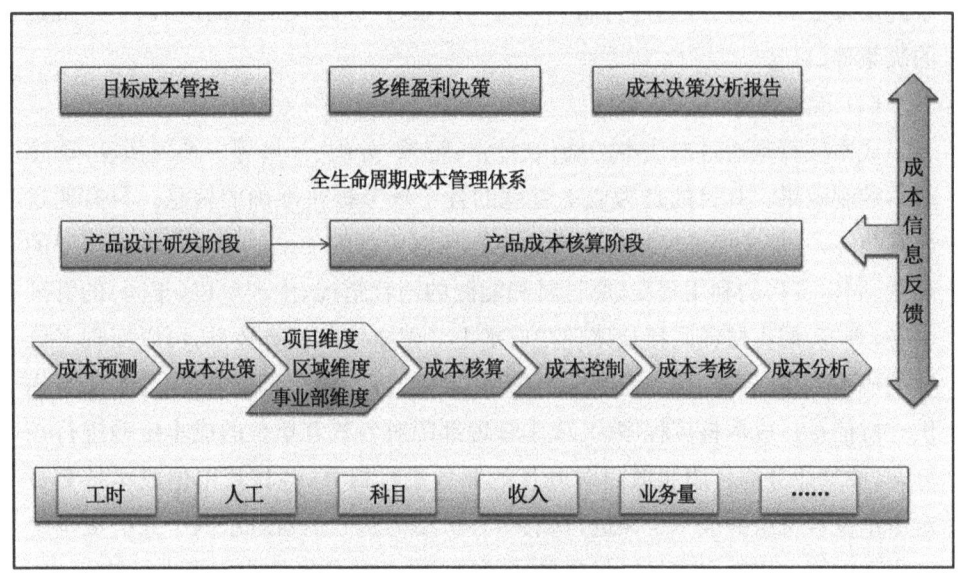

图 8-1 成本管理业务整体流程

(1) 成本预测

成本预测工作是成本管理的源头。从某种意义上说,成本预测是否准确、科学,决定着成本管理是否有效。成本定额的测定主要依据的是各单位往年的成本实际消耗情况、国家有关定额标准和上级领导部门下达的成本指标。定额成本核定方法主要有统计分析法、经验估计法、调查测定法、技术计算法、倒推成本法等。通常使用倒推成本法,就是将可以使用的费用分类切块,再按各单位承担的工作职能和应完成的工作量确定指标进行分配。对测算出的指标,要按系统、工作性质、类别进行分类汇总,汇编成册,做到干什么活、需要多少费用都一目了然,形成科学合理的指标体系。

(2) 成本决策

成本决策是成本管理工作的核心,是指依据掌握的各种决策成本及相关的数据,对各种备选方案进行分析比较,从中选出最佳方案的过程。成本管理的思路、方法都由成本决策确定。成本决策涉及的内容较多,包括可行性研究中的成本决策和日常经营中的成本决策。由于前者以投入大量的资金为前提来研究项目的成本,因此这类成本决策与财务管理的关系更加紧密;后者以现有资源的充分利用为前提,以合理且最低的成本支出为标准,属于日常经营管理中的决策范畴,包括零部件自制或外购的决策、产品最优组合的决策、生产批量的决策等。

(3) 成本核算

成本核算是通过对成本的确认、计量、记录、分配、计算等一系列活动,确定成本控制效果。其目的是为成本管理的各个环节提供准确的信息。只有通过成本核算,才能全面准确地把握企业生产经营管理的效果。企业劳动生产率的高低、固定资产的利用程度、原材料和能源的消耗情况、生产单位(车间)的管理水平,等等,都直接或间接地体现在成本上。建立内部核算体系,可以实现多维度的成本核算、分摊,建立盈利分析模型,准确、合理地核算成本,为盈利决策提供支持信息。成本核算程序为:成本管理部门对各核算单位的成本定额进行核算,有核算业务的各职能部门对分管的业务进行核算,各核算单位成本核算员对本单位各班组的成本定额进行核算,各班组的验收员对班组内个人的成本定额进行核算。核算方式是以材料单、各种本票、报销凭证等为依据进行核算。

(4) 成本控制

成本指标的控制主要采用分级控制制度,形成三级控制系统。成本管理部门负责企业内部成本费用的事前审批、事中监督、事后考核工作,各业务部门和各核算单位具体负责各自成本指标的控制;各班组、个人负责对所承担指标的具体控制。成本控制方式可以是建立并实施符合本单位实际的成本管理制度,加大修旧利废力度,推广使用先进的工艺技术,加强内部的规范化管理等。成本控制的目的是依据日常生产和核算记录对本期经济动态进行正确分析和预测,对于可能出现的问题制定出解决对策,并提出进一步的工作计划与措施。

(5) 成本考核

成本考核由成本管理部门和各职能部门共同进行。成本考核和奖惩是把成本的实际完成情况与应承担的成本责任进行对比,考核、评价目标成本计划的完成情况。其作用是对每个成本责任单位和责任人在降低成本上所作的努力和贡献给予肯定,并根据贡献的大小给予相应的奖励,以提升员工进一步努力的积极性。同时,对因缺少成本意识、成本控制不到位而造成浪费的单位和个人给予处罚,以促其改进改善。

(6) 成本分析

成本分析主要是运用成本核算所提供的信息,通过同行比较和关联分析,包括对成本指标和目标成本的实际完成情况,成本计划和成本责任的落实情况,上年的实际成本、责任成本,国内外同类产品成本的平均水平、最好水平进行比较,分析确定导致成本目标、计划执行差距的原因,以及可挖潜的空间。成本分析,可以把握成本变动规律,总结经验教训,寻求降低成本的途径。

(7) 成本信息反馈

建立和实施成本分析例会制度,对本期成本执行情况进行分析总结,对本期的经营动态做出准确评价,对好的经验要形成制度加以推广,对下期可能出现的问题要制定措施加以预防和改进。同时要明确成本信息交流与沟通的渠道和方式,及时将各单位成本完成情况反馈给有关领导和各责任单位,使成本执行情况得到及时的沟通和交流,逐步构建起成本信息反馈系统。

## 8.1.2 成本管理的数据流程

目前,成本管理系统以融合的成本管理方法为基础,充分利用 ERP 信息系统的优势,将横向的各种先进的成本管理理念方法与纵向的成本管理功能体系充分结合。该功能体系主要包括成本预测体系、成本决策体系、成本核算体系、成本控制体系以及成本分析体系和成本考核体系,成本管理的数据流程如

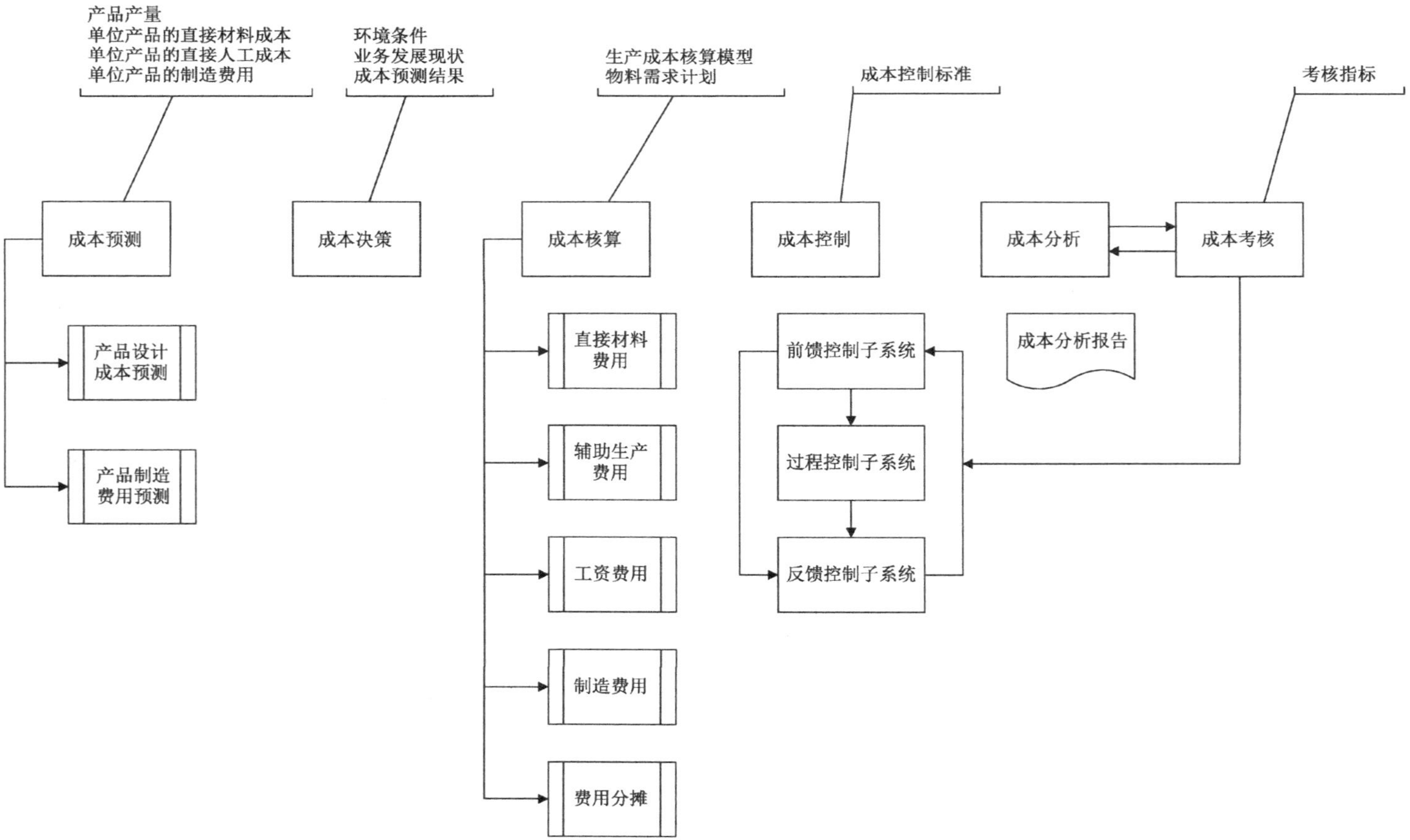

图 8-2 成本管理的数据流程

图 8-2 所示。其中,成本核算体系和成本控制体系是成本管理系统的重要环节,成本核算体系主要是采用了更为科学的成本计算方法,使核算出来的成本更加真实可靠,而成本控制体系则能够从全面的战略角度来考虑控制成本的有效方案。成本决策体系也是该系统的重要环节,是战略匹配思想的具体要求和体现,主要利用价值链分析为成本战略提供一个基本的框架和战略定位,分析解决成本战略和企业战略相结合的问题。成本动因分析揭示成本战略的重点,从而使企业能够获得足够的保持竞争优势的成本信息,确定成本管理的重点,确保竞争优势要采用的成本管理方法和措施,形成企业成本战略。

#### 8.1.2.1 成本预测

成本预测是企业成本管理系统中的一项重要内容。企业要在竞争中立于不败之地,就必须采用先进的方法和手段对成本变动水平进行合理的预测,并在预测的基础上做出科学的决策。成本管理系统的实施和应用,极大地推动了定量成本预测模式的运用。人们选择那些较复杂的预测模型不但能够快速和准确地进行大量而复杂的运算,而且能够存储大量的成本数据,并且针对成本预测的结果,通过成本管理系统可以快速地对信息进行分析,可以制订出相应的控制成本的方案。与以往的成本预测模式相比,以成本管理系统为基础的成本预测具有应用预测模型复杂、预测过程简单快捷和预测结果科学的特点。

产品设计成本是指新产品正式投产时的制造成本水平。新产品投产后的成本,大部分是在产品设计时确定的。在新产品投产之前,企业可以通过网络收集有关成本信息资料,预测新产品的设计成本。在设计阶段,除了使用一系列有关产品的技术性能指标从产品质量方面表明新设计的产品在技术上的先进性以外,还要用生产能力、产品的经济寿命周期、投资回收期、材料与能源的节约,以及产品设计成本水平等指标衡量产品的设计在经济上的合理性。

产品制造费用是生产成本的重要组成项目。企业生产越是向机械化、自动化方向发展,制造费用占生产成本的比重就会越大。因此,科学地预测制造费用,对于有效地控制和规划费用的发生、降低产品成本具有重要意义。在以作业管理为基础的多元成本计算模式下,考虑到制造费用等成本项目包括的明细项目较多,也就是相应的作业动因比较多,不同的明细项目应该采用多种不同的作业动因标准进行分配,这样才会更贴近产品的实际消耗费用水平,才能提供更高质量的预测数据。

进行以作业为基础的成本预测，主要包括以下几个工作环节：一是估计部门的产出，比如要为顾客提供什么程度的服务；二是确认完成产出所需要的作业成本以及这些作业成本的驱动因素；三是估计作业的需求量；四是计算预计分配给这些作业的资源量。

#### 8.1.2.2 成本决策

成本预测之后，决策者就要围绕决策目标广泛地收集与决策相关的信息。决策者不仅要收集对经济活动进行定量描述的信息，还要收集有关定性描述的信息；不仅要收集有关财务信息，还要收集非财务信息。对于收集到的各种信息，还要善于鉴别。必要时，还要进行加工延伸，从而确定最终成本方案。

#### 8.1.2.3 成本核算

市场的瞬息万变，要求现代企业必须随着外部环境的变化，及时准确地做出决策。为了满足决策的需要，企业会计就得提供相关的有用的又较为准确的成本信息，这就需要通过成本核算获得。成本核算是对生产经营过程中实际发生的各项生产费用，按照一定的对象和标准进行归集和分配，以计算确定该对象的总成本和单位成本。传统的成本核算模式大多是采用某种单一的核算方法，而每种核算方法都有其优势，也有其不足的地方，因此都不够完善。成本管理系统核算体系则融合了各种核算方法的优势和长处，取其精华，在各种单一核算方法的基础上，建立起更贴近真实产品成本、更高质量的、更具竞争力的、更适合于企业生存与发展的新型核算体系。该种新型的成本核算体系主要是以作业成本核算体系为基础，结合战略成本管理的发展战略观念，以及全面成本管理的优秀思想，并且通过标准成本制度来对企业的成本进行核算，而成本管理系统也为该种体系的实施提供了必要的技术保证。

以作业成本法为例，核算成本需要明确作业中心，把同类作业所耗费的标准资源成本汇集到作业中心的标准成本库中，然后根据不同作业的成本动因，将作业中心成本库中的标准成本分配到各种产品中。但是，并不是所有的作业成本都是产品成本，作业成本观认为只有增值作业才构成产品成本，而非增值作业是应消除的无效作业，它与作业的不利差异项目都是管理层需特别关注的零目标成本，因此不计入产品成本。账务处理上，作业成本按标准成本入账，非增值作业标准成本为零，记入"期间费用"账户。对于作业成本差异部分，如果差异较小，又符合实际情况，可将差异作为当期销货成本的调整项目。如果差异较大,就应当在销货与存货间进行分摊。在这种情况下,直接材料、辅助材料和低值易耗品的价格差异应在月末库存量和当月生产用量之间按标准成本比例分配;作业固定成本差异计入当期损益,其他的作业变动成本差异则在完工产品与在产品的实际作业耗用量之间按标准成本比例进行分配。在产品产量较少时,差异部分则全部转入当期损益。

#### 8.1.2.4 成本控制

成本管理控制系统中,主要是将作业成本法与标准成本控制法有机结合,标准成本指标按照作业链层层分解落实,实现各部门、各环节共同实现成本优化和降低成本的目标。作为新型的标准作业成本控制系统,它将作业成本控制与标准成本控制有机地结合在一起,通过建立作业层次的标准成本体系逐步有选择、有重点地完成作业成本控制,逐步实现在标准成本体系下的作业成本控制,以实现标准的作业成本。整个系统由前馈控制子系统、过程控制子系统、反馈控制子系统构成,要求企业内部实行全员的成本管理,通过三个系统的有机结合,对企业进行从规划、产生、核算到考核的全面系统的成本控制。

#### 8.1.2.5 成本分析

成本分析是为管理层服务的,是一个企业的内部报告系统。成本分析几乎无处不在,从预测、决策到核算、控制,都需要成本分析揭示最本质的关键问题。企业中最常见的成本分析为运作成本分析,主要从生产运作环节对成本目标的实现程度、成本替代、成本效率以及运作效率进行分析比较,从而使管理层能够清楚地看到目前的成本结构、运作结果、盈利趋势和投入产出比。在成本管理系统的控制下,成本优势分析与标杆分析也是常用的分析方法。企业取得成本优势和竞争优势,有赖于对竞争对手、标杆企业的分析。通过这种分析,揭示对方的价值链、所采用的基本战略和降低成本的战略措施,以此明确自己的相对成本地位和企业应该采取的成本改进措施等。

此外,企业还应该建立成本预警分析系统,对外部环境、竞争对手及企业自身条件的变化进行长期的观察,对可能出现的重大变化、可能面临的机会和威胁做出及时的预报,使企业能够有充裕的时间做出反应。

#### 8.1.2.6 成本考核

成本考核制度是为了保证成本管理方法措施的有效执行而建立的绩效考查评估体系,主要通过建立一系列的成本目标及薪酬职级与目标达成率挂钩来保证组织内的各项活动按照有利于降低成本、有利于进行成本管理的方式进行。它不直接作用于成本发生过程本身,而是对处理业务的行为按照成本管理的需要加以倡导和约束,其作用是基础性的和引导性的。

现代成本考核制度通过划分成本中心,制定并分解成本目标,把成本计划与成本中心连接起来,通过对一系列量化和非量化指标的考核,推进成本管理和控制体系的完善。它的主要作用是通过责权利相结合的机制,使全体员工以提高企业经济效益为己任,积极主动地为完成企业经营目标而工作,体现了人本管理的思想,是一种强化人员管理的手段。

成本考核按照考核期间的不同可以划分为月度考核、季度考核和年度考核。月度考核依据的是当月发生的成本信息;季度考核是根据本季度各月份的考核信息,采用简单的算术平均法计算汇总进行的;同理,年度考核是根据各季度的考核信息计算汇总进行的。

成本考核指标的设计主要采取定性指标和定量指标相结合的方法。为了突出各环节之间的协调性以及管理职能的有效性,可以考虑从基础工作、质量、责任保障和安全四个方面建立成本考核指标体系。基础工作是一级考核指标,也是一个定性指标,反映了各作业中心成本管理基础工作和文明生产的好坏。它的考核内容和具体要求可以通过以下几个二级指标的设置来实现,包括信息是否及时,规章制度是否严格执行,作业操作是否规范和奖惩方案是否准确。

## 8.2 成本管理系统建设的案例分析

### 8.2.1 案例一:巨化集团 SAP 成本管理信息化应用(流程型制造业)

#### 8.2.1.1 企业背景

浙江巨化集团创建于 1958 年,是重要的国有大型化工联合企业和氟化工龙头企业,下设 40 多个分、子公司和控股参股公司。进入 21 世纪后,巨化集团为推动会计信息化深入发展应用了 SAP 软件。巨化集团坚持"立足自我、量体裁衣"的原则,结合化工流程型制造业生产特点加以实施和改造,对 SAP 标准流程进行了大量的二次开发,尤其是突破了成本管理系统这个瓶颈,自行总结出一套化工流程型企业成本核算方案。系统根据化工生产流程,进一步细化了作业中心,构建了"生产设备—生产单元—生产装置及其管道连接"的多层结构,借助集成的实时数据库,自动采集相应的成本要素等数据,结合自行开发的平行结转法软件模块,形成更精细的成本核算体系,使核算周期缩短到每日,切实提供了具有相关性、及时性的成本信息。巨化集团SAP系统各模块流程如图8-3所示。

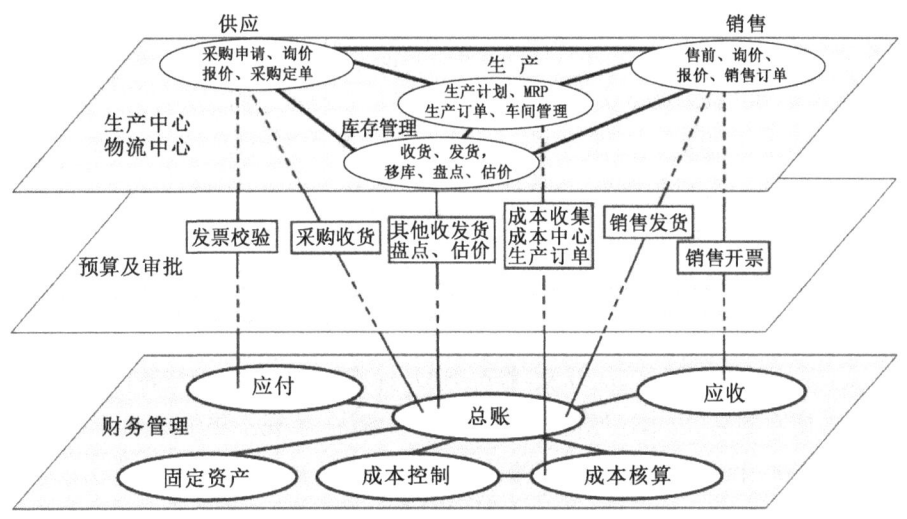

图8-3 巨化集团SAP系统各模块流程

巨化集团作为一家连续式、多工序的化工企业,其生产特点包括以下几个方面:

① 企业生产流程复杂、多步骤,具有连续性,各生产工序管道互通,原料产品互相利用,是一个组织严密、相互依存、高度统一、不可分割的有机整体。

② 在化工合成生产最终产品时,往往会生产出其他的副产品,在产品成分也较为复杂,是多种中间产品与原料、成品的混合体。

③ 设计有周期性、有计划性的全局停车检修程序。

④ 对于公用条件的需求方面具有能耗高的特性,生产过程中需要消耗大量的电、蒸汽,因而需要维持生产流程的安全、稳定和长周期的运转,以达到节能和高产的目标。

巨化集团的物料具有以下特殊性及管理难点:

① 多态性:液态的、气态的、粉状的等。企业要配备地磅、轨道衡、专用流量表等不同的装备解决复杂的计量问题。

② 滞后性:由于同种物料有含水量、挥发度、纯度的区别,不能一次精确计

量、质量等级的判断往往同步,入库和销售的量均不能马上确认,如液体产品销售,需事后由用户认可,方可确定实际销量。

③ 连续性:化工装置从熄火到启动,成本非常高,所以要保证生产的连续性,从而形成了面向产能的生产特点,物料需求计划难以制订。

④ 空间性:生产过程中,每个单元环环相扣,管道中的物料会呈现多种空间状态,形成消耗物料、主产品、副产品和在制品之间的复杂关系;物料成本约占生产成本的 80%,因此要实现成本的精准核算,物料成本将是重中之重。

巨化集团信息处人员在对 SAP 二次开发过程中提出以下解决方案:

① 实时接口:自主研发了地磅、轨道衡、计量仪表、质检仪器的底层数据接口,实现了动态、实时的基础数据采集。

② 事后调整:增加流程中的二次确认环节,解决了质检、销量确认的滞后性问题。

③ 平行结转:通过二次开发,修改 SAP 标准流程,从逐步结转法变为平行结转法,使在制品、成本还原等难题得到有效解决,实现了更加准确、高效的成本核算方法。巨化集团平行结转法流程如图 8-4 所示。

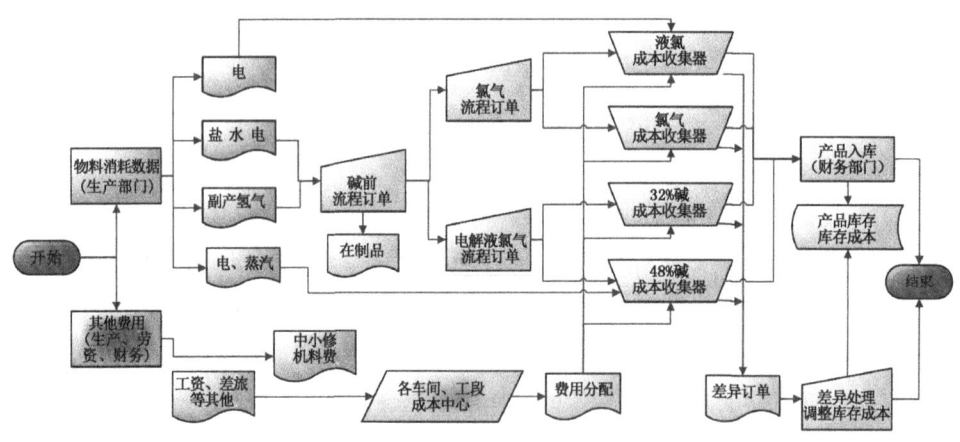

图 8-4　巨化集团平行结转法流程

#### 8.2.1.2　SAP 系统中成本管理模块应用

(1) 成本构成

成本构成,包括材料成本与加工(制造)费用。材料成本主要采用物料清单(BOM)对产品材料成本进行细分;加工(制造)费用采用作业成本法中的作业对产品的间接成本细分至各成本中心。

(2) 成本中心

成本中心是在成本控制范围中代表独立的成本发生地点的一个组织单位,可根据职能需要、分配原则、提供的作业或服务的地点和责任范围建立。巨化集团的成本中心设置包括各产品、各生产车间(如离子膜车间)、各分工段(如碱前一次盐水)、车间办(归集公共费用)等。

(3) 流程订单

巨化集团的流程订单以生产装置来设置,如电解液(隔膜)、电解液(离子膜)、碱前(隔膜)、碱前(离子膜)、氯气(隔膜)、氯气(离子膜)等,系统按照实际的工艺流程设置。一套生产装置的产出物可能是一种或多种。

巨化集团的物料投入以实际成本直接投入在生产装置中,若投入的材料为自制品,则采用计划成本法核算:数量×计划材料单价,期末根据生产装置的实际产量分摊到具体的产出物中。

(4) 成本收集器

成本收集器为主要原材料与间接费用。

(5) 差异订单

差异分摊:自制品的计划成本转出与实际投入之间的差异、产成品的计划成本转出与实际投入之间的差异形成差异订单,差异需要进行二次分摊:一是根据生产装置中产出物的固定化学比率来分摊在产品与产成品,二是根据产成品的去向在销售、库存、贸易之间分摊。如果订单已经完成,则差异为零;如若差异不为零,则说明订单尚未完成。

费用差异分摊:机修辅助车间、动力车间等发生的辅助费用先分摊到生产车间,按机修车间对外提供的"服务工时×标准工时单价"计算对外提供的服务的成本,月底结算实际投入和提供的服务之间的差异,按照工时量分摊到生产车间;生产车间等发生的加工(制造)费用差异按照工时量分摊至各产成品。巨化集团各产品成本构成如图 8-5 所示。

(6) 输出报表——单位产品成本报表

SAP 系统的成本管理模块通过一系列成本核算流程,最终形成单位产品成本报表,为管理决策需求提供及时、有效的参考依据。

目前巨化集团与杭州电子科技大学合作,启动了作业成本法核算的信息化软件开发工作,现已完成第一阶段工作任务。下一阶段,以集团推行"一线智能

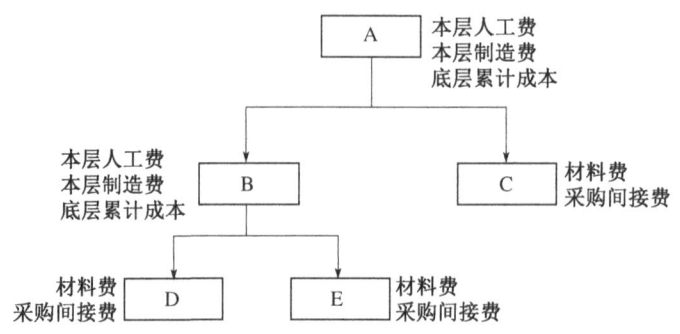

图8-5 巨化集团各产品成本构成

化、组织扁平化、保证社会化"为契机,着力开展以作业工时为基础的绩效分配模式改革。

利用作业成本法理念,将巨化集团的成本中心、作业中心细化,通过"资源归集—作业动因分配—成本计算—报表查询"路径,使原材料和制造费用的核算更加准确,以生产信息化系统为基础,借由作业成本管理系统,实现精准成本核算,并输出两类报表,包括作业分析表与决策分析表。作业分析表主要包括作业成本分配查询表、产品分裂单位成本表、费用分级统计表等;决策分析表主要包括闲置生产能力报表(没有产出物却还要分摊一些费用)、分级成本投入表等,为管理层决策提供参考依据。

### 8.2.1.3 成本管理应用中的优缺点

浙江巨化集团成本管理应用中的优点如下:

① 突破物料分类管理,开发平行结转法模式,实现成本精准核算,输出生产单位产品成本表,为管理层决策提供参考依据。

② 以先进的 MES 生产信息化系统为数据基础,与 SAP 财务数据相对接,实现业财一体化。

浙江巨化集团成本管理应用中有待提高的部分如下:

① 由于技术、经济等因素制约,SAP 系统中成本管理模块所需大部分源头数据与其他生产系统如物料管理模块、人力资源模块等数据接口不一致,仍然通过人工录入,无法实现自动获取相应数据,增加了很多的不便。

② 受 SAP 系统的技术及经济制约,成本管理模块输出内容相对单一。

## 8.2.2 案例二:正泰电器 SAP 成本管理信息化应用(离散型制造业)

### 8.2.2.1 企业背景介绍

浙江正泰电器股份有限公司(以下简称"正泰电器")是中国产销量最大的民营低压电器生产企业,从 20 世纪 90 年代初开始信息化建设,进入 21 世纪后,领导班子明确认识到公司的发展壮大必须依靠信息化的支撑,每年基本投入千万元以上来不断推进信息化的深入发展。2003 年,正泰电器启动了"数字化正泰"的信息化建设,引进了 SAP R/3 系统,由会计及单个业务电算化迈向了全面的管理信息化阶段。正泰电器花大力气建立了力量雄厚的技术团队,经历了"引进实施、消化吸收、改进提升"三个阶段,有效地集成了产、供、销和人、财、物等管理流程、信息和职能,迈向了以财务信息化为核心的全面管理信息化阶段。企业通过计算机集成制造系统(Computer Integrated Manufacturing Systems,CIMS)三层架构信息的高度集成与共享,目前已建成以 SAP、ERP 为核心运营系统的、涉及产品全生命周期的协同设计与制造管理,支持协同商务的供应链管理,内部工作协同管理,决策支持与知识资源管理的完整的信息化管理体系。系统实现了采购、生产、仓储、销售、质量、设备维护、人力资源、财务等内部生产经营各环节的业务集成与信息共享;特别突显了以财务管理为核心的管理理念,给财务管理工作带来了巨大变革。实现了财务分析由事后分析到事前、事中、事后的业务及财务数据的分析与挖掘,建立了及时、准确的动态报告分析体系,目前已经达到决策支持与管理的可视化水平,挖掘出来的信息自动生成相应的分析图表,自动发给公司高管,实时支持领导的决策。

低压电器制造行业属于离散型制造行业,其产品的生产过程通常被分解成很多个加工任务来完成,每项任务仅需要企业的小部分能力和资源。企业一般将功能类似的产品按照空间和行政管理要求组成一些生产组织(部门、工段或小组),在每个组织,工件从一个工作中心到另外一个工作中心进行不同类型的工序加工。企业常常按照主要的工艺流程安排生产设备的位置,以使物料的传输距离最小。另外,其加工的工艺路线和设备的使用也是非常灵活的,在产品设计、处理需求和订货数量方面变动较多。归纳起来,低压电器制造行业具有以下特点。

(1) 弱周期性

长期来看,低压电器作为电器线路、电路连接、电路切换、电路保护、控制及显示的基础元器件,具有量大面广、品种繁多的行业特点。由于低压电器广泛应用于国民经济的各行各业，与人们生活息息相关，并且产品需求多表现为刚性需求，因此具有弱周期性的行业特征。

（2）原材料价格波动大

低压电器制造行业主要的原材料为铜、银、钢材及塑料等，铜占总成本比重约为20%，银占总成本的比重约为10%，钢材占总成本的比重约为5%，塑料占总成本的比重约为10%。近年来，铜、银、钢材及塑料等原材料价格大幅波动，铜的价格2010年初为4.3万元/吨，2011年3月末涨至6.1万元/吨，然后震荡回落，至2012年7月初，铜的价格为5.5万元/吨；银的价格2010年初为329.6万元/吨，2012年7月初上涨至570.2万元/吨；钢材的价格2010年初为0.5万元/吨，2012年初震荡回落至0.4万元/吨；塑料的价格2010年初为1.2万元/吨，2012年7月初仍维持在1.2万元/吨，变化不大。2015年以来，受世界经济增速放缓影响，大宗商品的价格有下降趋势。

（3）生产变化性大

一是生产任务多，生产过程控制非常困难；二是生产数据多，且数据的收集、维护和检索工作量大；三是工作流根据特定产品的不同经过不同的加工车间，因每个生产任务对同一车间能力的需求不同，因此工作流经常出现不平衡；四是因产品的种类变化较多，非标准产品多，设备和工人必须有足够灵活的适应能力；五是通常情况下一个产品的加工周期较长，每项工作在工作中心前的排队时间很长，引起加工时间的延迟和在制品库存的增加；六是影响计划的因素较多，生产计划的制订非常复杂；七是能力需求是根据每个产品混合建立的，并且很难预测；八是临时性的订单会极大地影响生产计划的安排。

（4）成本管理复杂

一是原材料、半成品、产成品、废品频繁出入库，成本对象复杂，需要随着生产过程进行成本的归集和分配；二是使用标准成本法进行成本核算；三是注重实际成本和标准成本的差异比较和不同角度的成本分析。

#### 8.2.2.2　SAP系统中成本管理模块应用

（1）成本核算——自开发差异分摊程序

相关的业务系统与工作流审批系统通过同步SAP自动生成相应的会计凭证，成为正泰电器财务核算体系的重要组成部分，详见图8-6。

SAP和ERP系统是财务管理的核心信息化平台，实现了会计核算、成本核算的自动化，有利于财务对前端业务的实时财务监控与分析，通过正泰电器资

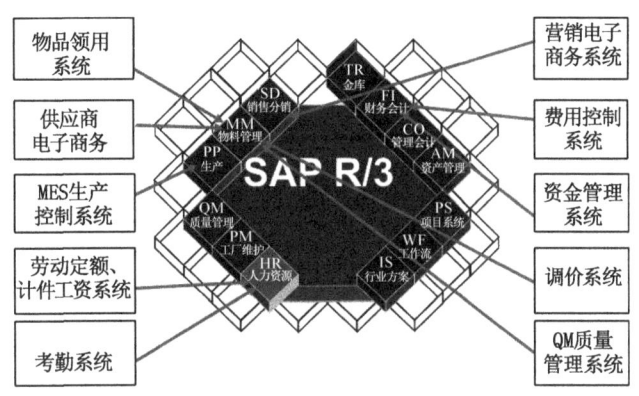

图 8-6 正泰电器成本核算——自开发差异分摊程序

金管理系统与银行的业务系统实现了银企直联,如图 8-7 所示。

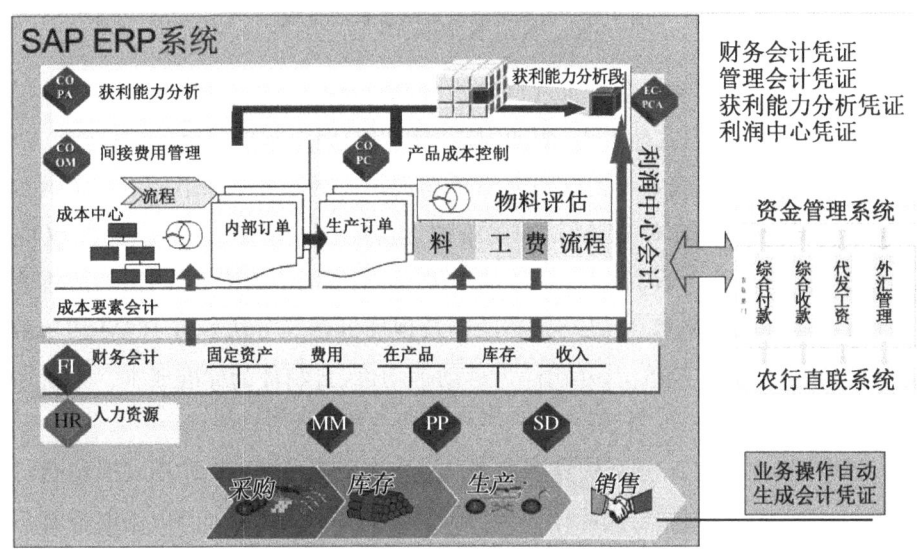

图 8-7 正泰电器财务管理信息化平台

正泰电器根据公司组织架构与前端生产流的实际情况,设立了 8 大成本核算主体,11 个利润中心,5 个成本要素,415 个成本中心以及 7 480 个工作中心。

正泰电器成本核算系统架构包括四层(见图 8-8),第一层为数据源,主要包括维护系统基础数据,如 BOM、物料主数据、工作中心、工艺路线、成本中心等;第二层为操作层,主要包括生产领料、订单完工、货物移动、费用报销等业务发生时,系统自动生成凭证或手工输入凭证,财务部门实时监控业务的及时性、准确性;第三层为计算层,主要处理月初对上月订单的结算,处理差异分摊,计算产品的实际成本;第四层为输出的产品,主要包括实际生产成本、销售成本等。

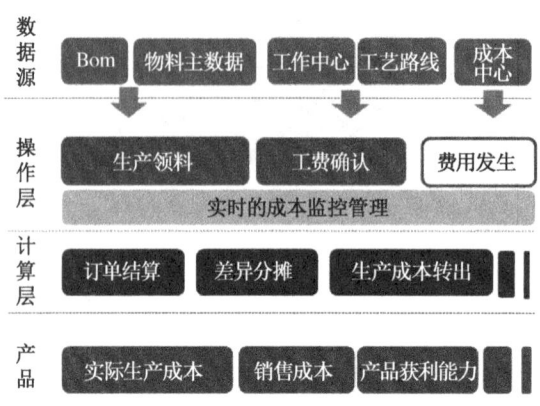

图 8-8　正泰电器成本核算系统架构

正泰电器 SAP 系统主要通过订单式核算标准生产成本,其成本构成包括直接材料、直接人工、其他人工、变动制造费用以及固定制造费用。

其中,直接材料成本＝∑(BOM 清单物料×有效单价)。SAP 系统主数据中包括物料清单,包含对 BOM 清单的维护,由各制造部生产处负责维护,BOM 清单即生产配料清单,与技术 BOM 略有差异;对 BOM 的检查,制造部成本会计通过关注订单差异率、相似产品类比以及现场拆解等方法检查 BOM 清单的准确性;零部件的有效单价,外购件为移动平均价,自制件为标准成本。系统中实际成本核算如图 8-9 所示。

其中,制造部工厂分别核算库存盘点、总部费用分摊、工资及二项经费计提、制造费用归集与分摊、实际作业价格计算重估以及在产品计算;由财务部集中核算差异计算、订单结算、生产公司差异分摊、订单二次结算以及销存比分摊。

该差异分摊(见图 8-10)异常复杂,正泰电器信息人员在 SAP 系统中自开发差异分摊程序,原材料差异、自制半成品差异按照期末库存金额与本期生产耗用的比例(耗存比)将原材料(半成品)差异分摊到产成品(自制半成品)。

零部件工厂差异按照期末库存金额与本期调拨金额的比例(调存比)将零

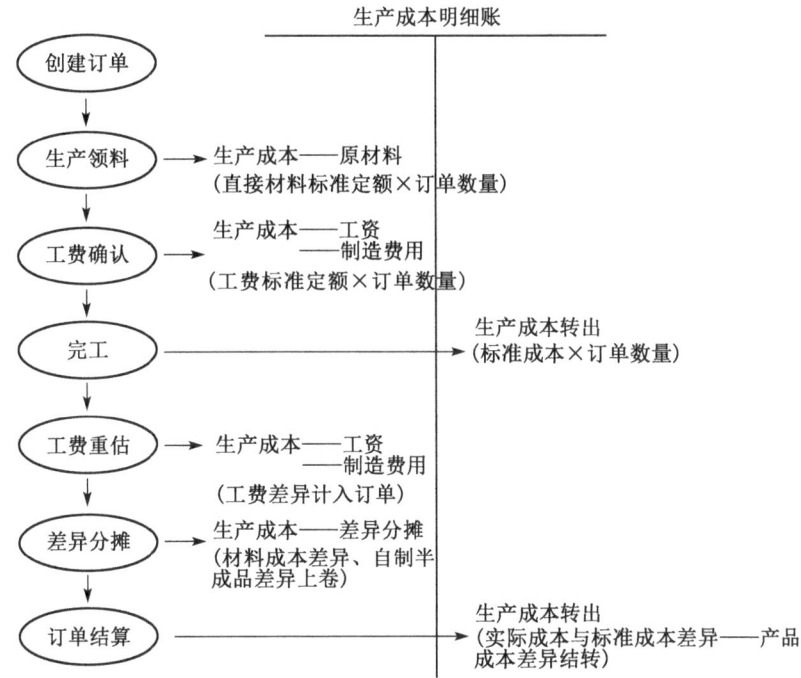

图 8-9　正泰电器 SAP 系统实际成本核算示意

部件工厂差异分摊到成品工厂,按照期末库存金额与本期实际销售金额的比例(销存比)将成品工厂差异分摊到销售成本。

月结的各步骤全部执行 SAP 系统标准功能和自开发程序,改变以前各生产公司分别核算,然后进行报表合并的状况,月结效率提升较大,由原先的 10 多天减少到了目前的 3.5 天左右。

(2) 成本监控

第一,新产品开发成本。

依据技术部门立项的新产品研发项目的进度计划安排,对未来一年的研发项目费用投入,分项目与科目进行预算,并定期跟踪项目实际投入情况。

市场部结合市场需求与竞争对手的产品价格水平,提出产品目标成本、利润与获利能力水平,财务部组织估算量产后产品成本,结合公司产品定价体系与市场情况,提出产品建议销售价。

第二,采购成本管理。

参与制定价格核算标准,组织市场价格调查,利用原材料的市场价格变化,

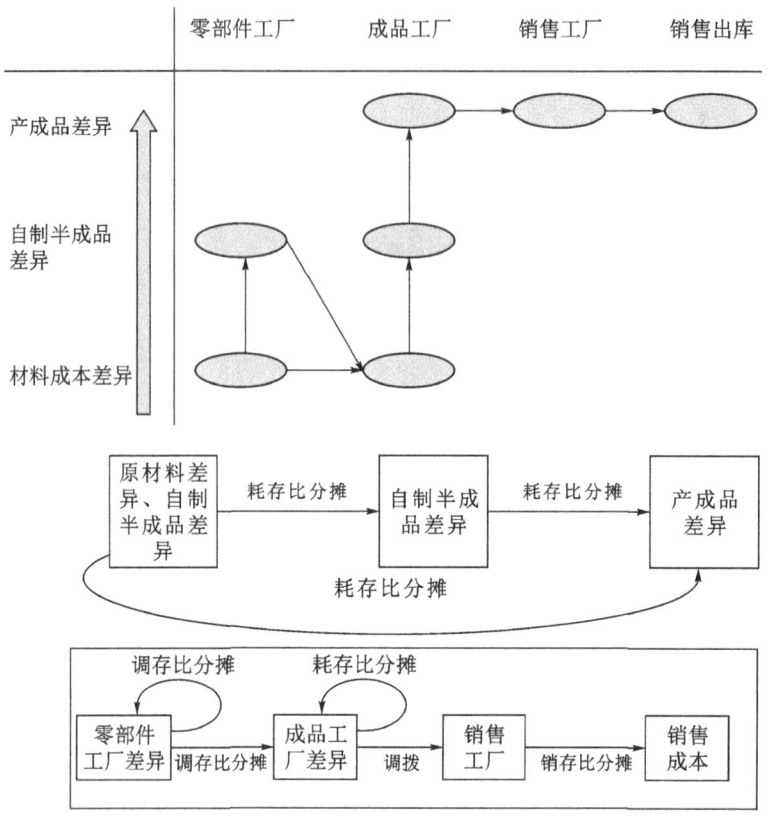

图 8-10　差异分摊逻辑示意

监督物料价格核算、价格调整及供方议价、招投标等价格管理全过程。对业务部门价格执行过程进行检查,将检查结果与绩效考核挂钩。

对零部件的构成要素进行分解,当市场原材料价格发生涨跌,不同材质(大宗材料,如白银、铜、塑料等)价格变化达到标准调整要求时,通过零部件价格调整平台统一调整。

第三,生产过程监控。

库存监控:移库物料账务的监控,通过审核非生产发料的出库凭证,避免仓管员恶意调账,并以定期与不定期相结合的方式实施实地盘点;工费监控:监督各成本中心工费制定的合理性与正确性;订单监控:跟踪生产订单,关注生产订单差异,监控订单成本。

第四,销售成本管理。

8　成本管理系统的发展研究

为提高产品定价支持的快速响应,建立成本模型(见图8-11)。该成本模型主要实施步骤为:先确定主导产品,将产品的料、工、费分解,然后将产品构成的零部件构成情况分解,确定零部件的材质(铜、银、塑料等),并确定材质的重量,形成成品材质含量分析,建立产品成本动态模型;根据原材料价格的波动,测算产品预计成本,根据预计成本测算出该产品的毛利,可以为产品定价提供信息支持,为企业确定专项市场产品、个性化产品及行业客户产品。

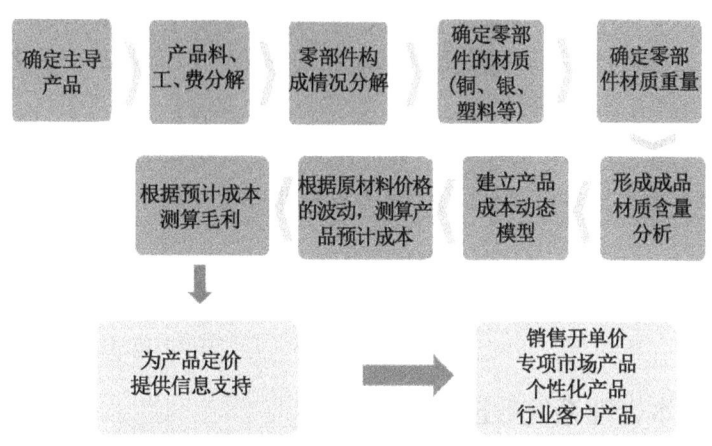

图8-11　成本模型实施步骤

该成本模型为销售价调整、定期毛利评估、专项产品测算跟踪、专项客户产品盈利能力评价、大宗材料价格波动对成本的影响等提供及时、有效的财务支持。

(3) 输出报表——定期分析、多维度数据分析、专项分析

成本管理模块实现了定期分析、多维度数据分析以及专项分析。实现季度分析与年度分析:对综合的运营指标、毛利成本、存货等方面进行反映与分析,反映存在的问题,并提出合理的建议;根据实际业务特点及管理层的需要,运用多种分析方法,对数据进行多维度分析,如按渠道分析、按生命周期分析、按政策类别分析、按专项市场与客户分析等;根据实际业务特点及管理层的需要,进行专项分析,如采购价格分析、人工分析、费用分析、辅料分析、质量成本分析、库存分析等。成本管理系统提供的信息能够为管理层衡量和评价产品获利能力、项目经济效益,为经营管理提供决策支持。

#### 8.2.2.3　成本管理应用中的优缺点

浙江正泰电器成本管理应用中的优势如下:

① 将 SAP 系统与底层生产系统相结合，自行开发差异分摊程序，使成本核算更加精确，为产品成本确定、销售管理决策提供及时、有效的参考信息。

② 利用作业成本法理念，建立成本中心，按驱动因素归集成本，制造费用分摊对象更加明确。

浙江正泰电器成本管理应用中有待提高的部分如下：

① 在精益生产模式下，作业方式与传统生产发生较大变化，在作业成本法的条件下，作业的动因更加多样化，要对作业动因重新分析并进行调整。

② 智能制造、数字化车间、物流信息化的发展趋势下，财务信息化与精细化管理如何与之有效地进行集成。

③ 在业务快速变化的环境下，如何做到及时收集相关信息，提高财务数据的快速响应，共享成本信息，并为管理者提供动态的成本分析。

## 8.3 成本管理系统的数据交互模型

### 8.3.1 成本管理系统数据交互模型

成本管理系统数据交互模型如图 8-12 所示。

成本管理系统解决方案有如下特点：

① 基于 J2EE 架构，实现跨系统平台部署。
② 支持 Oracle、SqlServer 等主流关系数据库。
③ 通过 ETL 与系统功能配置，实现外围系统数据的抽取和输出。
④ 成本核算模型可配置。
⑤ 成本核算过程可查询、监控，保证数据质量。
⑥ 基于多维理念设计，支持多维度的成本归集、分摊、查询、分析。
⑦ 既考虑成本核算的过程，也充分考虑核算结果的使用。

### 8.3.2 成本管理系统的交互特点

（1）总体功能结构丰富

成本管理系统总体功能结构如图 8-13 所示。

成本管理系统支持成本核算的各个环节，包括模型设置、数据采集、成本计算、结果查询、数据校验，并支持作业成本法。

8 成本管理系统的发展研究

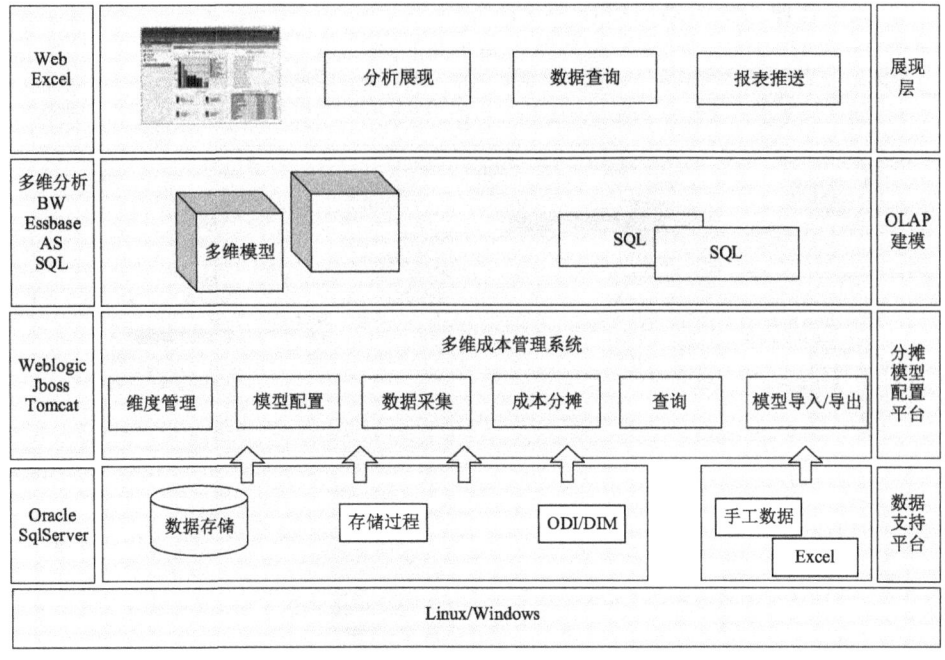

图 8-12 成本管理系统数据交互模型

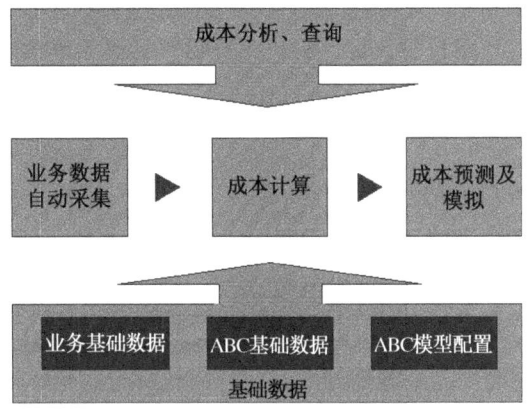

图 8-13 成本管理系统总体功能结构

(2) 灵活建立成本模型

成本管理系统示例如图 8-14 所示。

图 8-14　成本管理系统示例

成本管理系统可以灵活设置成本核算维度,包括成本中心、科目、资源、作业、产品、区域、客户、项目等,可扩展自定义维度,成本分摊动因可灵活添加,动因数据来源可配置,每一步骤的分摊动因可灵活选择。

(3) 多维度的成本分析

成本管理系统可分析产品、订单、客户、工序、成本中心等成本对象的成本结构。成本分析系统示例如图 8-15 所示。

基于多维度的模型定义、数据采集、成本分摊,可从不同的维度进行下钻、上卷等多维分析。

(4) 分环节查询产品成本

分环节查询产品成本示例如图 8-16 所示。

(5) 丰富的成本分析报表

成本管理系统可以提供产品成本报表、作业成本报表、单位成本报表等,示例如图 8-17 至图 8-19 所示。

8 成本管理系统的发展研究

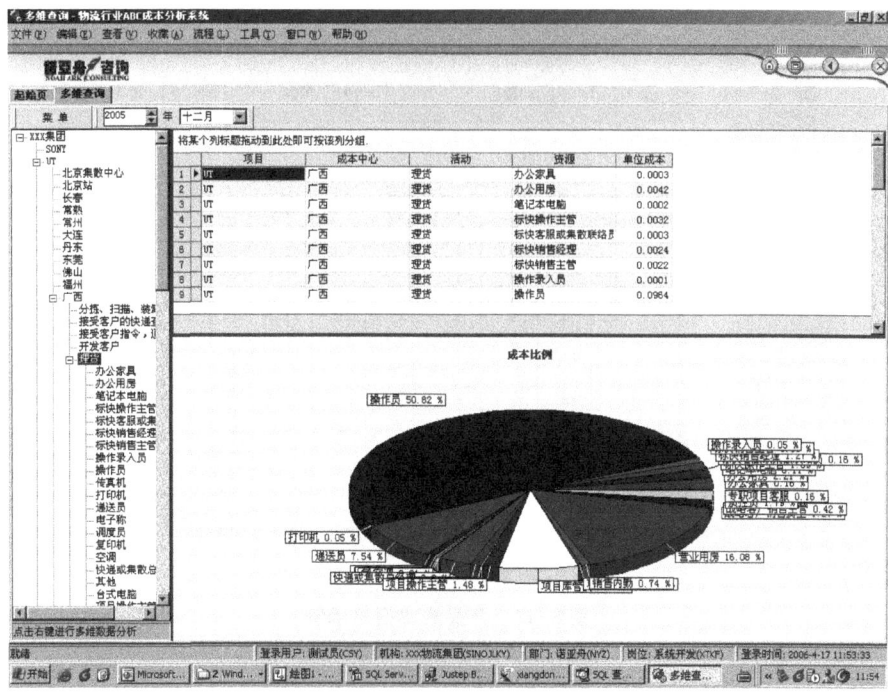

图 8-15 成本分析系统示例

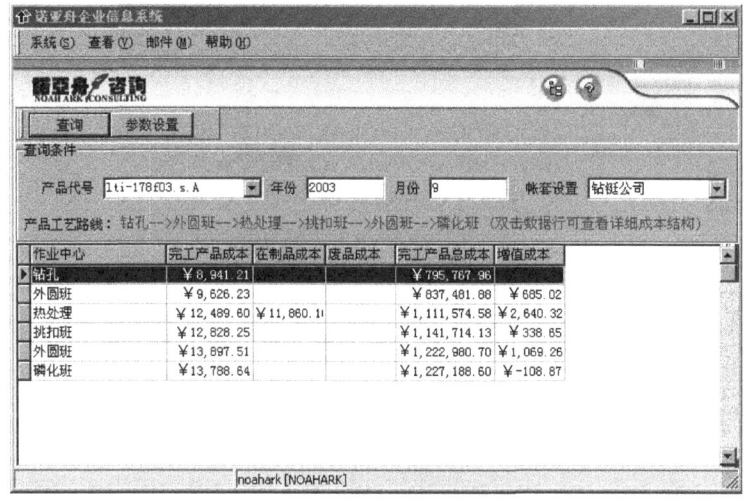

图 8-16 分环节查询产品成本示例

图 8-17 产品成本报表示例

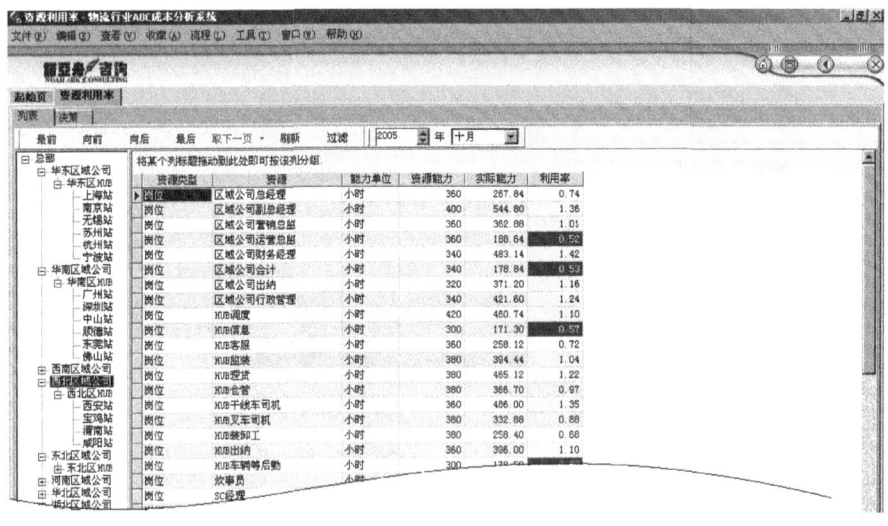

图 8-18 作业成本报表示例

8 成本管理系统的发展研究

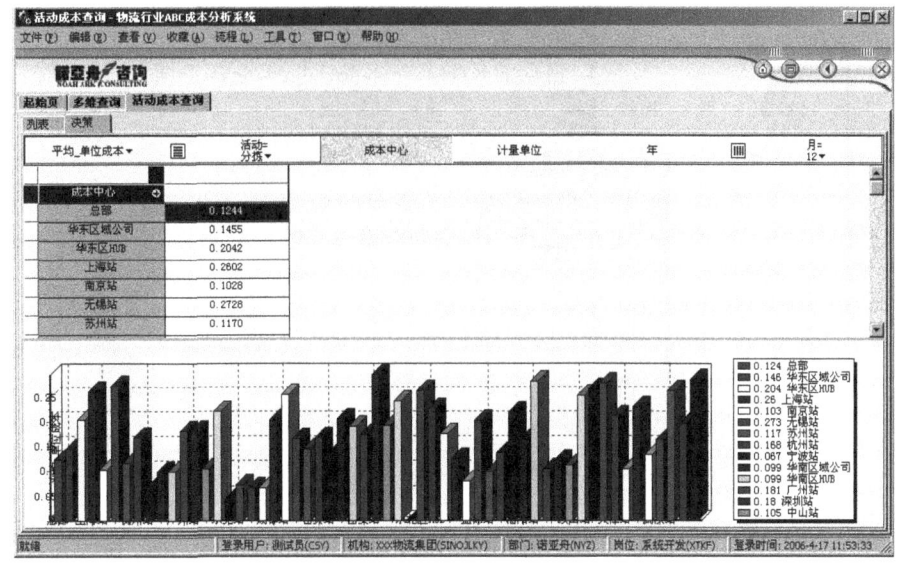

图 8-19　单位成本报表示例

（6）与其他系统无缝整合

客户可以灵活选择接口方式，实现成本核算系统与财务、业务系统之间的无缝整合（见图 8-20 和图 8-21），从而可以定期或实时获取其他系统的数据，实现成本计算的自动化。

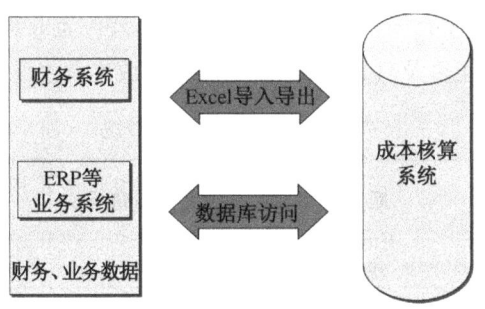

图 8-20　成本管理系统与其他系统的关系 1

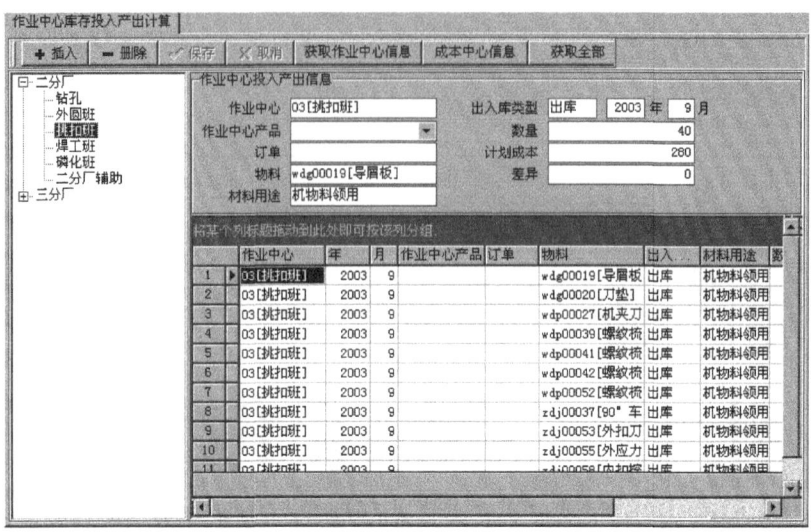

图 8-21 成本管理系统与其他系统的关系 2

## 8.4 成本管理系统建设的演进与发展

### 8.4.1 成本管理信息化应用概况

成本管理信息系统即面向成本核算和成本管理的信息系统,大型 ERP 软件中,或强或弱都包含"成本管理模块",目前市面上存在的成本管理软件有 20 多种,详见表 8-1。对于一个成本管理系统来说,评价企业运用的好坏应该看系统提供的成本信息能否及时、高效地满足决策对成本信息的需要。

表 8-1 成本管理软件概况

| 序号 | 软件名称 | 版本 | 应用情况 | 内控功能（强弱） | 计划功能（强弱） |
| --- | --- | --- | --- | --- | --- |
| 1 | ORACLE | E-Business Suite | 广泛 | 具备(强) | 具备(强) |
| 2 | SAP | Resource/3 | 广泛 | 具备(强) | 具备(强) |
| 3 | EPICOR | ERP 10 | 广泛 | 具备(强) | 具备(强) |
| 4 | MICROSOFT | Axapta ERP | 广泛 | 具备(强) | 具备(强) |
| 5 | INFOR | Infor ERP | 广泛 | 具备(强) | 具备(强) |

(续表)

| 序号 | 软件名称 | 版本 | 应用情况 | 内控功能（强弱） | 计划功能（强弱） |
| --- | --- | --- | --- | --- | --- |
| 6 | 用友 | Your/8 | 广泛 | 具备(强) | 具备(强) |
| 7 | 金蝶 | Enterprise application suites | 广泛 | 具备(强) | 具备(强) |
| 8 | 润衡 | 中小企业—工业 ERP | 中小企业 | — | 具备(弱) |
| 9 | 保会通 | 保会通财务软件 | 中小企业 | — | 具备(弱) |
| 10 | 新中大 | 新中大企业管理软件 A3 系统 | 制造业 | 具备(较强) | 具备(较强) |
| 11 | 浪潮 | 浪潮 GS 重点产品 | 集团 | 具备(弱) | 具备(较强) |
| 12 | 博科 | Yigo-ERP | 大型企业 | 具备(较强) | 具备(较强) |
| 13 | 金算盘 | 金算盘医院 ERP | 医院 | 具备(较强) | 具备(较强) |
| 14 | 管家婆 | 离散制造 ERP | 中小型制造企业 | — | 具备(一般) |
| 15 | 速达 | 速达 V-PRO—商业版 | 中小企业 | | |
| 16 | 亿看 | ECOUNT ERP | 小型企业（云 ERP） | | 具备(一般) |
| 17 | 天思 | 企业家 ERP | 制造业 | 具备(弱) | |
| 18 | 超人软件 | 超人 EPRO 项目成本管理系统 | 项目成本管理 | 具备(弱) | — |
| 19 | 鹏教软件 | 鹏教财务成本管理软件 | 行政事业单位 | — | |
| 20 | 骥风软件 | 项目成本管理软件 | 项目成本管理 | 具备(弱) | |
| 21 | 企管家软件 | 全面管理软件系统 | 全面管理 | 具备(弱) | |
| 22 | 建文软件 | 工程项目管理系统 | 工程项目管理 | 具备(弱) | 具备(弱) |

在表 8-1 列出的 ERP 软件中,没有通用的"成本管理系统",只具备通用的成本管理架构,其软件功能都具有行业特征。例如:SAP 主要应用于机械制造行业;建文软件则主要应用于建筑行业的工程项目管理;金算盘医院 ERP 主要应用于医院行业;等等。前七大 ERP 系统的成本管理具有的共同功能包括了成本预测、成本计划、成本控制、成本核算、成本分析、成本考核,其应用都较为广泛。各大软件除了通用的功能以外,也具有各自的特色管理功能。例如:ORACLE 成本管理模块运用 OPM 成本模块进行成本管理,不管是用标准成本还是实际成本,都必须定义一些基本的系统参数;SAP 成本控制系统可以协调

计划、监控和管理各种工具的全面集成,能够密切地监控所有成本、收入、资源和期限,每项业务交易都完全集成到整个系统中;EPICOR 成本管理模块利用 EPICOR 的详细预算、计划、排程、成本计算以及供应链物流功能,为项目的各个阶段提供严格的项目成本核算;MICROSOFT 成本管理模块是一个集成化、自动化的成本管理系统,可以实现精准高效的成本核算,MICROSOFT DYNAMICS ERP 可预置丰富的成本分析模型,帮助企业挖掘成本改善空间,降低生产成本,提升企业竞争力;INFOR 费用管理能够提供端到端的差旅费用管理解决方案,允许员工计划、登记和支出商务旅行费用,申请并审批费用,节约部门和成本中心处理经费的时间,并将计算带薪休假和加班时间等功能集成在一个单一的界面;用友成本管理模块利用信息化平台,自动进行成本数据归集、成本数据分配和分层卷积计算,成本卷积过程自动校验错误,大幅度提高成本核算效率,与供应链系统联合使用采购价格管理、委外管理、代管仓库管理、限额领料、采购成本分析、库存成本分析等综合性解决方案,体现 U8 成本管理的价值;金蝶成本管理模块,可以实现自动化的产量、费用归集:集成生产、总账、固定资产等数据源,及时、高效地完成产量及费用的自动化归集。拥有独有的日成本管理:通过日成本管理,实现更加准确的产品销售定价、接单分析和利润预测。订单成本的核算与分析则实现了订单成本的核算,帮助订单驱动型生产企业加强产品订单成本分析,及时调整生产和经营决策。

### 8.4.2 成本管理软件功能及其应用简介

目前,国内外 ERP 系统中的成本管理模块主要通过收集生产过程中发生的各种成本费用数据,实现基于业务流程的成本核算。成本的发生和累计与生产制造过程同步,随着生产制造过程的进行,在材料、计划、生产等信息动态产生的同时控制了资金流,做到了物流、资金流和信息流的统一。

#### 8.4.2.1 运用国外成熟 ERP 系统的企业成本管理信息化应用概况

西方许多知名 ERP 系统厂商为国内外企业提供服务,典型代表有 SAP、ORACLE 等公司。这些国外 ERP 软件在中国市场的应用得到了迅猛发展,通过构建灵活有效的管理信息系统,在成本模块方面采用了成熟的成本核算和管理方法,比如成本对象和成本流、标准成本与差异分析等,向管理者提供多维且明晰的产品成本信息。但是,由于国内大部分企业的基础管理薄弱,成本管理不成熟,国外的 ERP 软件在很多国内企业使用并不完善,总的来说,能够准确地、动态地、适时地进行成本核算和管理的并不多。即使采用了国外 ERP 系统，很多企业由于没有底层 MES 系统的支撑，或者 MES 系统存在问题，成本管理系统与底层生产控制系统也多数没有完全实现集成。且在目前 ERP 软件销售的模式下，ERP 实施公司在软件实施过程中并不一定能够具有相应的咨询和二次开发能力，做到满足客户的需求，结果使得 ERP 系统中的成本管理系统设计理论上的先进性在实际应用中没有得到完全体现。

#### 8.4.2.2 运用国内 ERP 系统的企业成本管理信息化应用概况

国内大多数 ERP 软件公司最早是做财务软件的公司，如用友、金蝶、浪潮等。这些 ERP 软件的财务模块较好，也包含成本管理模块，同时，这些软件借鉴并吸收了国外 ERP 软件的先进思想和经验。国内 ERP 软件的优势在于用户界面和理念更加符合中国企业的使用习惯。

但是，国内 ERP 软件中成本模块的应用还相对简单，大多数 ERP 系统中的成本模块只能满足基本成本核算和成本分析，未能充分把生产制造过程与成本核算和管理有效地结合起来，使得 ERP 管理系统难以发挥其真正的功能。很多企业只是用计算机系统操作来代替原有的手工简单作业，简单地改变了其工作方式，仅仅通过 ERP 系统实现了数据共享。同时，国内 ERP 软件在模块之间的相互集成性方面与国际著名的软件还有较大的差距。

总体来说，国内企业成本管理信息化程度不高，还有很大的提升空间。

### 8.4.3 成本管理系统的发展

ERP 系统应用于企业级的生产计划的管理，其成本控制主要强调事前计划、事中控制、事后分析相结合。在产品结构复杂的大型离散型制造企业中，其生产组织过程复杂，虽然 ERP 系统可以从宏观的角度实现物流与资金流的统一，一定程度上加强了对产品成本的管控，但由于系统无法实现与底层控制系统的紧密相连，底层的生产数据获取难，车间层生产过程相关数据的收集严重滞后且缺乏准确性，使得生产过程中成本的实时控制与产品各项成本的核算不准确，标准成本和实际成本往往相差很大，从而导致企业在实际生产经营活动中，特别是面向车间层的成本管理缺乏精准的管控。

MES 作为一种面向企业车间层的生产管理系统，负责收集底层控制系统采集的实时生产数据，拥有产品制造过程中产生的所有静态和动态的相关数据。MES 实现了短期生产作业计划的监控与调度、生产过程状态信息的追踪、

资源的优化与调配等系列工作，有效解决了 ERP 系统缺乏对底层有效控制的问题。但是传统的 MES 系统侧重于生产过程中物流信息的及时收集、追踪、管理与优化，对于生产过程中资金流与成本信息的控制力度不够，物流与资金流无法紧密结合，因此传统的 MES 系统对企业产品成本同样缺乏有效的管理。

鉴于以上 MES 系统与 ERP 系统在成本管理上的优缺点，将两者结合，以 MES 系统为基础，通过成本管理系统对生产成本的实时控制与反馈，为事后成本的核算提供准确的数据支持。通过 ERP 成本管理特点和 MES 的结合，与 MES 系统在功能与信息上相互集成，以 MES 提供的物料状态、设备、人力、工时等有关的生产数据为基础，按照 ERP 成本管理的处理逻辑，把物流信息实时转化为资金流信息，将生产过程中的物流、信息流和资金流进行统一管理，实现三者的集成与统一。财务部门将实时产生的成本数据应用于产品成本的分析与核算，随时分析企业成本发生情况，并为成本决策及生产经营活动中的成本管理的持续改进提供数据支持。

成本管理系统其实并没有统一的固定模式，成本管理系统的发展要以底层生产车间的自动化为基础，要有 MES 的支撑，所以它的发展必将要与工业自动化、智能化的发展相结合。建立成本管理信息化模式，通过成本管理系统的实施应用，使企业做到物流、信息流和资金流的统一，加强企业对生产成本的管控，培养企业信息化人才队伍，提高企业的产品成本管理水平，改善企业的盈利水平，从而提高企业的综合竞争力。

# 9 管理会计报告系统的发展研究

管理会计报告，即企业的内部管理报告体系，是指由企业编制，并在企业内部传递，为董事会、管理者和其他员工所使用，满足他们控制战略实施、实现战略目标等管理需要的信息报告。在管理越来越趋于精细化的今天，管理会计报告在企业决策、控制和价值创造方面的作用日益重要。

但是目前，理论界对管理会计报告的关注和研究较少，多数企业也尚未开始编制管理会计报告。在编制管理会计报告的企业中，管理会计报告的应用效果也大多不尽如人意，多数报告并未真正起到指导决策的作用。如何从战略的角度搭建管理会计报告体系，是中国企业在管理会计运用方面的一道难题。

管理会计报告是基于各种管理会计方法所获得的信息数据编制的，因此，管理会计的特点也决定了管理会计报告的特点。和财务会计报告相比，管理会计报告具有以下几个特征：

① 相关性。财务会计的服务对象是外部的投资者、债权人和其他有关机构，而管理会计是为企业自身服务的，服务对象是企业内部的管理者。因此，管理会计报告提供的信息必须是和企业的决策相关的，是有利于企业做出正确决策的。

② 分层次。财务会计的工作主体往往只有一个层次，即主要以整个企业为工作主体，并且不能遗漏会计主体的任何会计要素。而管理会计的工作主体可分为多个层次，既可以是整个企业，又可以是企业内部的局部区域或个别部门，甚至是某一管理环节。因此，管理会计报告必然是具有层次性的，需满足企业不同层级的管理需要，从服务对象来说，可以是企业的最高决策层，也可以是企业中的某个部门。

③ 多维度。从信息的维度上来看，管理会计报告要比财务会计报告更丰

富。比如,从分析角度看,一个公司的管理会计报告可以分区域提供分析结果,也可以分产品或者分项目提供分析结果,甚至可以分人来提供分析结果。从时间上来看,管理会计报告可以按照企业的管理需要灵活编制,如按年、按季度、按月编制,管理基础比较好、管理要求比较高的企业,可以按周,甚至按天来编制。

④ 预见性。如果说财务会计报告主要是面向过去的,那么,管理会计报告则重在面向未来。管理会计报告通过对过去的信息进行归集、挖掘、分析,不但能够对企业的现状进行分析,而且能够预见未来。

⑤ 灵活性。财务会计报告的编制必须以国家或行业组织制定的会计法规、会计准则、会计制度及有关规定作为准绳与规范,遵循相对固定的方法体系和工作程序。但管理会计报告相对来说则要灵活得多。企业可以根据自身的管理基础、管理需要,以及所处的行业、阶段,自行确定管理会计报告的格式、流程,以及所采用的方法。

## 9.1 管理会计报告系统的基本逻辑模型

### 9.1.1 管理会计报告系统的业务流程

管理会计报告被称为"内部报告",但从关注和反映的内容来看,却不只包括内部信息。中国企业管理会计报告的应用可依深度分为两个层级。这两个层级也反映了管理会计报告内容的变化。

第一个层级的管理会计报告以关注企业内部信息为主。近年来,随着全面预算管理等现代管理工具的应用,一些企业逐渐认识到事前和事中信息的价值,逐渐认识到企业不仅需要关注财务信息,还应该跳出财务的范畴,关注企业的整体运营数据。部分企业开始编制管理会计报告,如预算分析报告、运营情况报告等。

第二个层级的管理会计报告则不仅关注内部信息,还开始关注外部信息。随着市场竞争的日趋激烈和战略管理的兴起,一些"先行"的公司在对管理会计的应用中,逐步跳出企业内部的范畴,开始在管理会计报告中关注市场环境、竞争对手情况、宏观经济形势、企业战略、全产业链等,编制出战略管理会计报告,比较典型的如华润集团、神华集团、本书后续详细介绍的 H 集团等。

无论企业的管理会计报告应用处于哪个层级,管理会计报告对于提升企业的管理水平所起的作用都是毋庸置疑的。特别是战略管理会计报告,更是将管理会计报告和企业的战略紧密结合,使管理会计报告成为服务于企业战略的重要管理工具。管理会计报告的体系框架如图9-1所示。

(1) 基于战略层、经营层与作业层的管理会计报告体系的主要特征

对应公司的管理层级,明确地将公司的战略层、经营层、作业层作为管理会计报告的主体,尽可能地满足各层报告主体的决策信息需求。从组织理论来看,现代组织为了实现管理的有效性,要求对组织按层级划分来管理;从系统论来看,任何复杂的系统要想实现有效运转和发挥其最大整体功能,都要求在结构上分层次;从企业管理实践来看,大多数成功的大型企业都呈现层次性的结构。企业作为一个复杂的系统,其层次的划分还应该满足管理的相应要求,不同层次有着不同的信息需求,为了满足企业管理的需要以及不同层次的信息需求,管理会计报告的信息必须与企业管理层级相对应,对应负有决策职责的战略层、负有协调职责的经营层以及负有执行职责的作业层。公司的管理会计报告体系中报告主体分为战略层(高层)、经营层(中层)和作业层(基层),管理会计报告也据此划分为战略层管理会计报告、经营层管理会计报告和作业层管理会计报告。不同层次报告主体及其报告信息的侧重点如表9-1所示。

表9-1 不同层次报告主体及其报告信息的侧重点

| 层级 | 报告主体 | 报告的主要信息 |
| --- | --- | --- |
| 1. 战略层 | 总裁(CEO)、执行总裁、总经理、董事会及其他高层管理者 | 公司战略目标制定、战略规划、战略执行与战略评价等过程产生的信息 |
| 2. 经营层 | 公司各业务单元、子公司及附属单位的主管 | 经营决策、资本规划、业务规划、供应商管理、客户管理等信息 |
| 3. 作业层 | 各个成本、投资、利润中心 | 研发、采购、生产、销售以及辅助业务等信息;成本、投资、利润等信息 |

以管理会计报告目标(决策信息支持与价值创造)作为报告流程的逻辑起点,通过公司的规划、决策、控制与评价等管理活动来进行信息的收集、传递、反馈与评估,从而保证信息生成的有效性。管理会计报告的流程主要是指公司管理会计信息具体生成的过程,具体包括确定信息内容、信息的收集、信息的传递、信息的反馈与信息的评估。由图9-1可知,管理会计报告体系实质是围绕公司战略层(高层)、经营层(中层)和作业层(基层)各个层面对决策信息要求与

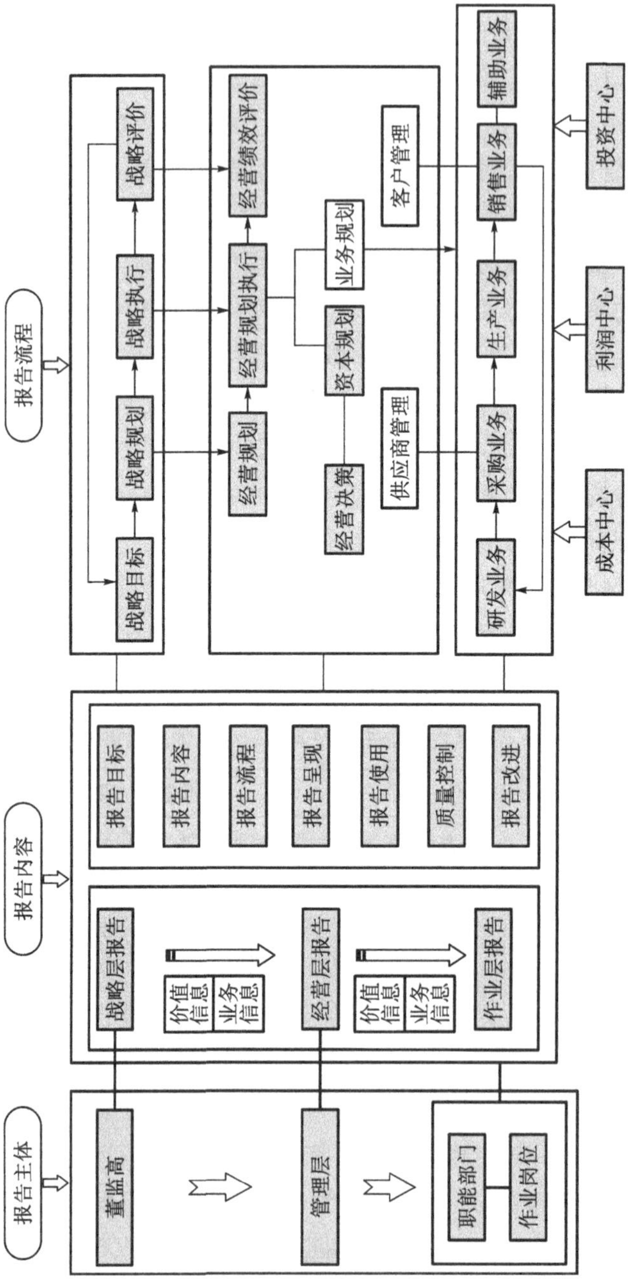

图 9-1　管理会计报告体系框架

价值创造责任的不同，通过公司的规划、决策、控制与评价等管理活动来进行信息的收集、传递、反馈与评估，从而形成自上而下的战略规划、经营规划执行与评价过程，以及自下而上的业务活动及经营管理活动信息的不断汇总、归纳、精炼并畅通传递，保证信息生成的有效性，并在此基础上提升公司经营管理中指标层层分解、责任层层落实、压力层层传递、活力层层激发、信息层层上报、原因层层追溯的效果。

报告体系的目标是构建规范的"目标—内容—流程—呈现—使用—控制—改进"管理会计体系运作流程，将公司管理活动中的价值信息与业务信息都在三层主体报告中体现，保证信息及时、相关和可理解。现代企业的各种管理活动及各项业务都是围绕价值最大化目标来开展的，管理会计报告体系运作流程也是基于价值化的目标，将公司的价值信息与业务信息统一在各层面报告中体现，从而达到"价值引导业务、业务体现价值"的效果。分析图9-1可知，公司通过构建规范的"目标—内容—流程—呈现—使用—控制—改进"管理会计报告体系运作流程，用制度和组织运转尽可能满足三个层面的信息需求，从而在满足三个层面的信息需求基础上使企业价值目标统一、组织安排合理、资源配置到位、利益分享协同。这样，各层次、各岗位都围绕价值目标开展业务，各尽其责、各履其职，实现战略层目标统一、经营层协调到位与作业层执行认真的有效配合，将公司管理活动中的价值信息与业务信息都在三层主体报告中体现，从而使企业管理的民主与集中得到统一、分权与集权得到统一、个体利益与整体利益得到统一，更好地为企业提供决策信息支持，实现企业价值最大化。

（2）基于战略层、经营层与作业层的管理会计报告体系的主要内容

管理会计报告是对管理会计履行职能的反映，是围绕整个企业经营管理全过程展开的。战略层管理会计报告以企业价值可持续的稳定增长为目标，通过为公司提升核心竞争力，有效配置成本、利润、资金提供适时信息，满足公司战略层履行预测决策职能的信息需求，是整个管理会计报告体系的第一层报告。经营层管理会计报告是在公司的决策目标与总体经营方针都已经明晰的基本前提下，为执行既定的决策方案、总体经营方针而进行的有关规划、控制，从而保证预期目标的尽可能实现，进而满足公司管理层履行规划、控制等相关职能的信息需求。作业层管理会计报告是按照分权管理的思想，根据内部管理层次的相应权限、职责以及所承担的相应义务的内容与范围，通过考核评价各个相关方面的履责情况，满足公司作业层履行考评职能的信息需求，通过反映权、

责、利的情况,保障企业的经营管理尽可能地沿着正确方向发展。

第一,战略层管理会计报告。

根据企业经营活动的具体类型,战略层管理会计报告的主体可以分别设置三方面的报告,具体为经营活动预测决策报告、投资活动预测决策报告与筹资活动预测决策报告。经营活动预测决策报告,是以一定的期间与业务范围为基础,通过分析不同经营方案给企业带来的贡献损益来进行决策的报告,其重点是确定不同经营方案的相关收入和相关成本。投资活动预测决策报告是指通过比较不同投资项目的投入产出比率来选择对企业价值创造最有利的投资项目的报告。它主要以企业内部项目投资决策为主,如果企业资金富余,可以自行选择金融资产投资、证券投资等外部投资方式。筹资活动预测决策报告是指根据企业的生产经营、对外投资与调整资本结构等方面的需要,帮助企业的管理决策层对筹资的数额、方式、结构等进行决策的报告。它主要是根据对资金需要的预测来选择适合企业的筹资渠道与方式。

第二,经营层管理会计报告。

经营层管理会计报告主要包括未来现金流量预计报告、预计利润报告以及预计资产负债报告、销售预算报告、生产预算报告、产品成本预算报告、销售与管理费用预算报告等。经营层管理会计报告是保证企业资源获得最佳生产率与获利率的有效依据。在决策方案已经明确的前提下,在企业内部就需要按照既定的方案进行全面预算,即经营层管理会计报告应该以反映全面预算的信息为编制基础。因此,反映全面预算的报表项目应该包括预计资产负债报告、预计利润报告与未来现金流量预计报告等。

第三,作业层管理会计报告。

按照企业责任中心的责权范围和履行目标,作业层管理会计报告可以具体分为成本中心管理会计报告、利润中心管理会计报告和投资中心管理会计报告。公司通过它们来反映各责任中心的预算执行情况,并据此对管理者进行评价。对成本中心而言,由于成本中心承担着控制成本、降低成本的责任,成本中心的管理会计报告需要反映出可控成本责任预算分解后的具体执行情况,因此可以根据责任成本的预算数与实际数共同来编制,在报告中也需对预算数与实际数之间的差异进行相应的说明。对利润中心而言,既需要对成本负责,同时还需要对收入与利润负责,因此,利润中心管理会计报告应该对成本的预算数与实际数、收入的预算数与实际数进行分析比较,同时分析和考核收入、成本、利润等指标具体的完成情况,并在此过程中及时发现利润中心出现的各种偏差及问题,进而采取相应的有效措施及时纠正偏差、解决问题。对投资中心而言,不仅需要对收入、成本、利润进行反映、负责,还要对投资的效果进行反映、负责,因此,投资中心管理会计报告不仅需要列示报告收入、成本、利润等指标的预算数、实际数、差异(包括差异额与差异率),还需要列示报告反映投资效果的资产周转率、销售利润率、投资回报率与剩余收益率等指标的预算数、实际数、差异,并分析原因,进行评价。

总之,战略层、经营层、作业层三层次的管理会计报告必须在明确各层次的管理重点与信息需求的基础上,报告符合各层次信息需求的核心内容与重点信息,并且三者之间要相互结合、有效配合、共同报告,有效地满足企业管理的需要,从而实现企业价值最大化的目标。

## 9.1.2 管理会计报告系统的数据流程

管理会计在理论上较为零散,各种管理会计工具和方法相对独立,对形成系统化的管理会计软件造成了比较大的困难。这也造成了国内外理论界对于管理会计信息化的研究相对较少,实务界对于管理会计信息化也未形成相对统一认识的局面。什么是管理会计信息化?有没有成熟的管理会计软件?管理会计软件跟 ERP 是什么关系?如何选择合适的信息化平台来支撑管理会计体系和方法?这些都是实务界在管理会计实践中面临的困惑。

经过近 20 年的推广,ERP 作为集大成的综合性管理软件概念在企业已经深入人心。这使得很多人都存在一种根深蒂固的认识,即管理会计软件就应该包含在 ERP 系统中,是 ERP 的一个模块。同时,多数 ERP 厂商在宣传中也都声称自己的产品包含了管理会计中全面预算、成本核算、财务分析等功能,更进一步加深了人们的这种认识。但是,随着研究的深入,国内外也有很多软件厂商陆续推出了专业化的管理会计套件,通常称作企业绩效管理套件(Enterprise Performance Management,EPM),内容涵盖了管理会计报告的各项内容,包括计划、预算、盈利和成本分析等,通过表单、图形、管理驾驶舱等各种形式,展现经营管理的结果。

区别于财务会计报告,管理会计报告主要为满足决策层的管理需要,不必像财务报告一样采用统一固定的格式,而必须根据企业的业务特点和管理特点进行个性化的设置,内容上既包含财务信息也包括大量业务信息,逻辑上能够帮助管理者发现问题、分析原因，形式上不仅是标准格式的报表，还需要更直观、更丰富的图形化展现。所以，通过企业的 ERP、EPM 等软件展现企业的经营信息，是企业管理会计报告系统的基础。

企业需要考虑自身的经营特点和管理基础，搭建能够满足自身需求的管理会计报告体系，而一个能够和企业已有系统集成的管理会计报告系统则是企业管理会计报告体系的核心。BI 作为一种可以将数据迅速转化为知识的工具，能够较好地满足管理会计报告的分层次、多维度、灵活性等特点。所以，大多企业会利用 BI 搭建管理会计报告系统。

企业可以借助 BI 搭建统一的管理会计报告平台，把各种不同的数据，包括财务、销售、生产，以及职能部门的数据都整合到这个平台上来。然后统一语言，包括统一指标的名称、含义、指标对应的数据源，以及统一指标的计算逻辑。这包括两个层面的统一：第一，主数据要统一，比如对资产的分类、成本的分类等都需要统一；第二，在这个框架下，一些软性的方面也要统一，比如对某一项业务的处理方法。

商业智能描述了一系列的概念和方法，通过应用基于事实的支持系统来辅助商业决策的制定。商业智能技术提供企业能够迅速分析数据的技术和方法，包括收集、管理和分析数据，将这些数据转化为有用的信息，然后分发到企业各处。从技术角度看，商业智能一般由数据仓库、联机分析处理、数据挖掘、数据抽取转换加载(ETL)等技术组成。商业智能的关键是从来自企业许多不同营运系统的数据中抽取（extraction）出有用的数据并进行清理转换（transformation），以保证数据的正确性，然后装载（load）到一个企业级的数据仓库里，通过上述的 ETL 过程，得到企业数据的全貌，在此基础上利用合适的数据挖掘技术进行处理，最后通过查询和分析工具对数据进行分析和展现，形成有用的信息，以对管理者的决策过程提供支持。

商业智能技术的发展已有几十年，主要的技术架构已经基本成型，所涉及的主要环节清晰完整，管理会计报告系统的数据关系如图 9-2 所示。

在商业智能系统的选型中，选择能支持多维建模的 BI 系统是主流。系统的多维度是由企业经营业务的多维度决定的。企业管理者在对经营数据进行分析研究时，最本质的需求就是对数据进行多个不同维度的组合分析及深入钻取，以发现经营中存在的问题，或者为决策提供依据。从这个根本目的往前推，无论是预算编制、成本分摊还是费用控制等各个环节，实际上都需要把数据的

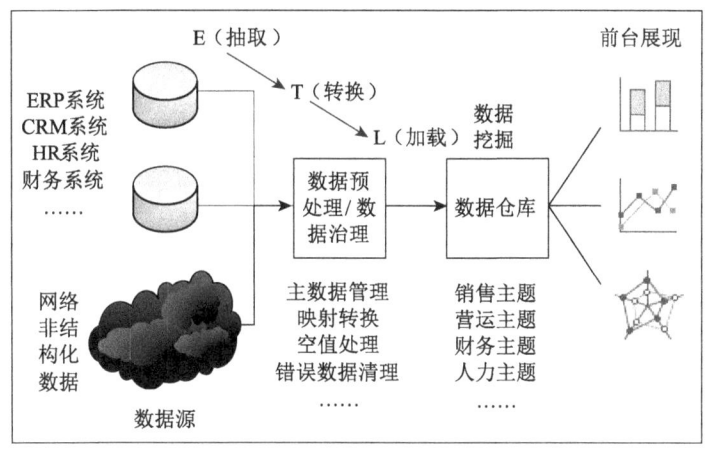

图 9-2　管理会计报告系统的数据关系

口径多维化、结构化,相应的系统也都应该是能够提供多维模型的系统。

商业智能的核心是数据仓库,数据仓库有一系列的核心技术,大部分经过几十年的积累,技术的整体架构已经基本成型,目前最新的发展主要集中在三个方面:一是业界厂商对 BI 系统实施过程中的已知难点应如何处理的探索;二是具体数据挖掘算法的优化与应用;三是产品工具与实施过程的敏捷化。

## 9.2　管理会计报告系统建设的案例分析

### 9.2.1　H 集团管理会计报告系统建设案例

#### 9.2.1.1　案例企业背景

H 集团是世界白色家电第一品牌、中国最具价值品牌。2009 年,H 集团品牌价值高达 812 亿元,自 2002 年以来,H 集团品牌价值连续多年蝉联中国最有价值品牌榜首。H 集团产品包括冰箱、空调、洗衣机、电视机、热水器、电脑、手机、家居集成等产品大类。2008 年,H 集团白色家电产品全球市场占有率 5.1%,这是中国白色家电首次成为全球第一品牌,冰箱、洗衣机分别以 10.4% 与 8.4% 的全球市场占有率,在行业中排名第一。同时,H 集团还涉足房地产、金融、投资等诸多领域。

H 集团在全球建立了 29 个制造基地、8 个综合研发中心、19 个海外贸易公

司,全球员工总数超过 6 万人,已经发展成为大规模的跨国企业集团。H 集团具有非常鲜明的企业文化,进行了长期、持续的管理创新实践。

在创新实践中,H 集团探索实施的"日事日毕,日清日高"(Overall Every Control and Clear,OEC)管理模式、"市场链"管理及"人单合一"发展模式引起国际管理界高度关注。目前,已有美国哈佛大学、南加州大学,瑞士 IMD 国际管理学院,法国的欧洲管理学院,日本神户大学等商学院专门对此进行案例研究。H 集团的 30 余个管理案例被世界 12 所大学写入案例库,其中,"H 集团文化激活休克鱼"管理案例被纳入哈佛大学商学院案例库,"H 集团市场链"管理案例被纳入欧盟案例库。

#### 9.2.1.2 案例企业管理会计报告体系的创新

2005 年,H 集团开始推行"人单合一"双赢模式,即员工从用户需求出发,积极抓住市场机会的新商业模式。"人单合一"双赢模式的核心是经营人,H 集团以经营人为主体进行核算,把传统的企业财务报表转化为自主经营体中每位员工的"三张表"(战略损益表、日清表、人单酬表),形成一个"事前损益算赢,事中日清关差,事后人单酬兑现"的逻辑体系,员工根据"三张表"确定目标、衡量损益、持续提升、自主经营。

同时,基于为决策提供有力支持的需要,H 集团还利用 HYPERION 多维数据平台,在系统中创建了经营月报的应用,对资产负债表、损益表、现金流量表预算、实际上市公司报表、应收报表、资金表、费用表、KPI 报表以及合资公司报表,实现了"法人公司的会计报表—产品事业部报表—集团合并报表"的抵销合并归集,将数据从财务报表口径转为经营管理口径。

集团领导层可以通过 WA 驾驶舱直接查看展示的合并报表最终结果,并作为集团经营报告分析的数据来源。产品事业部层面则可以在 WA 驾驶舱和 PLANNING 表单中查看,既可以查看合并的最终结果,也可以沿某个费用合并的路径追溯。合并报表编制人则可以通过数据校验表进行数据的逻辑核对。

管理会计报告信息化体系是 H 集团以自主经营体为核心的人单合一双赢模式的支撑,通过在信息化平台上编制报告,H 集团可以对每日的运营情况进行核算和分析。

#### 9.2.1.3 案例企业 BI 平台建设

管理会计报告体系的搭建作为一个系统化工程,通过建立和实施管理会计报告体系,持续推动企业的管理进步以及系统的优化提升。H集团通过多年的投入,应用先进的BI平台搭建管理会计报告体系,这不仅是适应外部环境变化的需要,也是顺应集团信息化建设和业务发展的必然要求。

BI系统的建立,主要满足了集团高层、BU(业务单元,Business Unit)管理层及PL(产品线,Product Line)管理层经营管理的需要,及时发现预测与预算、实际与预测、目标与成果之间的差异,按照组织层级、业务结构、关键动因等维度层层深入,发现问题所在,并督促各级管理者提出行动预案,关闭差异。系统构建了统一的预算分析平台,包括销售、生产、采购、研发、费用、投资等各个业务环节,数据上包括预算数据、预测数据、实际数据,可以进行多版本分析,同时设计和开发了面向管理层的定制化管理驾驶舱,通过个人数据门户、仪表盘、预警提示等多种展现形式,为管理高层决策提供支持;通过培训使最终用户掌握报表制作的方法,按需定制需要的报表。

(1) 构建集团统一的财务数据中心

H集团通过构建集团统一的财务数据中心平台,实现基础管理的统一信息平台、统一数据基础、统一业务逻辑、统一流程管理、统一报表输出的"五统一",为财务分析、财务报告和绩效考评提供数据支持;同时运用全球领先的数据仓库技术,全面提升财务数据的及时性、规范性、独立性和稳定性。图9-3展示了H集团TBM(全面预算管理,Total Budget Management)系统技术架构设计。

H集团建立了独立的财务数据中心,与财务运营系统(SAP/BCC等)的数据互为备份,提升了财务数据的安全系数,降低了风险。企业数据仓库(Enterprise Data Warehouse,EDW)将数据"多对多"的接口模式升级为"一对一"模式,提高了接口数据的规范性和重复利用性;ETL技术的应用,有效提升了数据集成的效率和稳定性。图9-4展示了H集团财务分析系统数据的集成关系。

(2) 梳理管理会计报告体系

H集团通过系统地梳理财务分析的逻辑和方法,引导财务管理方向,通过"链接"将一系列零散的数据组织在一起,链接的路径融入了财务管理的思路和管理导向,实现了"数据"到"信息"的转化。图9-5展示了H集团管理会计报告的体系结构。

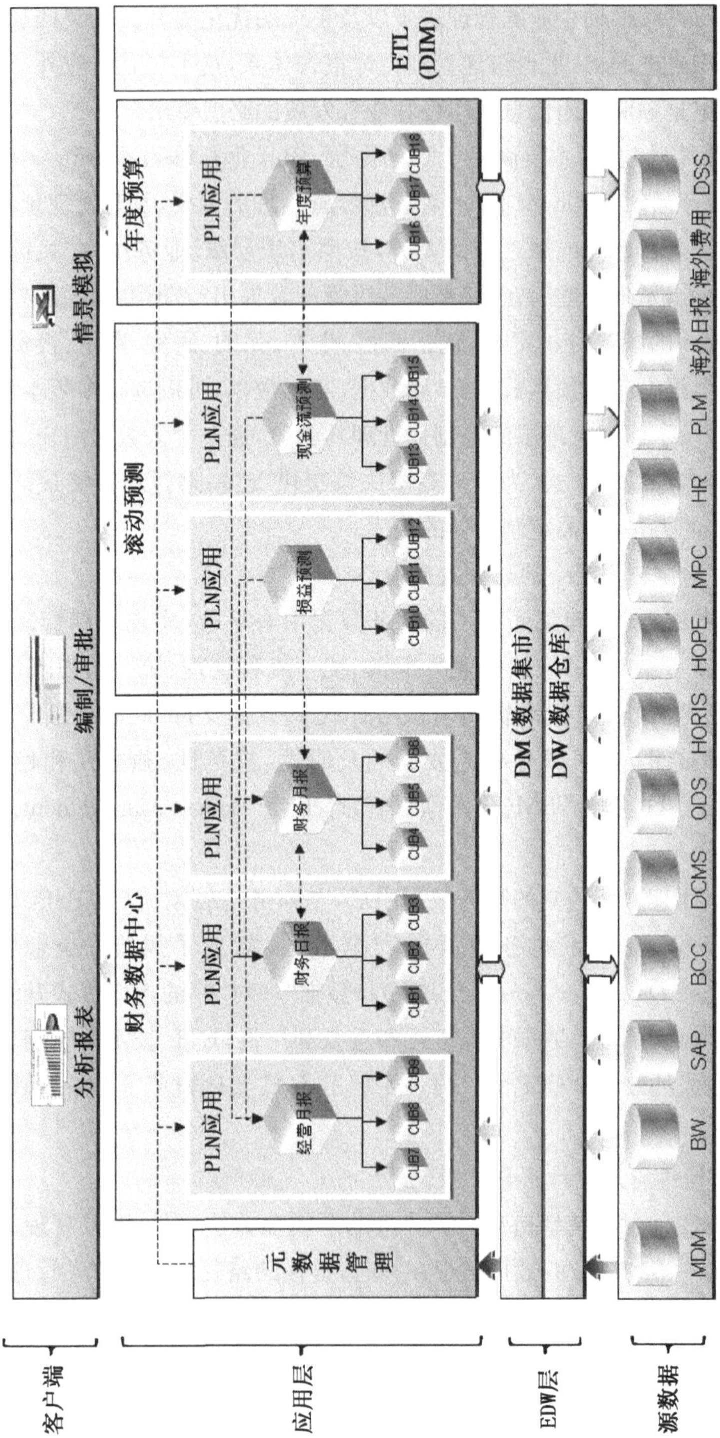

图 9-3 H集团 TBM 系统技术架构设计

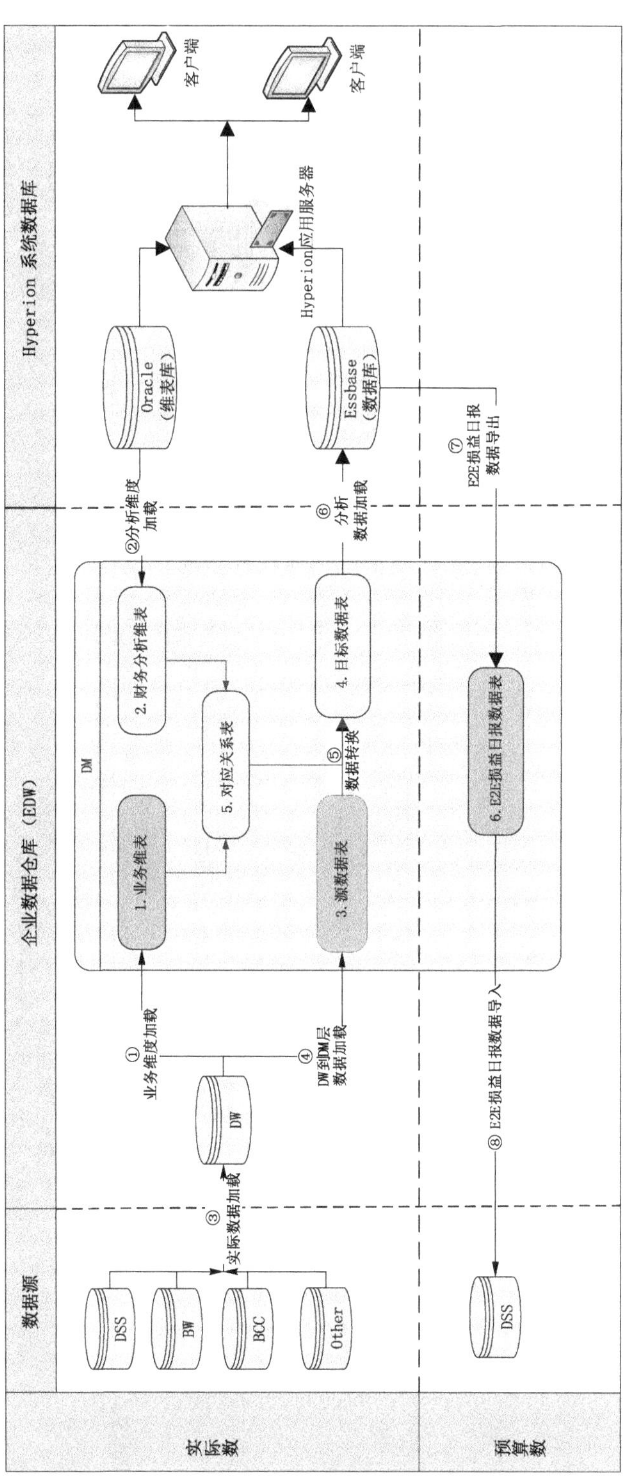

9 管理会计报告系统的发展研究

图 9-4 H 集团财务分析系统数据集成关系

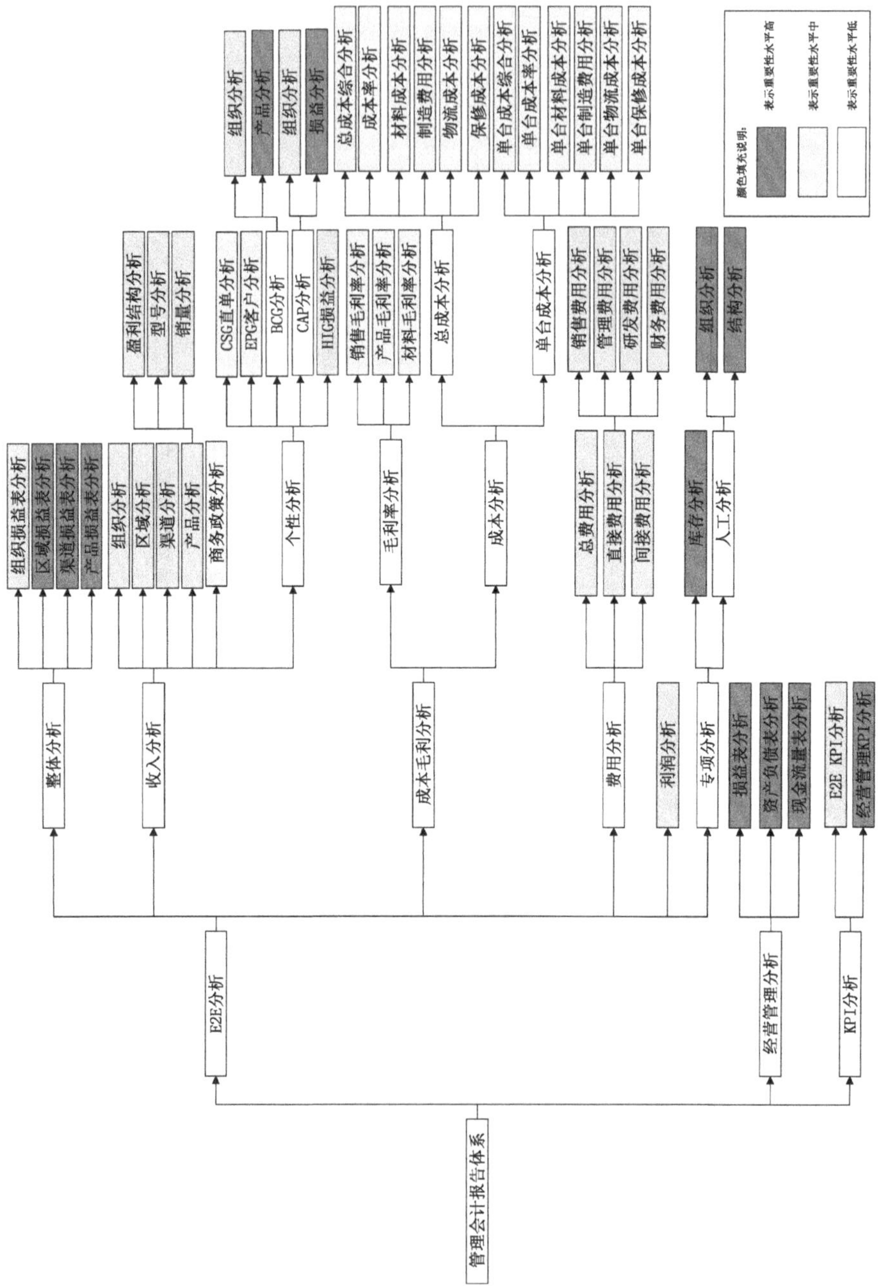

图 9-5 H 集团管理会计报告的体系结构

(3) 优化财务分析方法,突出财务管理重点

H集团通过优化财务分析的指标和方法,突出财务管理重点,更好地满足了集团不同层次、不同级别、不同信息使用者的分析需求,综合利用各种分析方法,包括利用比较分析法,进行同比、环比、目标比较、预测比较;利用趋势分析法,进行年度趋势、月度趋势、月内日趋势分析;利用排名分析法,进行一维排名、二维排名;利用分解分析法,按照组织层级、时间、驱动因素分解进行分析;利用多维交叉分析法,从组织到区域、从区域到渠道进行分析;利用预警分析法,实时监控超限数据。图9-6展示了H集团的多种分析方式。

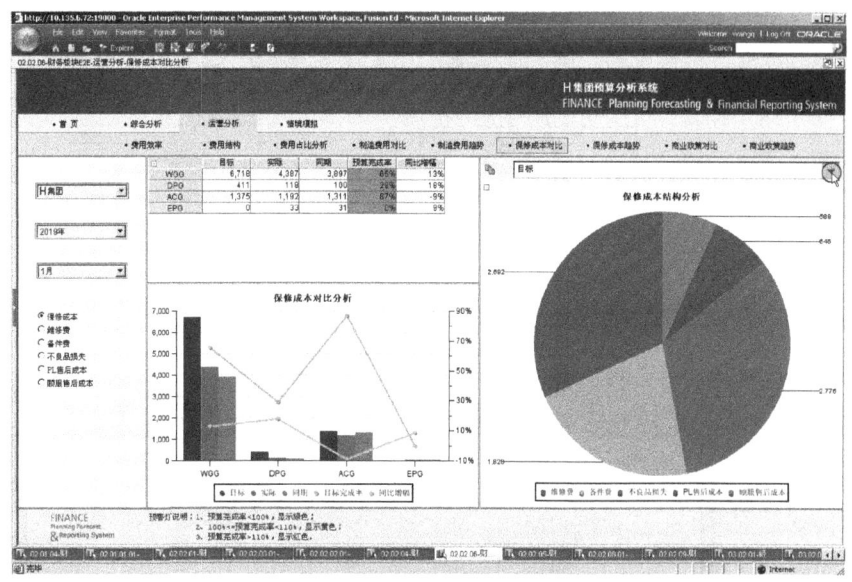

图9-6　H集团的多种分析方式

(4) 支持快速多变的业务需求,由财务被动服务变业务自主服务

用户可根据不同的信息需求将相应的图形和报表导出到PPT/WORD中,形成财务分析报告模板;设为模板的PPT/WORD可直接连接到DIS模块进行报表数据及图形的更新,以获取每日的业务数据。图9-7和图9-8展示了不同系统之间的转换。

(5) 相关环境信息共享

H集团通过管理会计报告系统的建立,实现了分析报告、竞争情报、行业研究、财税政策等信息共享,提升了信息利用的效率。图9-9展示了H集团各种信息间的互联及共享。

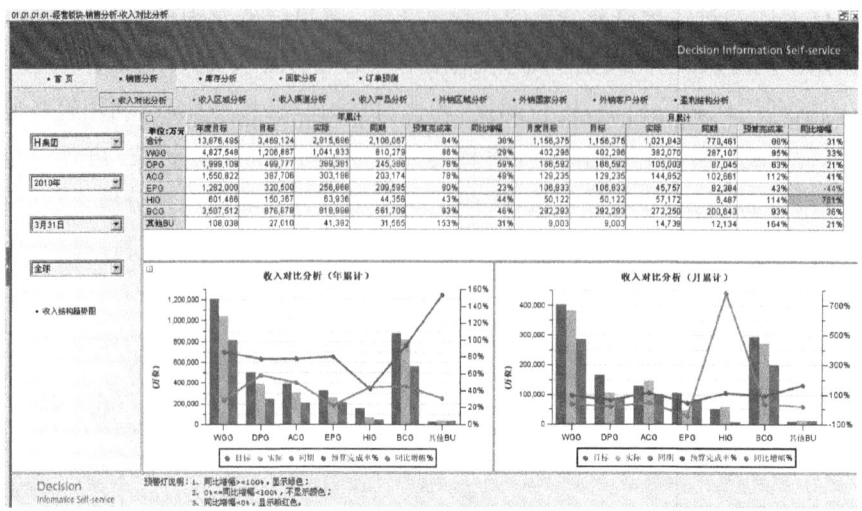

图 9-7　H 集团 BI 系统

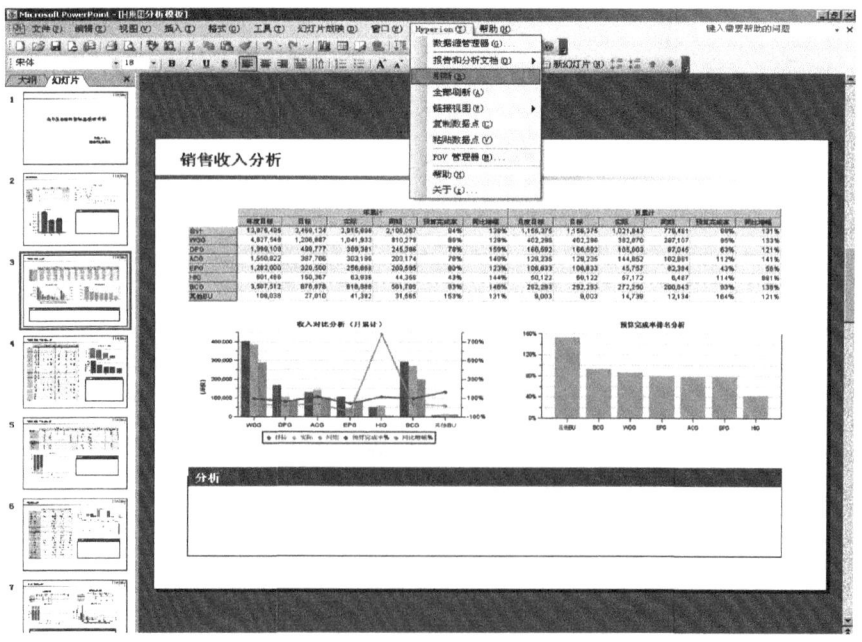

图 9-8　H 集团分析界面转换

9　管理会计报告系统的发展研究

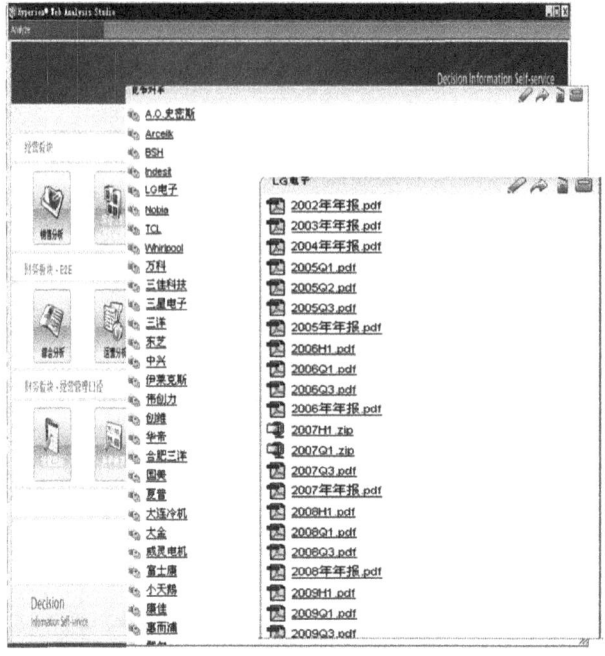

图9-9　H集团信息共享示意

(6) 建设管理驾驶舱

H集团根据管理层权限和关注重点定制管理驾驶舱,通过管理驾驶舱全面掌控采购业务运营状况,通过风险预警帮助管理者及时发现重大经营偏差。个人门户按照不同管理层的信息权限和关注重点定制化设置,保障信息的安全。H集团管理驾驶舱个性定制如图9-10和图9-11所示。

(7) H集团BI平台建设小结

H集团根据公司和行业特点,建立了指标体系的标准值。通过指标的实际值和标准值对比,实现了定性或者定量的判断。确定了这些分析方法后,通过指标之间的相互关系来分析,得出比较准确的结果并通过这些指标的关联关系,抽丝剥茧,分析问题的本质。

有了指标,有了看问题的角度,又有了看问题的方法和路径,管理会计报告系统就此形成了。但H集团管理报告系统并不是孤立的,而是和核算系统、业务系统集成和互通。通过管理报告系统与核算系统、业务系统等系统进行数据集成,可以消除信息孤岛,实现数据共享和重用。

| 角色 | 决策者 | 预警分析 | 业务负责人 | 财务分析 | 信息发布 |
|---|---|---|---|---|---|
| 举例 | 总经理 | 财务总监 | 事业部长 | 财务经理 | 车间/部门 |
| 个性门户 | | | | | |
| 主要应用 | 净销售收入<br>利润<br>利润率<br>毛利率<br>净利率 | 盈利性分析<br>成长性分析<br>运营效率分析<br>风险分析<br>现金流分析…… | KPI分析<br>预算执行差异<br>销售分析<br>库存分析<br>成本分析<br>费用分析 | 损益分析<br>库存分析<br>订单分析<br>成本分析 | KPI预实差<br>库存<br>费用<br>物料 |
| 支持工具 | Web anasyler<br>Hyperion reports | Web anasyler<br>Hyperion reports | Web anasyler<br>Hyperion reports | Web anasyler<br>Hyperion reports | Web anasyler<br>Hyperion reports |
| | 场景 | 场景 | 场景 | 场景 | 场景 |

图 9-10  H 集团管理驾驶舱个性定制 1

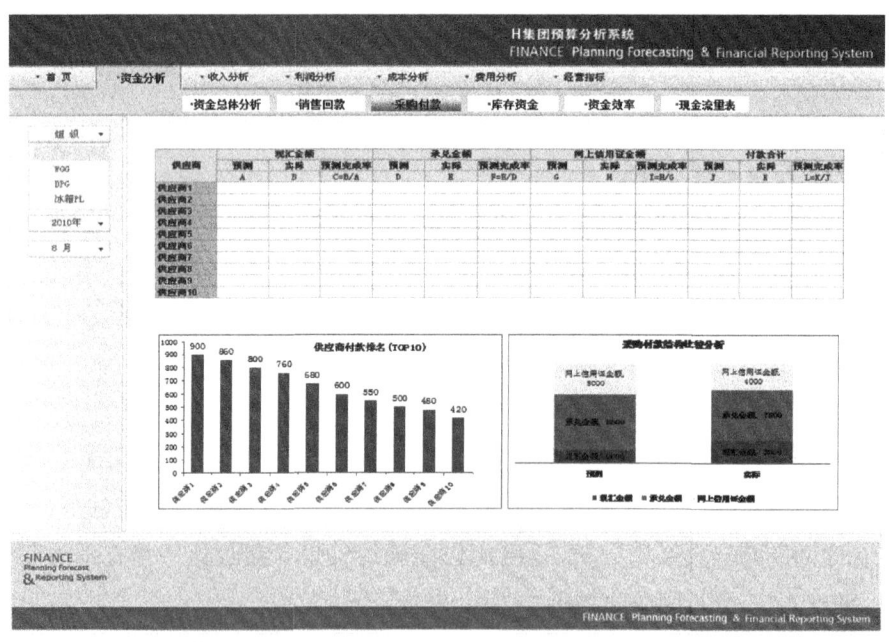

图 9-11  H 集团管理驾驶舱个性定制 2

建设完成后的 H 集团 BI 系统涵盖了集团从业务到财务，从历史到未来，从内部到外部的运营数据的全面监控。同时，系统不仅支持在 PC 界面的运行，还支持移动端展现,有效提升了集团所有管理层级对于数据获取便利、及时、规范、准确的需要。

从内容上而言,这套系统由管理驾驶舱、综合分析、运营分析、情景模拟、财务报告等主题模块构成。管理驾驶舱是为决策层服务的,包括业务指标和财务指标两方面的数据。主题模块是为对应的业务部门服务的,每个主题下又分了若干个指标和模块,譬如综合分析主题模块下展现经营概况、KPI对比日报分析、KPI对比月报分析、收入利润结构、利润因素分析等内容。

### 9.2.2 海航集团管理会计报告系统建设案例

#### 9.2.2.1 项目背景和需求分析

海航集团自成立至今认真贯彻集团董事局战略部署,深化管理架构调整,快速实现产融结合,各项业务实现快速发展,经营范围覆盖航空、物流、金融、旅游、实业、商业、机场管理和其他相关产业。截至2011年11月25日,海航集团资产规模已达3 000亿元,营业总收入逾1 000亿元。随着海航集团资产规模的不断扩大,管理架构不断调整,当前集团总部的财务信息管理系统已经不能满足集团高速发展的业务需要,目前有大量的成员公司财务管理信息是零散的、不系统的、不完整的,造成集团总部不能及时全面地掌握所有成员企业财务管理信息,给集团领导在财务管理和经营决策上带来诸多不便。所以,建立和完善财务管理监控系统,是理顺财务关系、加强财务沟通、规范财务管理的重要措施。

海航集团财务管理监控系统的总体目标是利用先进的数据仓库和数据挖掘技术对集团已有的财务数据信息进行采集、汇总、分析,发现数据的特征,分析预测集团内外投资环境的变化趋势,使集团决策层领导能够灵活、方便地从更多视角了解成员企业的财务问题和机遇,从而降低企业的经营成本和经营风险,提高企业运作效率。

#### 9.2.2.2 财务管理监控系统解决方案

基于海航集团的现状及系统目标,财务管理监控系统的设计思路如下:

第一,建立一整套包含发现问题、分析问题、解决问题在内的完整的管理闭环。

财务和经营决策分析作为海航集团财务管理监控体系中的一项重要内容,

侧重于对企业经营管理过程进行动态监控并对企业经营业绩进行动态评价。通过设计并对各主题层层深入分析，管理者可以了解到企业目前的基本情况，锁定出现问题的环节，明确预算的执行是否存在偏差，为下一步制定措施、纠正偏差打好基础，为高层领导决策提供辅助支持，保证企业目标得以实现，提高企业竞争力。

第二，建立多维度深层次的分析跟踪体系和集团风险预警体系。

海航集团财务管理监控体系中的另一项重要内容是对集团整体发展方向的分析及预测，并对集团规模扩张可能遇到的瓶颈进行分析和预警，通过内外部数据、标杆数据、行业数据进行区域分析（区域费用率、区域税费率、区域购买力等）、行业分析（集团内行业资源整合、行业对标分析等）、企业发展与宏观经济走势对比分析等。

第三，建立集团、产业集团和单体企业三级分析管控体系，在满足向上统一需求的前提下，充分体现不同层级、不同行业的业务需求和特点。

在各产业集团百花齐放的管理思路下，海航集团的行业资源整合欠缺。其成员公司对行业的熟悉度优于集团，但其所处的层级限制了其有更高更远的思路去进行产业规划。财务管理监控系统先期要做的就是广泛调研，听取各成员公司对行业管理的方法和意见，以兼容并包、求同存异的思路梳理行业关键指标，并依托实施商专业的行业咨询建议，形成行业分析的管理主题，为海航集团的产业决策提供支持。

第四，财务和经营决策分析应强调集团管控思路和航空行业管控思路。

集团管控的重点在于财务和绩效指标的监控和分析，需要通过有效的数据整合、自动预警、数据钻取、考核指标权重设置来实现。航空行业管控思路是在财务指标的指引下，重点关注业务类指标的监控和分析，主要通过关键的生产量指标控制、因素分析、行业对标分析来实现。

第五，梳理海航集团财务关键指标，建立财务数据的数据标准和数据字典。

通过数据仓库的建立，统一指标口径，构建统一的分析评价体系，变被动的数据收集为主动的数据查询，支持高层决策。海航集团数据仓库的建立，首先是统一语言（指标名称、指标定义等），建立统一的数据标准，不要求各业务系统统一语言，而是在财务管理监控系统中通过业务的梳理和技术手段的支持向标准化建设的方向迈出坚实的一步，待业务及管理具备更好的基础时再进一步推进标准化建设及元数据管理。

图 9-12 为海航集团财务和经营决策分析的整体框架。

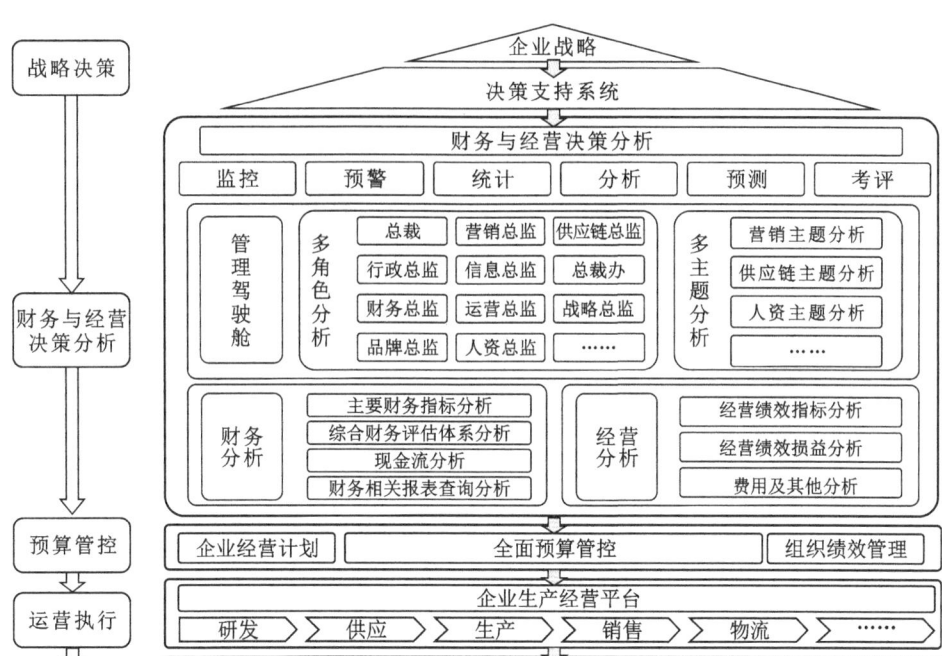

图 9-12　海航集团财务和经营决策分析整体框架

海航集团财务管理监控系统需要实现的功能主要包括以下几个方面：集团财务基础数据整合、集团财务数据仓库建设、集团财务经营状况分析、集团财务关键绩效指标分析、集团财务关键风险指标监控。

1）集团财务经营状况分析

财务分析以财务信息为起点，采用专门的分析技术和方法，通过利用一系列关键的财务指标，以及建立系统的综合财务评估模型，对企业的财务状况、经营成果和现金流量进行评估，为业务决策提供专业的财务支持，以期规避风险、提高效益。

如图 9-13 所示，海航集团的财务分析包含四部分内容：主要财务指标分析、现金流分析、综合财务评估分析和报表查询分析。

（1）主要财务指标分析设计

偿债能力分析：偿债能力反映企业用资产偿还债务的能力，包括短期偿债

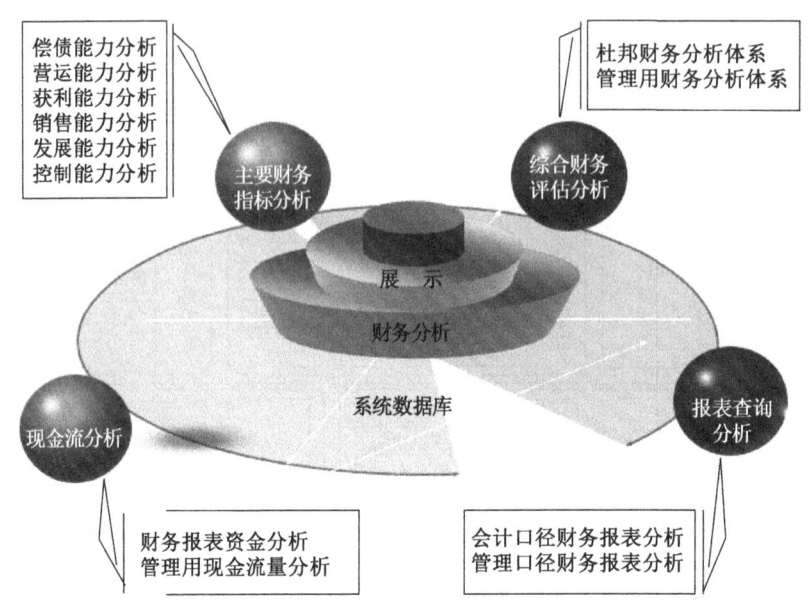

图 9-13　海航集团财务分析结构

能力和长期偿债能力。

营运能力分析：营运能力反映企业营运资产的效率与效益，包括流动资产营运能力、非流动资产营运能力和全部资产营运能力。

获利能力分析：获利能力反映企业获取利润的能力，主要包括商品经营获利能力、资产经营获利能力、资本经营获利能力和社会贡献能力。

销售能力分析：销售能力反映企业获取一定的销售规模需要投入多少的成本费用，主要包括成本支撑销售能力、期间费用支撑销售能力及总成本费用支撑销售能力。

发展能力分析：发展能力也称成长能力，反映企业通过自身的生产经营活动，不断扩大积累而形成的发展潜能，主要包括销售及利润增长能力、资本及资产增长能力和可持续增长能力。

控制能力分析：控制能力反映实际指标与预算的偏离程度，评价管理层对企业运营的控制力及对经营未来预计的准确程度，主要包括销售控制能力、成本费用控制能力及利润控制能力等。

9　管理会计报告系统的发展研究

具体展示如图 9-14 至图 9-18 所示。

| 偿债能力 | 发展能力 | 控制能力 |
|---|---|---|
| ■ 短期偿债能力指标<br>　■ 营运资本<br>　■ 流动比率<br>　■ 现金流量比率<br>■ 长期偿债能力指标<br>　■ 资产负债率<br>　■ 产权比率<br>　■ 现金流量债务比率 | ■ 销售及利润增长能力指标<br>　■ 销售增长率<br>　■ 净利润增长率<br>■ 资本及资产增长能力指标<br>　■ 资本累积率<br>　■ 总资产增长率<br>■ 可持续增长能力指标<br>　■ 可持续增长率 | ■ 销售及利润控制能力指标<br>　■ 销售收入偏差率<br>　■ 销售量偏差率<br>　■ 利润总额偏差率<br>■ 成本及费用控制能力指标<br>　■ 销售成本偏差率<br>　■ 销售费用偏差率<br>　■ 管理费用偏差率 |
| **销售能力** | **营运能力** | **获利能力** |
| ■ 成本支撑销售能力指标<br>　■ 销售成本率<br>■ 期间费用支撑销售能力指标<br>　■ 销售费用率<br>　■ 管理费用率<br>　■ 财务费用率<br>　■ 期间费用率<br>■ 总成本费用支撑销售能力指标<br>　■ 总成本费用率 | ■ 流动资产营运能力指标<br>　■ 应收账款周转率/天<br>　■ 存货周转率/天<br>　■ 营业周期<br>　■ 流动资产周转率<br>■ 非流动资产营运能力指标<br>　■ 非流动资产周转率<br>■ 全部资产营运能力指标<br>　■ 总资产周转率/天 | ■ 商品经营获利能力指标<br>　■ 销售毛利率<br>　■ 销售净利率<br>　■ 成本费用利润率<br>■ 资产经营获利能力指标<br>　■ 总资产报酬率<br>　■ 总资产收益率<br>■ 资本经营获利能力指标<br>■ 社会贡献能力指标 |

图 9-14　海航集团主要财务指标分类

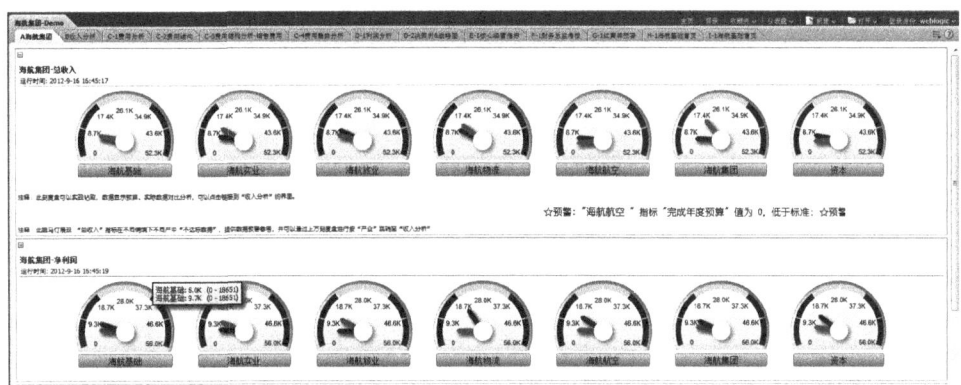

图 9-15　海航集团主要财务指标展示 1

图 9-16  海航集团主要财务指标展示 2

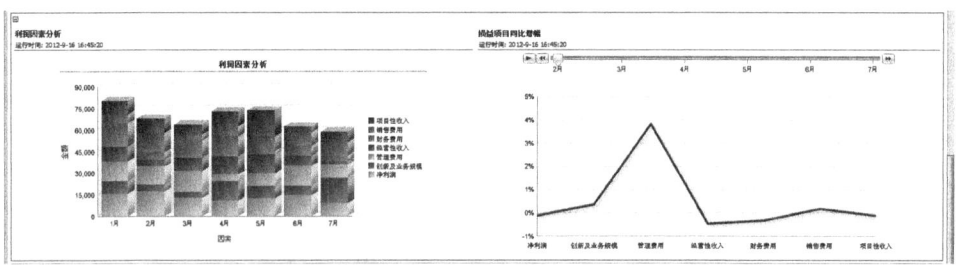

图 9-17  海航集团主要财务指标展示 3

图 9-18  海航集团主要财务指标展示 4

(2) 现金流分析设计

财务报表资金分析:主要通过资产负债表、利润表及现金流量表设置相关指标,对资金运营的效率及回款质量进行分析。

管理用现金流量分析:从企业内部管理的角度,将现金流量区分为经营活动和金融活动进行分析。

(3) 综合财务评估分析设计

杜邦财务分析体系:利用杜邦财务分析体系,将若干个用以评价企业经营效率和财务状况的比率按其内在联系有机地结合起来,形成一套完整的指标体系,并最终通过净资产收益率来综合反映。其结构如图9-19所示。

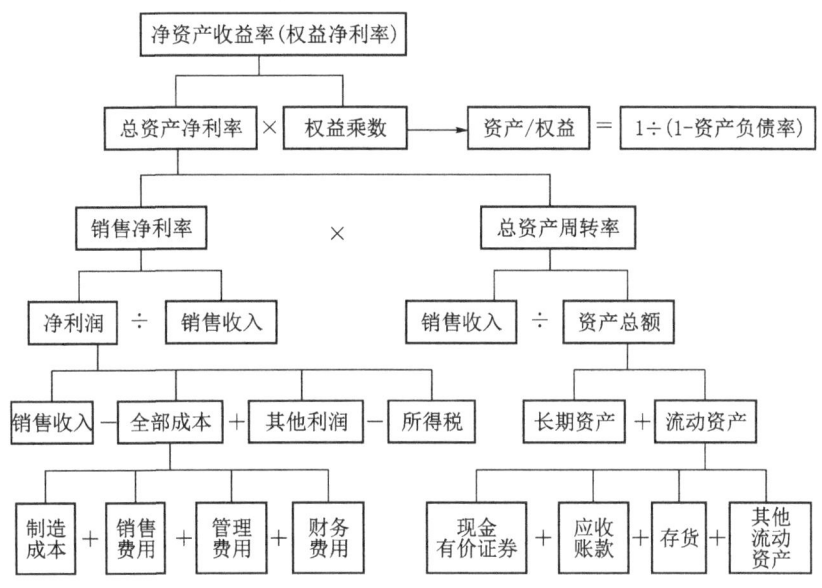

图 9-19 杜邦财务分析体系结构

管理用财务分析体系:管理用财务分析体系,是基于改进的管理用财务报表设计的财务分析体系,从企业内部管理的角度,将企业活动分为经营活动和金融活动,以便更合理地对财务状况和经营成果进行综合评估。其结构如图9-20所示。

(4) 报表查询分析设计

海航集团设计了会计口径财务报表分析和管理口径财务报表分析。会计口径财务报表主要包含财务八大报表:财务指标分析表、资产负债表、损益分析

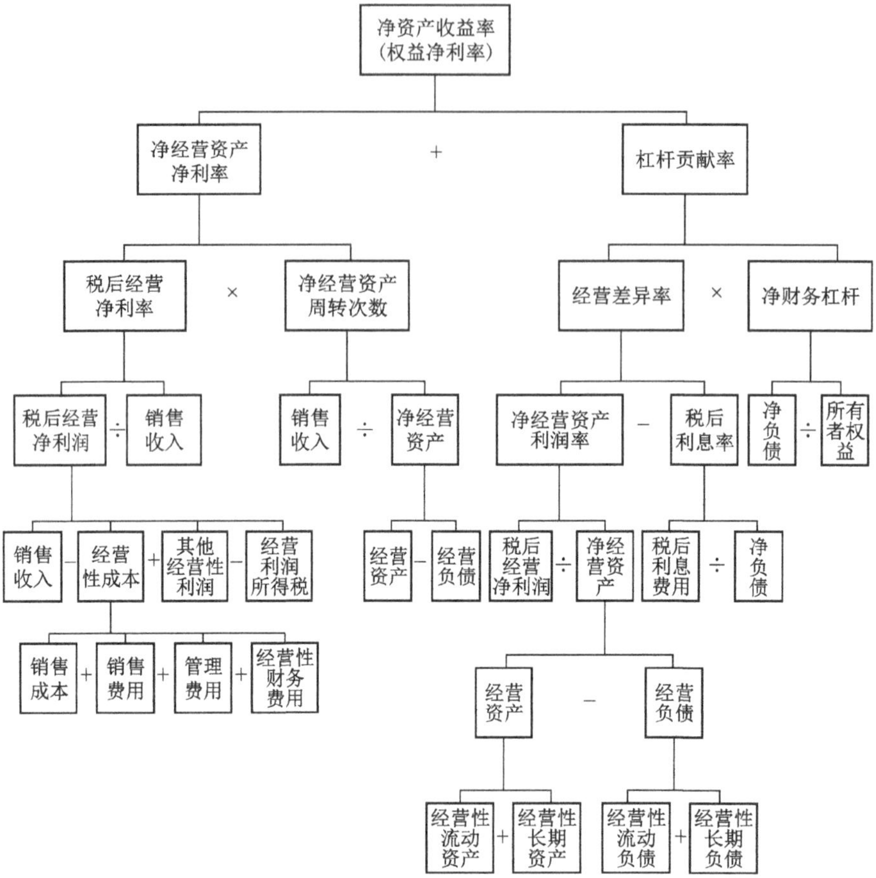

图9-20 管理用财务分析体系结构

表、现金流量表、费用分析表、税费分析表、现金收支平衡表、库存商品进销存表;管理口径财务报表分析区分经营活动和金融活动,主要包括三大报表:管理用资产负债表、管理用利润表、管理用现金流量表。

2) 集团财务关键绩效指标分析

系统应实现海航集团、产业集团两级绩效管理应用功能,支持多级绩效管理指标选取、目标值配置及月度业务完成情况跟踪分析,提供绩效执行情况与绩效目标的对比、监控与展示,支持预算目标缺口值测算,支持企业绩效管理及跟踪分析,同时应具备今后扩展到三级绩效管理的能力。

(1) 财务和业务类的绩效考核KPI监控和分析

分析的重点在于实际数据与业务计划、预算金额的对比分析,具体包括以下内容:全年预算数、本期预算数、本期实际发生数、本期差异数(率)、累计预算数、累计实际发生数、累计差异数(率);对差异额(包括有利差异和不利差异)进行分析;分析产生不利差异的原因、责任归属、改进措施以及形成有利差异的原因和今后进行巩固、推广的建议;监控经济业务运行情况,分析产生差异的原因,适时纠正偏差。图 9-21 为财务和业务类的绩效考核 KPI 监控和分析示意图。

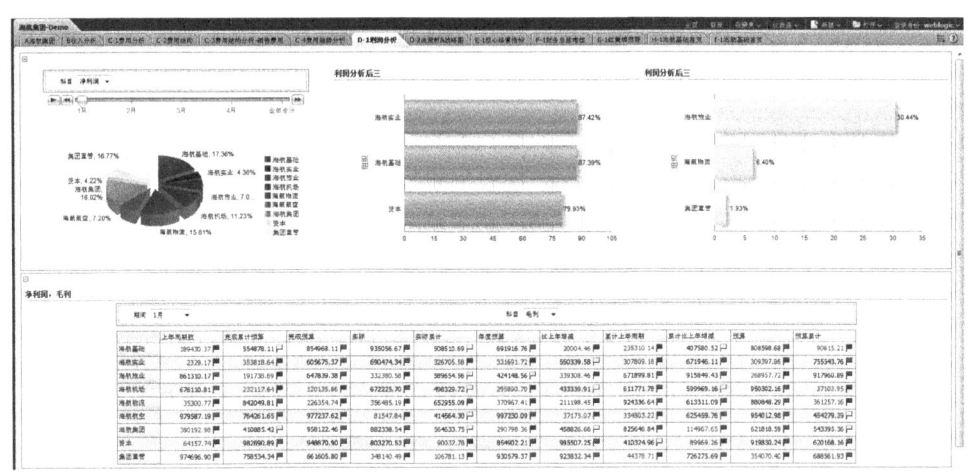

**图 9-21 财务和业务类的绩效考核 KPI 监控和分析示意**

(2) 业绩改善计划的跟踪

偏差分析包括月度、季度、(半)年度等不同周期,月度偏差分析以财务指标为主,季度和年度的偏差分析是综合性的评估。偏差分析的要点不在于发现偏差,而在于针对偏差提出的相应的纠偏措施,通过预算反馈与分析对战略进行修正和纠偏,保证海航集团战略目标的实现。监控过程如图 9-22 所示。

(3) 综合的绩效评价结果

综合的绩效评价结果,如图 9-23 所示。

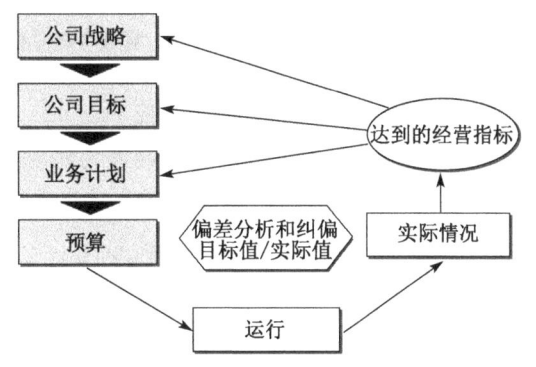

**图 9-22 业绩改善计划的跟踪监控过程**

大区总经理（A1，A2，A3，B1）

| | 指标名称 | 构面 | 月度 | 季度 |
|---|---|---|---|---|
| 1 | 新开店数量完成率 | F | 10% | 10% |
| 2 | 销售收入完成率 | F | 15.0% | 10.0% |
| 3 | 天内生增长率 | F | 10.0% | 10.0% |
| 4 | 毛利率 | F | 10.0% | 10.0% |
| 5 | 三项费用费率 | F | 10.0% | 10.0% |
| 6 | 总体利润额完成率 | F | 20.0% | 20.0% |
| 7 | 顾客满意度 | C | 5.0% | 5.0% |
| 8 | 公司人效 | P | 5.0% | 5.0% |
| 9 | 库存周转天数 | P | 10.0% | 5.0% |
| 10 | 资产保全 | P | 5.0% | 5.0% |
| 11 | 市场份额 | C | 0.0% | 5.0% |
| 12 | 人才培养达标率 | L | 0.0% | 5.0% |
| | | | 100% | 100% |

连锁店店长

| | 指标名称 | 构面 | 月度 |
|---|---|---|---|
| 1 | 销售收入完成率 | F | 20.0% |
| 2 | 月内生增长率 | F | 10.0% |
| 3 | 主推销售收入占比 | F | 20.0% |
| 4 | 门店可控费用费率 | F | 10.0% |
| 5 | 投诉率 | C | 15.0% |
| 6 | 店面检查分值 | P | 15.0% |
| 7 | 关键岗位稳定率 | L | 10.0% |
| | | | 100.0% |

分公司总经理（B2，B3，C）

| | 指标名称 | 构面 | 月度 | 季度 |
|---|---|---|---|---|
| 1 | 销售收入完成率 | F | 15.0% | 15.0% |
| 2 | 天内生增长率 | F | 15.0% | 15.0% |
| 3 | 费用确认率 | F | 15.0% | 15.0% |
| 4 | 三项费用费率 | F | 15.0% | 15.0% |
| 5 | 总体利润额完成率 | F | 15.0% | 15.0% |
| 6 | 投訴率 | C | 5.0% | 5.0% |
| 7 | 公司人效 | P | 5.0% | 5.0% |
| 8 | 库存周转天数 | P | 10.0% | 5.0% |
| 9 | 资产保全 | P | 5.0% | 5.0% |
| 10 | 关键岗位稳定率 | L | 0.0% | 5.0% |
| | | | 100% | 100% |

采购部

| | 指标名称 | 构面 | 月度 | 季度 |
|---|---|---|---|---|
| 1 | 销售收入完成率 | F | 20.0% | 20.0% |
| 2 | 主推销售收入占比 | F | 15.0% | 10.0% |
| 3 | 毛利额完成率 | F | 30.0% | 25.0% |
| 4 | 市场推广费投入产出比同比增长率 | F | 10.0% | 10.0% |
| 5 | 库存周转天数 | P | 10.0% | 5.0% |
| 6 | 畅销商品缺货率 | P | 5.0% | 5.0% |
| 7 | 滞销机金额处理率(已处理滞销机 | P | 5.0% | 5.0% |
| 8 | 残次机数量处理率(已处理残次机 | P | 5.0% | 5.0% |
| 9 | 样机出样效率(有销售样机数/总出 | P | 0.0% | 5.0% |
| 10 | 市场份额 | C | 0.0% | 5.0% |
| 11 | 人才培养达标率 | L | 0.0% | 5.0% |
| | | | 100.0% | 100.0% |

**图 9-23　综合的绩效评价结果**

（4）建立完善的目标考核体系，管理考核平衡计分卡（见图 9-24）

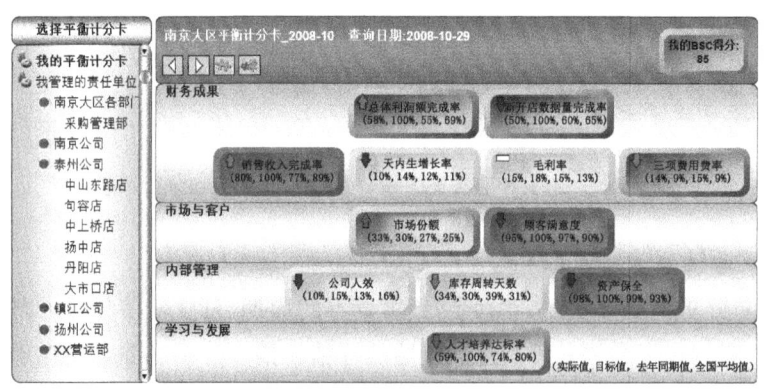

**图 9-24　管理考核平衡计分卡**

3）集团财务关键风险指标监控

海航集团的财务风险主要指融资安排、会计核算与管理、会计及财务报告等失误对企业造成的损失，风险内容包括流动性风险、投资风险、管理层报告风险等。海航集团风险信息管理系统（见图 9-25）实施的重点是梳理出关键的财务风险指标并进行预警。

4）分行业财务监控和分析

海航集团将财务监控和分析分行业进行定制，主要分类如图 9-26 所示。

9　管理会计报告系统的发展研究

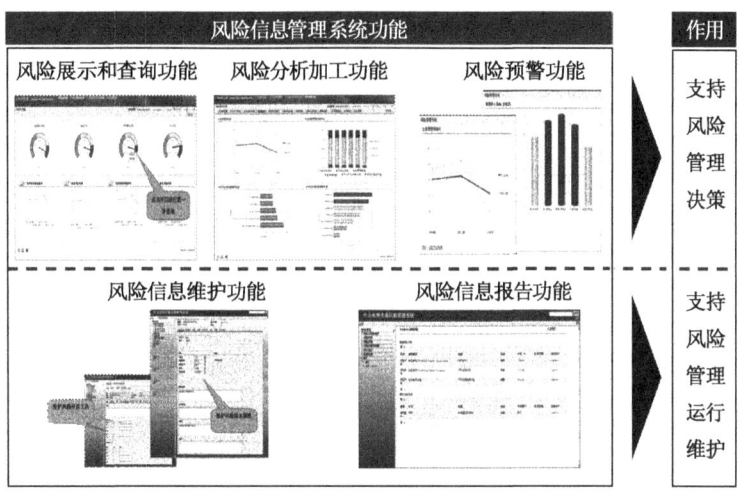

图 9-25　海航集团风险信息管理系统

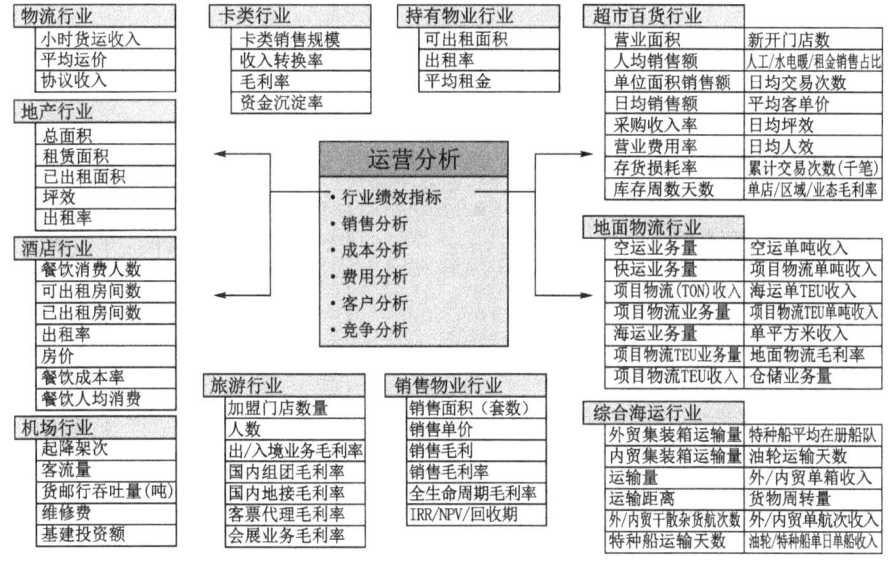

图 9-26　海航集团分行业财务监控和分析

部分行业财务监控和分析如图 9-27 至图 9-31 所示。

5）管理驾驶舱分析设计

管理驾驶舱是以实现企业战略决策为目标的先进管理工具，它将企业战略落实到行动中，对行动计划进行有效的监控，为管理决策提供信息支持。

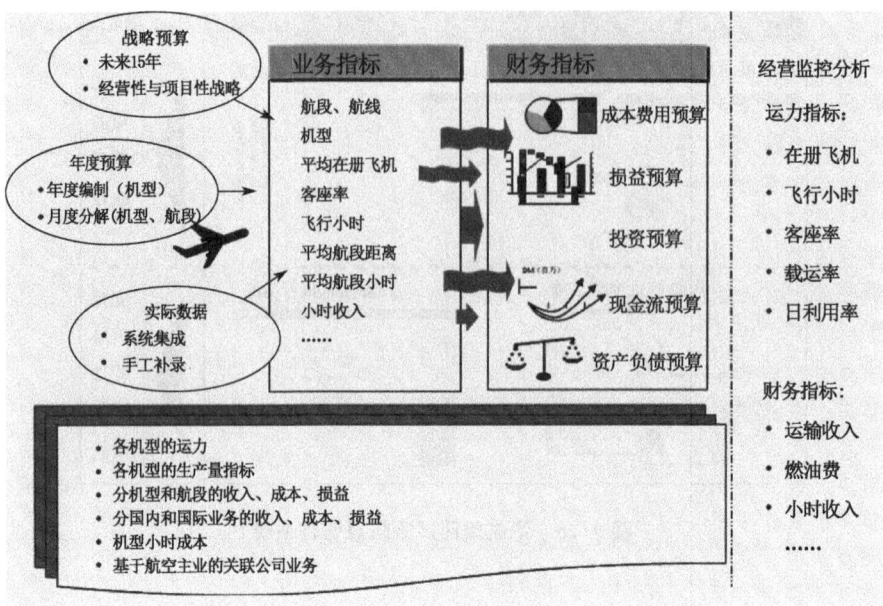

图9-27 海航集团航空业财务监控和分析模型

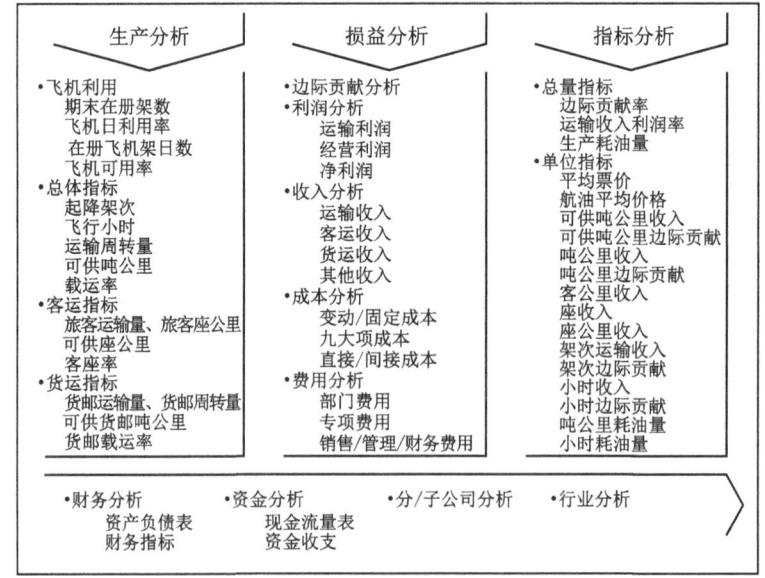

图9-28 海航集团航空业财务监控和分析内容

9　管理会计报告系统的发展研究

- 年度预算数 ▷ 是集团年度目标数据，取自年度预算应用，数据颗粒度到月
- 月度预测数 ▷ 月度滚动预测数据，取自滚动预测应用，数据颗粒度到月
- T+15预测数 ▷ T+15预测数据，取自T+15预测应用，数据颗粒度到天
- 快报数 ▷ T-1数据：前一天快报数据，取自航线、预算系统，数据颗粒度到天
  　　　　　月度快报数：在核算系统已决算数据基础上进行修订，数据颗粒度到月
- 实际数 ▷ 决算（财务核算）数据，取自ORACLE核算系统，数据颗粒度到月

图 9-29　海航集团航空业财务监控和分析数据类型

| | 年度预算 | 月度预测 | T+15预测 | T-1快报 | 月度快报 | 实际数 |
|---|---|---|---|---|---|---|
| 同比分析 | | | | ★ | ★ | ★ |
| 累计同比分析 | | | | ★ | ★ | ★ |
| 环比分析 | | | ★ | ★ | ★ | ★ |
| 预算完成分析 | ★ | | | | ★ | ★ |
| 滚动预测完成分析 | | ★ | ★ | ★ | ★ | ★ |
| 预算&预测对比分析 | ★ | ★ | | | | |
| 因素分析 | ★ | ★ | | | | |
| 趋势分析 | ★ | | ★ | ★ | ★ | ★ |
| 结构分析 | | | | ★ | ★ | ★ |

图 9-30　海航集团航空业财务监控和分析方法

图 9-31　海航集团房地产板块财务监控和分析

海航集团管理驾驶舱按照不同的用户权限设置角色门户,通过分析主题及关键指标,多角度、多层次地对日常生产经营活动进行实时监控,如图 9-32 所示。

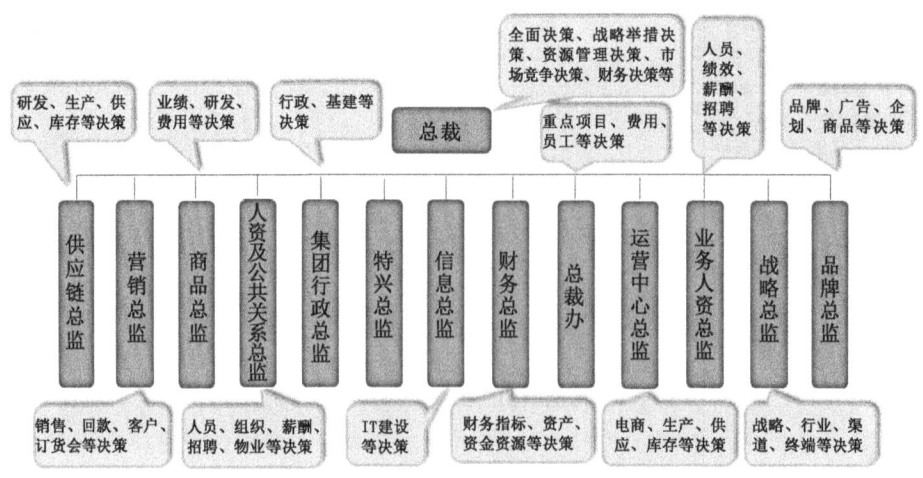

图 9-32　海航集团多用户、多角度的综合管理驾驶舱设计

(1) 执行董事决策支持驾驶舱

掌握海航集团经营的重点情况,对关键指标进行监控及分析,对指标异常进行预警及跟踪,实现对海航集团经营情况的全盘操控。

对战略进行管控,对海航集团经营发展及高管人员关键指标进行监控及分析,对指标异常进行预警及跟踪,实现对海航集团战略发展情况的全盘操控。

数据来源于 ORACLE PLANNING 系统、ORACLE ERP 系统、用友 NC 核算系统、资金管理系统、资产管理系统、手工数据和外部数据。

(2) 财务总监决策支持驾驶舱

掌握海航集团财务及经营的重点情况,对关键指标进行监控及分析,结合集团整体发展战略,从融资、财务规划以及财务资源配置等方面进行全盘把控。

数据来源于 ORACLE PLANNING 系统、ORACLE ERP 系统、用友 NC 核算系统、资金管理系统、资产管理系统、手工数据和外部数据。

6) 分析维度设计与多维度、多口径分析报表

(1) 分析维度设计

维度就是管理者的分析视角,海航集团财务管理分析维度设计示例如图 9-33 所示。

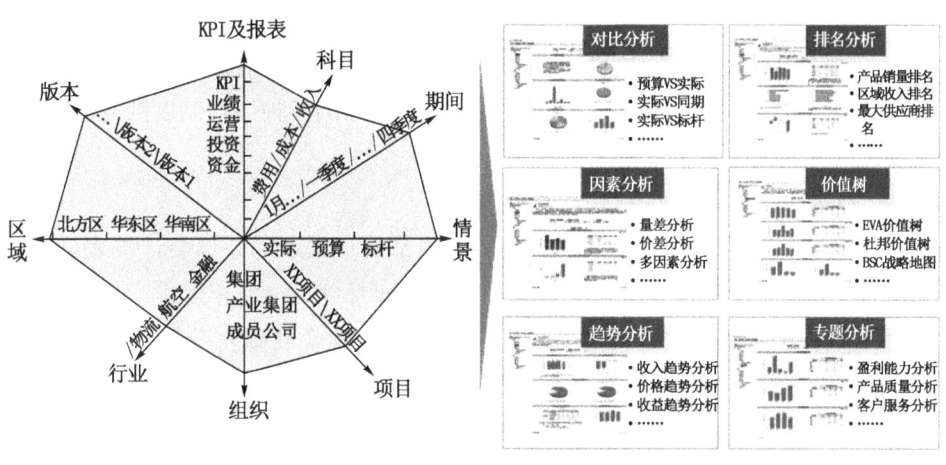

图 9-33 海航集团财务管理分析维度设计

(2) 集团、产业集团、成员公司"三级管控"模式

系统内的组织机构按集团、产业集团、成员公司"三级管控"模式(见图 9-34)进行划分,对于部分产业集团下属细分二级集团公司,在满足系统组织机

构支持未来的灵活调整的同时,支持按股权结构关系分类的组织架构模式,支持跨产业之间机构的划转及合并。

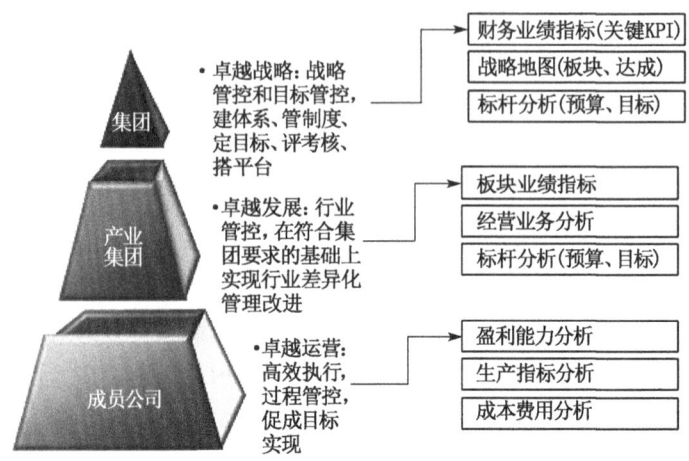

图 9-34  海航集团"三级管控"模式

(3) 满足境内、境外不同会计制度的管理报表设计

通过境内/境外、币种、科目等维度的设计来满足海航集团下属企业的不同会计制度。

数据集成 ETL 设计过程中,在考虑为未来的财务数据合并保留必要的接口的同时,通过 Mapping 设置将海航集团下属企业的多种会计制度数据映射到集团会计制度中。

(4) 满足不同口径的报表汇总与展示

通过多维度的设计来满足海航集团的内部管理报表和外部会计报表,借助 Oracle BIEE 强大的即席分析功能快速生成集团月度/季度/年度生产经营会会议材料所需的报表。基于 ESSBASE 接口功能实现合并抵销分录人工录入接口,在人为进行合并抵销分录录入调整的情况下,可以实现简要的合并工作。

#### 9.2.2.3  建立数据标准和数据字典

海航集团通过梳理财务关键指标建立财务数据的数据标准体系(见图 9-35),建立覆盖海航集团各项财务数据的统一集成化数据仓库(集市),形成海航集团核心财务数据全局视图,完成关键数字化资产的集中整合与管理。在数据管理的方法论上,强调"六统一、两明确",即数据管理"六统一",统一数据编码,统一数据名称,统一数据定义,统一计算公式,统一数据来源,统一取数机制;数据管理"两明确",明确数据管理责任,明确数据阅读权限。

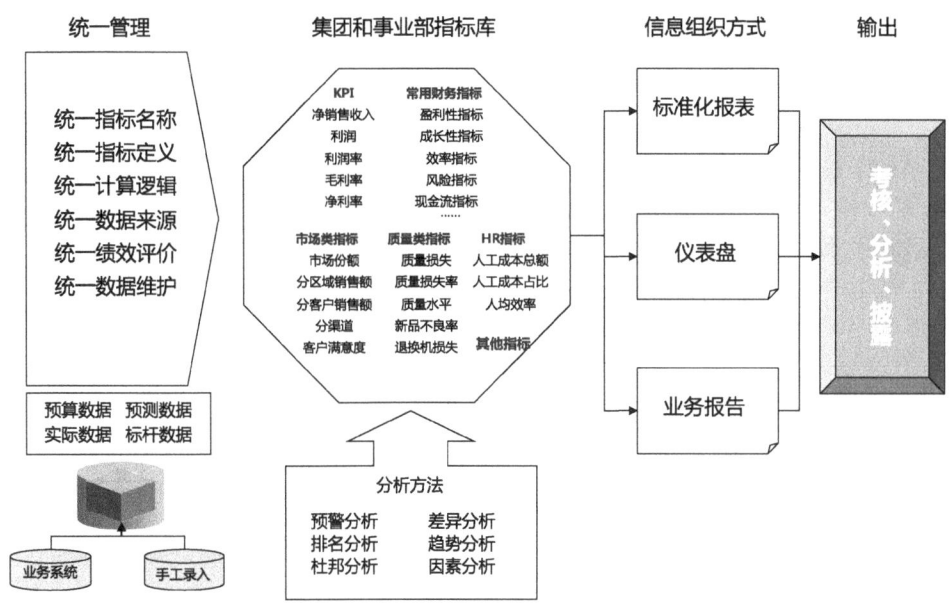

图 9-35 海航集团数据标准体系

## 9.3 管理会计报告系统的数据交互模型

数据仓库是管理会计报告系统的核心,存储所有分析需要的业务数据,如预算管理系统、资金管理系统、NC 系统、资产管理系统及相关 Excel 台账等,所有这些数据都会通过 ETL 平台进入数据仓库中。整个逻辑上共分为四个层次:业务数据存储层(Operational Data Storage,ODS),数据仓库层(Data Warehouse,DW),联机分析处理层(On-line Analytical Processing,OLAP),分析展现层。管理会计报告的数据交互模型如图 9-36 所示。

### 9.3.1 业务数据存储层(ODS)

业务数据存储层保存详细的业务数据,同时将一些存在关联关系的表进行连接,合并到一些新的表中。这些新表可以直接为业务客户提供查询结果,同时,这些表也是后续星型结构的基础。另外,某些指标的因子也在 ODS 中进行预计算并存储在中间表中。有时候,不一定完全存储这些指标因子,可能只是

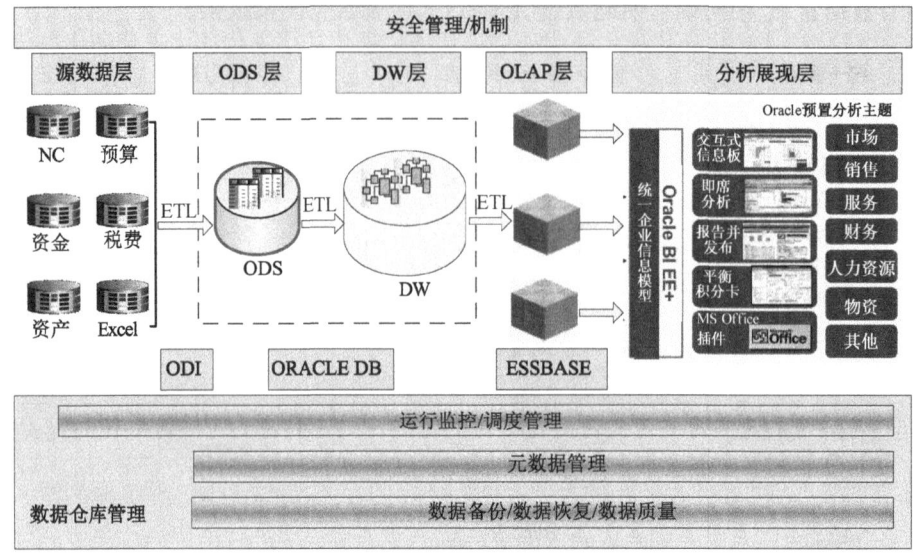

图 9-36 管理会计报告的数据交互模型

一些经过计算和汇总的中间值,计算指标时,只需简单的后续计算就可以得到指标。这样做,可以为多个指标提供同样的计算起点从而减少浪费,但中间层既不能太靠下,也不能太靠上。

综上所述,ODS 应该包括以下数据:完整的主要业务表、经过聚合的非规范化表、中间表、指标因子表、指标结果表。

## 9.3.2 数据仓库层(DW)

数据仓库层的数据直接来源于对 ODS 数据的抽取,但数据结构完全按照本系统的需求而设计成星型结构(或雪花结构),在设计中兼顾系统未来的发展变化和数据查询、访问的效率。在数据抽取过程中,对数据进行了完整性和有效性检查,对冗余和不一致的数据进行了清洗和转换。

在数据仓库的维度建模过程中,维度设计需充分考虑现有分析应用需求,同时也应考虑未来业务扩展与变化。

## 9.3.3 联机分析处理层(OLAP)

联机分析处理层的定义为:使分析人员、管理人员和执行人员能够从多种角度对信息数据进行快速、一致、交互的存取,从而获得对数据的更深入了解的一类软件技术。从原始数据中转化出来的,能够真正为用户所理解并真实反映企业多维特性的数据称为信息数据。OLAP 的目标是满足决策支持或多维环境特定的查询和报表需求,它的技术核心是"维"这个概念,因此 OLAP 也可以说是多维数据分析工具的集合。

OLAP 展现在用户面前的是一幅幅多维视图。

维(Dimension):是人们观察数据的特定角度,是考虑问题时的一类属性,属性集合构成一个维(时间维、地理维等)。

维的层次(Level):人们观察数据的某个特定角度(即某个维)还可以存在细节程度不同的各个描述方面(时间维:日期、月份、季度、年)。

维的成员(Member):维的一个取值,是数据项在某维中位置的描述("某年某月某日"是在时间维上位置的描述)。

度量(Measure):多维数组的取值(2000 年 1 月,上海,笔记本电脑,0000)。

OLAP 的基本多维分析操作有钻取(Drill-up 和 Drill-down)、切片(Slice)和切块(Dice),以及旋转(Pivot)等。

钻取:是改变维的层次,变换分析的颗粒度。它包括向下钻取(Drill-down)和向上钻取(Drill-up)/上卷(Roll-up)。Drill-up 在某一维上将低层次的细节数据概括到高层次的汇总数据,或者减少维数;而 Drill-down 则相反,它从汇总数据深入到细节数据进行观察或增加新维。

切片和切块:是在一部分维上选定值后,关心度量数据在剩余维上的分布。如果剩余的维只有两个,则是切片;如果有三个或以上,则是切块。

旋转:是变换维的方向,即在表格中重新安排维的放置(如行列互换)。

管理会计报告系统可以采用目前全球领先的 OLAP 分析平台——Oracle Essbase 前瞻性分析引擎。

## 9.3.4 Oracle 商务智能基础套件 11g

Oracle 商务智能基础套件 11g(OBI Foundation)是一个全面的商务智能平台,可提供一系列全面的功能——包括交互式信息仪表板、即席查询、OLAP 分析、通知和报警、企业和财务报表编制、记分卡和战略管理、业务流程调用、搜索和协作、移动应用、集成的系统管理、多维数据库等。

Oracle 商务智能基础套件 11g 是基于一个与企业现有信息技术(IT)基础架构集成的、经验证的、面向 Web 服务的架构,可以最大限度降低总体拥有成

本(TCO)和提高投资回报(ROI)。Oracle 商务智能基础套件 11g 向企业内的每个人提供了全面而相关的洞察力,使他们能够制定更好的决策、采取更科学的措施并建立更有效的业务流程。

Oracle 商务智能基础套件 11g 是为应对不断发展的业务需求而设计的。它是一个全面的商务智能工具和基础架构套件,旨在使最广泛的用户群体都能更好地了解业务,使组织中的任何用户都能基于 Web 自助服务访问最新、相关且可指导行动的智能数据。

## 9.3.5 数据上报平台

在企业信息化的过程中,除了已经上线的信息系统以外,还存在大量的非结构化数据,这些数据都以 Excel 的形式在企业内部传递。要真正实现 BI 项目所带来的好处,前提就是能够实现所有企业信息数据的集成。如何使这些数据进入到数据仓库中去,成为摆在企业 IT 建设者面前的一道难题。

如何将这些非结构化的数据转化为系统能够识别的数据,首先想到的就是要构建一套能快速满足业务部门需求的、符合业务部门使用习惯的、能够迅速上线并能够灵活变化的系统。这也是项目中对数据上报平台的要求。

数据上报平台,应该是.Net 技术、数据库技术与 Excel 三者相结合的平台化系统,可以作为信息系统的设计与运行平台,完全让业务部门的使用人员根据自己的意图去设计和使用系统,而且还可以根据需要随时进行修改、优化与扩展功能,真正做到"持续优化,因需而变"。无论需要上报的 Excel 有多复杂,只要业务部门将自己的需求通过 Excel 模板的形式规划出来,就能够快速响应业务部门的要求。

也就是说,数据上报平台提供了一个软件技术平台,通过它来提供先进的工具,然后由最擅长业务的用户通过使用这个工具来设计他们自己需要的系统。这样软件开发者与用户之间互相取长补短,就产生了完美的解决方案。

在实现技术上,数据上报平台综合运用了多种先进技术,这些技术都是当今大型企业应用系统的必需技术,包括先进的插件技术、数据库技术、工作流技术、安全技术、应用集成技术(EAI)、中间件技术,Web 技术以及多层分布式计算技术,具有界面美观、使用灵活、易学易用、成本低廉、高可伸缩性与高可扩展性等显著特点,可以从一般规模的应用一直延伸到大型应用环境。

## 9.4 管理会计报告系统建设的演进与发展

### 9.4.1 管理会计报告的应用现状

管理会计报告即企业的内部管理报告与分析体系。它是企业基于应用预算管理、成本管理等管理会计方法所获得的信息数据,经过分析和加工后,以报告的形式呈现,为董事会、管理层和其他员工所使用的决策提供支持信息。

在某种程度上,管理会计报告可以说是管理会计各类方法应用的最终结果。通过管理会计报告,企业可以打通所有的管理会计信息,并通过对这些信息的挖掘和分析,以财务的结果来帮助企业发现业务上存在的问题。

任何企业都可以编制管理会计报告,然而在中国企业中,目前能独立并系统地编制管理会计报告的企业却并不太多。在管理会计的四大方法体系中,中国企业对管理会计报告的应用或许是最弱的。这主要有两方面原因,一方面,理论界对管理会计报告的关注和研究极少;另一方面,多数企业尚未开始编制管理会计报告,而在编制管理会计报告的企业中,多数报告并未真正起到支持决策的作用。对于管理层而言,他们所看到的信息或许并不是他们所需要的。如何从战略的角度探索企业决策支持信息的完美方案,是中国企业能否打破管理会计应用瓶颈的关键一环。

### 9.4.2 管理会计报告应用的两个层级

就当前情况而言,中国企业对管理会计报告的应用可依深度分为以下两个层级。

第一个层级的管理会计报告以关注企业内部信息为主。近年来,随着全面预算管理等现代管理工具的应用,一些企业逐渐认识到事前和事中信息的价值,逐渐认识到企业不仅需要关注财务信息,还应该跳出财务的范畴,关注企业的整体运营数据。这个时候,部分企业开始编制管理会计报告,如预算分析报告、运营情况报告等。不过,这个阶段企业所编制的管理会计报告,基本还是以关注企业内部为主。

第二个层级的管理会计报告则不仅关注内部信息,还开始关注外部信息。随着市场竞争的日趋激烈、战略管理的兴起,一些"先行"的公司在对管理会计的应用中,逐步跳出企业内部的范畴,开始在管理会计报告中关注市场环境、竞争对手情况、宏观经济形势、企业战略、全产业链等,编制出战略管理会计报告体系,比较典型的如华润集团、H集团、神华集团等。这些标杆公司管理会计报告的应用在现今环境下具有极大的借鉴意义,企业可以从研究和分析这些企业的应用路径开始,找到适合自身的管理会计报告应用解决方案。

### 9.4.3　管理会计报告系统的实施

构建了统一的管理会计报告平台,搭建了完善的管理会计报告系统,只是完成了物质准备的部分,企业要想做好管理会计报告的工作,还需要组织的配合和推动。

首先,企业应该统一思想,让企业的成员都认识到管理会计报告工作不但重要,而且需要全员的配合。管理会计报告体系的搭建,涉及公司的各个部门,需要得到公司管理层,特别是一把手的大力支持和高度重视,否则,这个工作很难推进,或者即便开展,也难以取得良好的效果。

其次,企业在搭建管理会计报告体系时,需要给管理会计报告一个正确的定位,因为不同的定位对企业的组织架构、信息化系统的要求是不一样的。

最后,要顺利开展管理会计报告工作,企业还需要建立相应的部门,配备相应的人员。我们发现,很多企业的管理会计报告工作难以开展,和企业缺乏这方面的人员配备有很大关系。企业除了招聘和培养管理会计方面的人才之外,还可以借助于外部的专业机构,在比较短的时间内搭建起较为成熟的管理会计报告体系。

当然,不同的企业管理基础也不同,但无论什么样管理基础的企业,都是可以做管理会计报告的。不过,不一定要一下子做完,可以采取整体规划、分步实施的方法,循序渐进地搭建管理会计报告体系。

管理会计报告体系的建设和企业管理水平的提高其实是一个相辅相成的过程。比如,要搭建管理会计报告体系,企业需要统一规范,建立标准化的系统,这对于快速成长的公司是一条重要的管理提升的途径。因为只有统一标准,才能适应公司的快速扩张。

因此,企业应该将管理会计报告体系的搭建作为一个系统化工程,通过建立和实施管理会计报告体系,持续推动企业的管理进步以及系统的优化提升。

# 10 绩效管理系统的发展研究

## 10.1 绩效管理系统的基本逻辑模型

### 10.1.1 绩效管理系统的业务流程

绩效管理模块主要实现业绩评价和激励管理过程中各要素的管理功能,一般包括业绩计划和激励计划的制订、业绩计划和激励计划的执行控制、业绩评价与激励实施管理等,为企业的绩效管理提供支持[①]。

绩效管理系统以实现企业最终目标为驱动力,以关键绩效指标和工作目标设定为载体,通过绩效管理的各个环节实现对全公司各层各类人员工作绩效的客观衡量、及时监督、有效指导。绩效管理的核心环节为:制订绩效计划及其衡量标准;进行日常和定期的绩效指导、绩效的执行和控制;评价、考核绩效并以此为基础确定个人回报;绩效的综合评估和提高措施。

PDCA 循环是由美国质量管理专家戴明提出来的,所以又称为"戴明环"。PDCA 的含义是:P(Plan)——计划,D(Do)——实施,C(Check)——检查,A(Action)——行动,即对总结检查的结果进行处理,对成功的经验加以肯定并适当推广、标准化,将失败的教训加以总结,将未解决的问题放到下一个 PDCA 循环里。以上四个过程不是运行一次就结束,而是周而复始地进行,一个循环完了,解决了一些问题,未解决的问题进入下一个循环,实现阶梯式螺旋上升。在绩效管理上,PDCA 循环的应用如图 10-1、图 10-2 所示,以此来解释绩效管理的业务流程。

---

① 《管理会计应用指引第 802 号——管理会计信息系统》,第二十五条,2017 年 9 月。

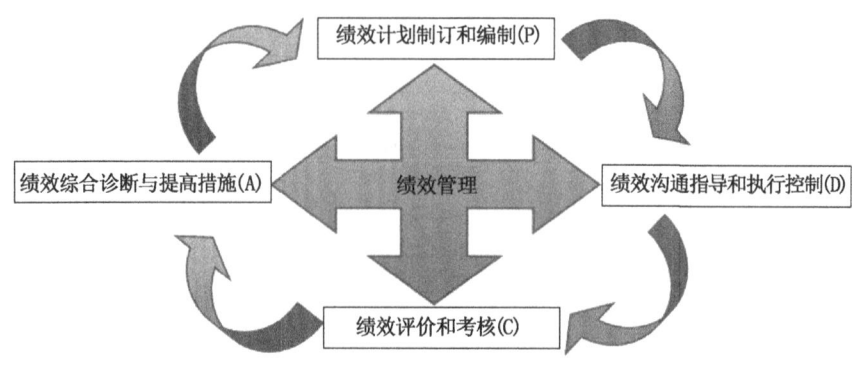

图 10-1 绩效管理的 PDCA 循环流程

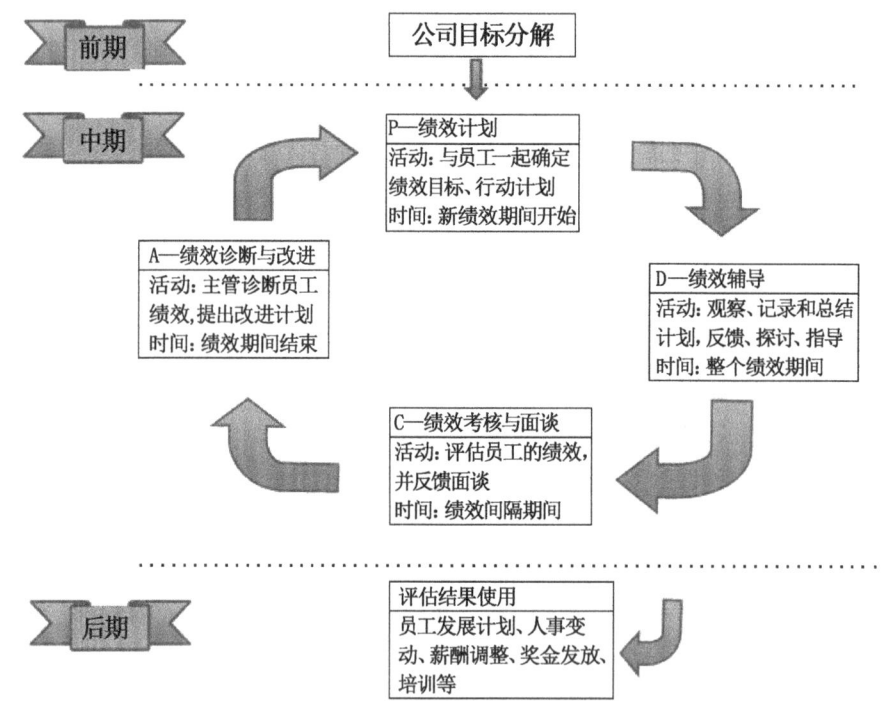

图 10-2 绩效管理系统的业务流程

绩效计划制订和编制(P):绩效计划是整个绩效管理流程的第一个环节,发生在新绩效期间的开始。制订绩效计划的主要依据是公司战略目标以及年度经营计划确定关键绩效指标(KPI)。在绩效计划阶段,管理者和被管理者需要在对被管理者绩效的期望问题上达成共识,即和员工一起拟定出期望的绩效目标以及可行的工作步骤及计划。

绩效沟通指导和执行控制(D)：这里所指的绩效沟通与指导是针对绩效目标的指导，依托绩效计划阶段所制定的绩效目标，也就是关键绩效指标管理卡，与员工保持持续不断的绩效沟通，对员工进行有针对性的指导，保证绩效管理过程的有效执行和实施，该过程贯穿于整个绩效考核周期。

绩效评价和考核(C)：依据预先制定好的关键绩效指标，在绩效考核结束时，管理者对下属的绩效目标的完成情况进行考核和评价，并对前一绩效周期的成果进行检验和反馈。

绩效诊断与提高措施(A)：绩效诊断与提高有两个方面的含义，一是对公司所采用的绩效管理系统以及管理者的管理方式进行诊断，二是对员工本绩效周期内存在的绩效不足进行诊断，通过这两个方面的诊断，得出结论，放到下一PDCA循环里加以改进和提高，这同样贯穿于整个绩效考核周期。

## 10.1.2　绩效管理系统的数据流程

绩效管理系统的数据流程如图10-3所示。

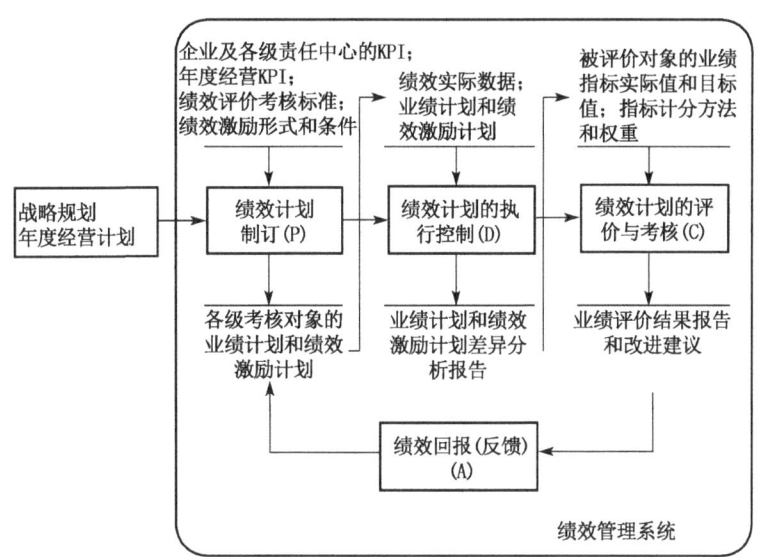

图 10-3　绩效管理系统的数据流程

绩效计划制订和编制的输入信息一般包括企业及各级责任中心的战略KPI及年度经营KPI以及企业绩效评价考核标准、绩效激励形式、条件等基础数据。处理过程一般包括构建指标体系,分配指标权重,确定业绩目标值,选择业绩评价计分方法以及制订薪酬激励、能力开发激励、职业发展激励等多种激励计划,输出各级考核对象的业绩计划、绩效激励计划等。

绩效沟通指导和执行控制的输入信息一般包括绩效实际数据以及业绩计划和绩效激励计划等。企业应建立指标监控模型,根据指标计算办法计算指标实际值,比对实际值与目标值的偏差,输出业绩计划和绩效激励计划执行差异报告等。

绩效评价和考核的输入信息一般包括被评价对象的业绩指标实际值和目标值、指标计分方法和权重等。企业应选定评分计算方法计算评价分值,形成被评价对象的综合评价结果,输出业绩评价结果报告和改进建议等[①]。

## 10.2 绩效管理系统建设的案例分析

### 10.2.1 绩效管理模式

绩效管理模式如图 10-4 所示。

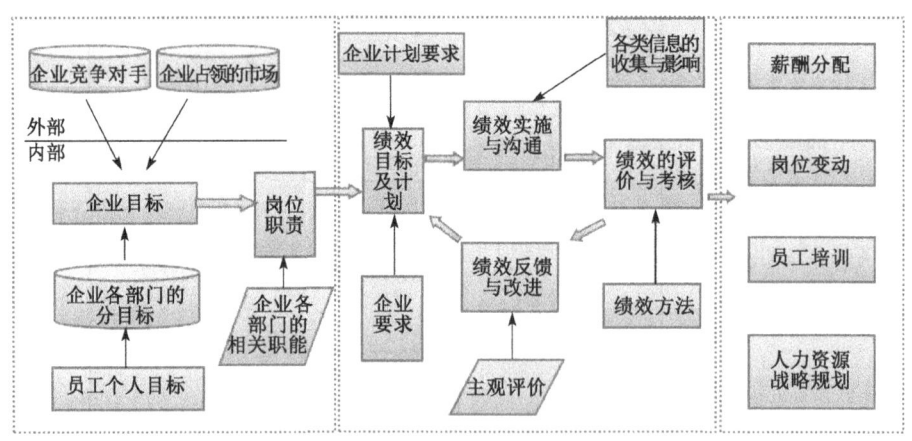

图 10-4　绩效管理模式

---

① 《管理会计应用指引第 802 号——管理会计信息系统》,第二十九条,2017 年 9 月。

## 10.2.2 绩效计划制订和编制(P)

在 PDCA 循环过程中,第一步就是"计划"。好的绩效计划是绩效管理迈向成功的关键一步,但人们往往只重视年终的绩效考核,却轻视年初的绩效计划,结果为绩效管理埋下失败伏笔。年初制订绩效计划时,可以采用"321"模式,即从三个层面、两个原则和一个协议入手,制订出针对性强、切实可行的绩效计划。有了清晰可行的计划,绩效管理才能发挥导向功能,才能使绩效考核及评估等环节有章可循。

(1) 涵盖三个层面

绩效计划按责任主体可分为公司绩效计划、部门绩效计划和个人绩效计划三个层次,通过层层分解,使绩效计划在企业中全面覆盖。其中,公司绩效计划又可以分解为部门绩效计划,而部门绩效计划细分后可以作为制订个人绩效计划的依据。

公司绩效计划。公司的绩效计划包括年度目标、完成条件分析、财务预算、年度分解工作计划、组织架构及编制、考核指标及评分标准。

部门绩效计划。部门的绩效计划包括本部门的职能定位、年度目标、年度工作计划、经费预算、资源需求分析、考核指标及评分标准等。

个人绩效计划。员工的绩效计划主要包括岗位主要职责、年度目标、个人发展计划、考核指标及评分标准。

绩效计划代表着管理者和员工共同认可的绩效契约。

(2) 坚持两个原则

作为管理者,要善于发现绩效计划的问题所在,及时帮助员工分析出现偏差的原因,找到解决问题的途径。制订切实可行的绩效计划一般要遵循两个原则:

SMART 原则。所谓 SMART 原则,实际上就是有效制订绩效计划的五个标准:S(specific)就是绩效计划设置要有项目、衡量标准、达成措施、完成期限以及资源要求;M(measurable)即绩效计划必须是可衡量的,能量化的加以量化,不能量化的使其质化;A(agreed)代表坚持员工参与、上下沟通,使拟定的工作目标在组织及个人之间达成一致,既要使工作内容饱满,也要具有可操作性;R(realizable)即绩效计划必须是员工能力的真实反映,是可以实现的;T(time bound)指时间限制,根据工作任务权重、轻重缓急,拟定出具体时间要求,并定期检查项目进度,掌握项目进展情况,以方便对下属进行及时的工作指导,以及根据工作计划的异常变化适时调整工作计划。遵循 SMART 原则才能制定出明确的绩效评价标准,为绩效考核提供可量化的依据。

计划评审原则。计划评审技术是一种规划项目计划的管理技术,是项目管理中的常用方法,主要评审整个计划中每一作业之间的相互关系,同时估算出每一作业所需要耗用的时间、经费、人力水平及资源分配。评审的内容还包括:在不影响最后工期的条件下,每一作业有多少宽裕的时间,何种作业是工作的瓶颈,并据此安排计划中每一作业的起止时间,以及对人力、资源进行有效的运用。在绩效计划制订后,管理者要对绩效计划进行评审,梳理出其中的难点和疑点,对需要相互配合的工作事先协调,一旦出现偏差能及时采取纠正措施,使计划易于控制,工作更有成效。计划评审是一种有效的事前控制和优化方法,可使各级管理人员熟悉整个工作过程并明确自身职责,增强全局观念,抓住工作重点,使其注意力全部集中在如何采取纠正措施上。

(3) 签订一份协议书

绩效计划制订后还不算完成,最后一步是形成一个绩效协议书。这份协议要经过协商讨论达成共识后方能签订,主要用于明确当事人的绩效责任,最终由管理者和员工双方在该协议书上签字认可。在绩效协议书中应列明:员工或部门在本次绩效期间所要达到的工作目标、行动计划;达成目标的结果;衡量工作结果的指标及评价标准;从何处获得关于员工或部门工作结果的信息;各项工作目标的权重。通过签约仪式来确认双方的绩效责任,双方会把绩效协议书当作正式承诺,把绩效计划作为方向,努力达成。

绩效考核体系的成功与否,关键在绩效的计划阶段。绩效计划的具体思路如表 10-1 所示。

表 10-1 绩效计划具体思路

| 序号 | 具体步骤 |
|---|---|
| 1 | 确定公司发展战略 |
| 2 | KPI 指标分解 |
| 3 | 加入工作能力、工作态度维度的指标,完善指标体系 |
| 4 | 确定指标结构和权重 |
| 5 | 确定指标的标准 |
| 6 | 确定考核周期 |

绩效计划的制订流程如图 10-5 所示。

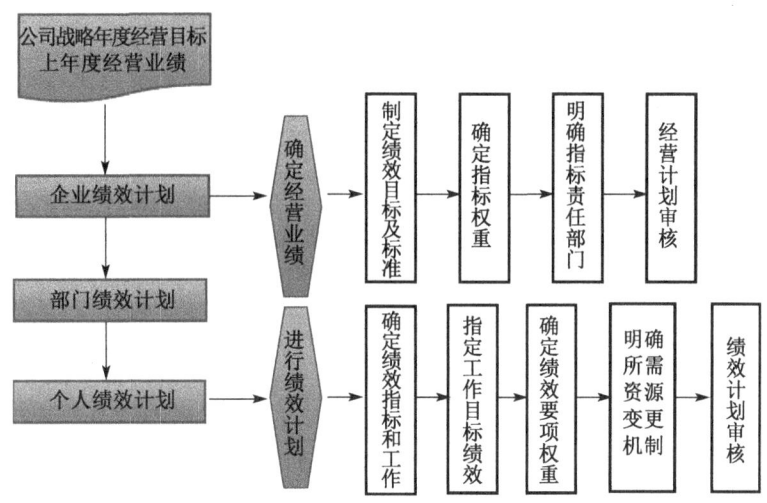

图 10-5　绩效计划制订流程

#### 10.2.2.1　确定企业战略

在建立企业级 KPI 前,我们必须明确企业战略目标。因为 KPI 是宏观战略决策经过层层分解产生的具有可操作性的战术目标,如果战略不明确则 KPI 体系建立无从谈起。在制定企业战略时,常用的技术方法有行业组织模型分析法、资源基础模型分析法等。作为已进入某行业的企业,想以本行业内事业为发展方向,通常采用资源基础模型分析法;想进入某行业的企业往往采用行业组织模型分析法。

① 企业发展目标。例如,企业发展的总目标是要在短短 6 年内,努力完成企业发展的四大转变:一是产业规模能力要瞄准市场,大幅快速增长,实现从与对手竞争的危机状态向在行业处于主导地位转变;二是企业效益要持续、明显提高,实现企业发展从投资型增长向效益型增长转变;三是自主创新开发能力发生质的变化,实现产品技术研究开发从以依靠外部为主,向内外结合、自主创新为主转变;四是职工生活大为改善,实现职工收入从生活无忧向生活富裕转变。

② 年度经营 KPI 目标,包括工业总产值目标、销售收入目标和利润总额目标。

#### 10.2.2.2 KPI 指标分解

绩效管理 KPI 分解思路如图 10-6 所示。关键绩效指标也是由三个层面构成：第一个层面是企业级关键绩效指标，是从企业的战略目标演化而来；第二个层面是部门级关键绩效指标，是根据企业级关键绩效指标、部门职责和业务流程分解而来的；第三个层面是个人级关键绩效指标，是根据部门关键绩效指标、岗位职责和业务流程演化而来的。这三个层面的指标共同构成企业关键绩效指标体系。三者中企业级关键绩效指标最为重要，因为后续关键绩效指标均依据企业级关键绩效指标来制定。

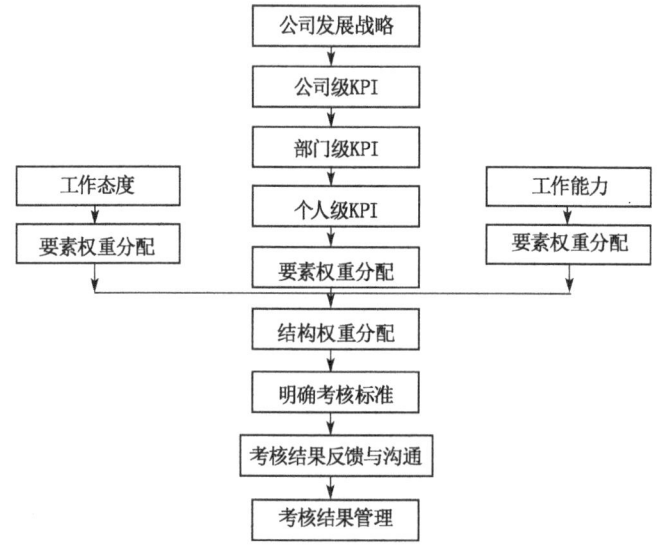

图 10-6　绩效管理 KPI 分解思路

以上述绩效管理体系 KPI 分解思路构建的绩效考核体系便是以 KPI 为核心的绩效考核体系。

（1）企业层级的 KPI 分解

战略目标：到 2025 年工业总产值目标××亿元，销售收入目标××亿元，利润总额目标××亿元。

年度经营目标：201×年工业总产值目标××亿元，销售收入目标××亿元，利润总额目标 ××亿元。

在进行社会调查和本行业研究之后，根据公司的年度经营目标分解企业层级 KPI 指标如图 10-7 所示。

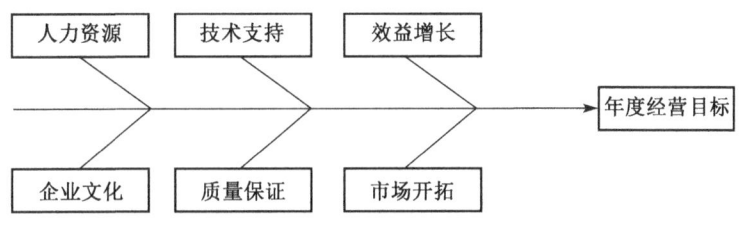

图 10-7　企业年度经营目标 KPI 分解

以上是企业层级的关键要素,还要对其进行指标分解,具体分解如下:一是效益增长:工业总产值、费用控制、成本控制、应收账款;二是市场开拓:新增客户数量、合同数、客户满意度、市场占有率;三是技术支持:新产品的研发、产品前景分析;四是质量保证:3C 体系认证、技术工人、采购质量、制造工艺;五是人力资源:人才招聘、员工培训、员工考核;六是企业文化:团队合作、员工满意度。

(2) 部门层级的 KPI 分解

部门目标:以销售部为例。销售部 201× 年销售收入目标××万元,利润总额目标××万元。

确定了企业层级的 KPI 指标,对于企业的各个部门和员工来说,企业层级 KPI 指标还仅仅停留在战略层面,无法应用到日常的工作中去。这就必须细化企业层级的 KPI 指标,分解为部门 KPI 和个人 KPI,以达到部门和个人的 KPI 与企业组织战略的一致。

对于销售部来说,其主要目标分解来源于"效益增长"因素。效益增长因素的具体指标如下:一是工业总产值:销售额、利润率;二是费用控制:销售费用、管理费用、营业费用;三是应收账款:资金回收率、应收账款周转率、坏账统计率;四是成本控制:物流成本、人力成本、采购成本、设备维护。

部门目标的完成可通过对企业层级的 KPI 细化分解来实现。构成销售部的关键绩效指标为:销售额、年销售增长率、新产品销售收入、核心产品销售收入、利润额、销售费用、货款回收率、客户满意度、市场占有率、新增客户数量。具体如图 10-8 所示。

(3) 个人层级的 KPI 分解

某一个员工的 KPI 指标是由企业、部门、岗位三个方面的因素决定的,是部门 KPI 落实到具体岗位上的业绩指标。比如,销售人员的 KPI 指标是销售部整体目标的分解和细化,因此所选择的销售人员的 KPI 指标一定要支撑整个销售部指标,并且围绕销售人员的工作内容来进行。销售人员的 KPI 来源于部门

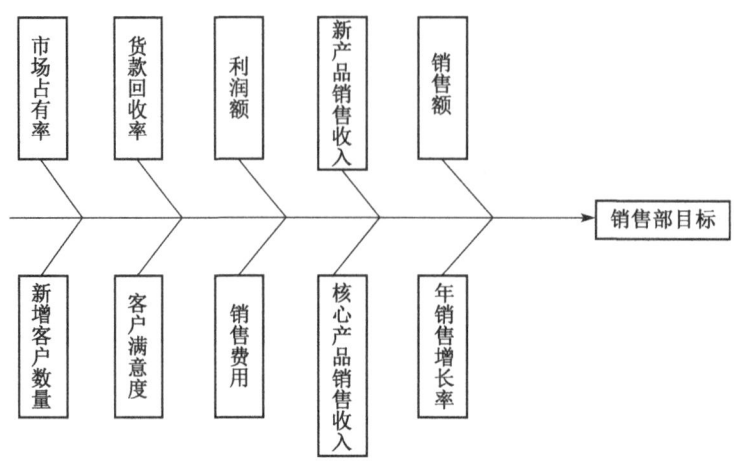

图 10-8 销售部 KPI 分解

的 KPI，但是有些部门的 KPI 并不适合个人，所以要重点选取。结合工作分析和部门 KPI 分解形成员工个人 KPI 指标为：销售计划完成率、回款率、销售费用节省率、新客户开发。销售人员工作业绩 KPI 要素定义如表 10-2 所示。

表 10-2 销售人员工作业绩 KPI 要素定义

| 类别 | 评价因素 | 定义 |
| --- | --- | --- |
| 工作业绩 | 销售计划完成率 | 实际完成的销售额÷计划销售额 |
|  | 销售回款率 | 实际回款额÷计划回款额 |
|  | 销售费用节省率 | （销售费用预算－实际发生费用）÷销售费用预算 |
|  | 新客户开发 | 考核期内新增加的客户数量 |

#### 10.2.2.3 加入工作能力和工作态度维度

随着时代的发展，传统的以业绩指标来进行绩效考核已经不能全面地考核员工，现在更注重员工能力的培养与考核，所以我们把工作能力、工作态度维度引入，以完善绩效考核体系。

（1）工作能力和工作态度的定义

一是工作能力。工作能力是员工的业务素质体现，是一种潜在的东西。一般情况下它只能通过工作行为和工作结果间接体现出来，所以工作能力在考核的时候要制定有效的衡量标准。

二是工作态度。工作态度是员工在工作过程中的行为表现，这种表现是对工作的主观反应。既然是一种行为表现,那么态度的标准就应该注重行为化的描述,准确定义关键控制点。

(2) 工作能力、工作态度维度 KPI 要素定义

根据公司的实际情况与工作分析,工作能力与工作态度维度 KPI 要素定义如表 10-3 和表 10-4 所示。

表 10-3 工作能力维度 KPI 要素定义

| 类别 | 评价因素 | 定义 |
| --- | --- | --- |
| 工作能力 | 专业知识 | 掌握业务知识和相关知识 |
| | 分析判断能力 | 能迅速对客观环境做出正确的判断,并能灵活运用到实际工作中,取得好的销售业绩 |
| | 沟通能力 | 思路清晰,语言流畅,能准确表达自己的思想,能运用多种技巧与他人进行沟通 |
| | 灵活应变能力 | 能根据客观环境的变化灵活采取措施 |

表 10-4 工作态度维度 KPI 要素定义

| 类别 | 评价因素 | 定义 |
| --- | --- | --- |
| 工作态度 | 纪律性 | 严格遵守企业的规章制度,服从上级领导 |
| | 协作性 | 与同事积极合作完成任务 |
| | 积极性 | 主动学习业务知识,主动承担本职外的工作,经常提出建议 |
| | 责任感 | 勇于承担自己的工作责任 |

#### 10.2.2.4 确定指标结构和权重

(1) 绩效指标的结构

综上所述,我们设计的考核指标就包括三个维度:工作业绩(KPI)、工作能力和工作态度。

绩效考核指标结构如图 10-9 所示。

(2) 绩效指标的权重划分

绩效指标的权重是指各个绩效指标在绩效考核体系中的重要程度,权重越大,说明在整个考核体系中所起到的作用越大。

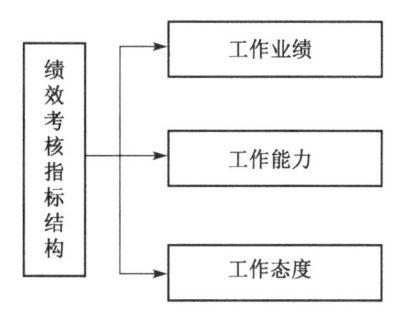

图 10-9 绩效考核指标结构

当然,之所以要设定权重,是因为如果我们对所有的绩效指标都按同样的程度进行考核,那就失去了绩效考核的意义。所以应在对每个销售人员的岗位进行工作分析后,按照每个指标在绩效考核指标体系中的重要性给予权重。

① 一级指标权重。一级指标是从绩效考核体系的结构角度划分的,分为工作业绩、工作能力和工作态度,即根据绩效考核以业绩为导向的需要,针对不同岗位,对工作业绩、工作能力、工作态度赋予不同权重。例如,销售部销售专员与人力资源部招聘专员的结构指标权重设定,如表10-5所示。

表 10-5　不同岗位人员一级指标权重设定

|  | 工作业绩(KPI) | 工作能力 | 工作态度 |
| --- | --- | --- | --- |
| 销售部销售专员 | 70% | 20% | 10% |
| 人力资源部招聘专员 | 30% | 40% | 30% |

② 二级指标权重。二级指标是从要素角度划分的。要素权重是指根据不同的要素在不同人员考核中的作用、大小程度赋予不同的权重。例如,销售人员的工作绩效维度有:销售计划完成率、销售回款率、销售费用节省率、新客户开发。针对这几个 KPI 指标进行分析可以看出,销售人员的销售计划完成率是衡量销售人员工作绩效的一个重要指标,这个指标的好坏直接影响销售人员的奖金和工资,因此,应该占有一半以上的权重。销售回款率也是一个较为重要的指标,决定着企业的现金流速度,也是关系企业成功的关键因素。其他可以平均分配。因此,销售人员工作绩效二级指标权重设定如表10-6所示。

表 10-6　销售人员工作绩效二级指标权重设定

| 二级指标名称 | 销售计划完成率 | 销售回款率 | 销售费用节省率 | 新客户开发 |
| --- | --- | --- | --- | --- |
| 权重 | 60% | 20% | 10% | 10% |

工作能力、工作态度维度的二级指标权重设定如表10-7、表10-8所示。

表 10-7　工作能力二级指标权重设定

| 二级指标名称 | 专业知识 | 分析判断能力 | 沟通能力 | 灵活应变能力 |
| --- | --- | --- | --- | --- |
| 权重 | 25% | 25% | 25% | 25% |

表 10-8　工作态度二级指标权重设定

| 二级指标名称 | 纪律性 | 协作性 | 积极性 | 责任感 |
|---|---|---|---|---|
| 权重 | 20% | 20% | 30% | 30% |

#### 10.2.2.5　确定指标的标准

绩效考核标准就是表明考核应该在其绩效指标上达到什么程度、什么水平。绩效标准是对绩效指标进行考核、评定、分级的尺度。明确考核绩效指标与指标权重以后，就要确定考核标准。在设定标准的时候，首先要确定基准值，如果我们的考评体制是五层次的，那么处于中间层级的标准就应当视为基准，也就是在正常情况下多数人员都可以达到的水平。

根据以上绩效考核标准的确定原则和不同岗位人员的实际工作情况，为了更准确地描述绩效考核标准，一般采取混合式绩效考核标准。仍以销售部销售人员为例，综合考评各项考核指标，总分为 100 分。各项指标加权分数分别为：销售计划完成率 42 分、销售回款率 14 分、销售费用节省率 7 分、新客户开发 7 分；专业知识 5 分、分析判断能力 5 分、沟通能力 5 分、灵活应变能力 5 分；积极性 3 分、责任心 3 分、协作性 2 分、纪律性 2 分。采用加减分的方式确定指标标准，一般适用于目标任务比较明确，技术比较稳定，同时鼓励员工在一定范围内做出更多贡献的情况。应该注意的是，采用加减分的方式计算指标值的时候，最大值应当以不超过权重规定值为限，最小值不要出现负数。各项指标按照基准加分或扣分，但务必公平、合理。销售人员工作绩效指标考核标准如表 10-9 所示。

表 10-9　销售人员工作绩效指标考核标准

| 考核项目 | 考核指标 | 标准分数 | 考核标准 |
|---|---|---|---|
| 工作业绩 70 | 销售计划完成率 | 42 | 销售收入目标为每个销售人员 400 万元，计划完成率考核标准为 100%，以 5% 为一档，每增加 5% 考核分数加 1 分，每减少 5% 扣除 1 分 |
| | 销售回款率 | 14 | 考核标准为 70%，超越标准以 5% 为一档，每增加 5% 考核分数加 1 分，低于标准记为 0 分 |
| | 销售费用节省率 | 7 | 在不影响工作的情况下，考核标准为 0 分，每增加 5% 加 1 分，低于标准记为 0 分 |
| | 新客户开发 | 7 | 考核标准为在考核期间，每增加一个新客户加 2 分，最多加 10 分，低于标准记为 0 分 |

对于工作能力与工作态度指标,我们给各个绩效指标的标准分级定义。指标标准分 A、B、C、D 4 个等级。B 级为达到标准,低于 B 级每级减 1 分,达到 A 级指标可以适当加 1 分。销售人员工作能力指标考核标准如表 10-10 所示。

表 10-10　销售人员工作能力指标考核标准

| 考核项目 | 考核指标 | 标准分数 | 考核标准 | | | |
|---|---|---|---|---|---|---|
| | | | A(卓越) | B(达标) | C | D |
| 工作能力 20 | 专业知识 | 5 | 熟练掌握业务知识及相关知识 | 熟练掌握业务知识但对其他相关知识了解不多 | 熟悉本行业及本公司产品 | 了解公司产品的基本知识 |
| | 分析判断能力 | 5 | 非常强。能迅速地对客观环境做出较为正确的判断,并能运用到实际工作中,取得很好的销售业绩 | 较强。能对复杂的问题进行分析和判断,但不能灵活运用到实际工作中 | 一般。能对问题进行简单的分析和判断 | 弱。不能及时做出正确的分析和判断 |
| | 沟通能力 | 5 | 能灵活运用多种谈话技巧和他人沟通 | 能有效化解矛盾 | 有一定说服力 | 能较清晰地表达自己的想法 |
| | 灵活应变能力 | 5 | 应变能力强,能根据客观环境的变化采取灵活的措施 | 有一定的应变能力 | 思想比较保守,应变能力差 | — |

销售人员工作态度指标考核标准如表 10-11 所示。

表 10-11　销售人员工作态度指标考核标准

| 考核项目 | 考核指标 | 标准分数 | 考核标准 | | | |
|---|---|---|---|---|---|---|
| | | | A(卓越) | B(达标) | C | D |
| 工作态度 10 | 积极性 | 3 | 长期坚持学习业务知识,对额外的任务主动请求并能高质量完成,善于发现问题,经常提出合理性建议 | 主动学习业务知识,主动承担一般的额外任务,工作中有时能提出新的建议和思路 | 偶尔主动学习业务知识,有时主动完成额外任务 | 很少主动学习业务知识,不主动承担额外任务 |
| | 责任心 | 3 | 有强烈的工作责任心 | 有较强的工作责任心 | 有一定的工作责任心 | 工作责任心不强 |
| | 协作性 | 2 | 主动协助同事出色完成任务 | 能够与同事保持良好的合作关系,协助完成任务 | 根据同事请求能够提供一般协作 | 不能积极响应同事的请求 |

(续表)

| 考核项目 | 考核指标 | 标准分数 | 考核标准 | | | |
|---|---|---|---|---|---|---|
| | | | A(卓越) | B(达标) | C | D |
| 工作态度 10 | 纪律性 | 2 | 能够长期严格遵守工作规定与标准,有非常强的自觉性和纪律性 | 能够遵守工作规定与标准,有较强的自觉性和纪律性 | 基本能遵守工作规定、纪律,但有时会出现自我要求不严的情况 | 不能遵守工作规定和标准,经常发生违规的情况 |

#### 10.2.2.6 确定考核周期

不同的考核目的会有不同的考核周期。如果是为了分发奖金,那么一年一次就够了;但是如果是为了提高绩效、增进上下的沟通,那么需要把考核的周期适当缩短一些。不同的绩效指标,考核周期也不同。对于任务指标我们应该设定得短一点,最好一月一次。首先,在短期内的考核,能使考核者对被考核人的产出有清晰的认识,因为时间久了就可能模糊不清楚;其次,及时的考核也会及时得到反馈,以便对考核中出现的问题及时加以修正,从而提高绩效。而对于一些行为指标,就适合选择比较长的周期,因为这种指标在短期内很难见到效果。

考核的周期设置一般分为以下几种。第一,月度考核:对员工工作的及时反馈,进行绩效跟踪。第二,季度考核:对目标完成情况的回顾,对目标的重新审定。第三,半年、年度考核:评估工作情况,确定下阶段的目标,奖罚、晋升、职位调整,发放年终奖金。

对于基层员工,通常要对其日常工作情况有所记录,一般先采用月度考核。这样能有效地对员工的工作表现及时反馈,对好的绩效进行奖励,对绩效表现不良的进行告诫或惩罚,使员工对自己的工作情况一直保持清晰明了的掌握;在年末时,使用年度考核。对其一年来的工作绩效进行整体考核,为基层员工的年终奖金发放、职位晋升、未来规划提供依据。对于中层管理者,可将季度考核和年终考核相结合,一方面能使高层管理者对中层管理者的不足之处及时进行指正和指导;另一方面为绩效目标的有效完成提供保证,这也是员工年终奖金发放、职位晋升、未来规划的最有力依据。而对于高层管理者,其工作任务一般难以定量分析,工作任务基本上是需要判断和决策的难度大的工作、关乎企业的长远发展目标以及年度整体绩效的工作,因而将其考核周期设为年度考核。

对于考核模式,可以采用工作述职、专家小组考核、自评、同级考评、顾客评分等,并且对于不同层次的员工,采用的测评模式及权重也应有所区别,以便更好地实现企业员工的绩效管理。

#### 10.2.2.7 员工绩效计划表

绩效考核体系的指标结构、权重、标准、周期都确定以后,绩效考核计划就基本完成。按照公司的基本情况,在不同岗位人员充分参与和沟通的基础上,可与员工签订员工绩效表。此表应尽量减少设计的模糊和主观成分,以防止在接下来的考核评估中产生争议。员工绩效计划表如表10-12所示。

表10-12 员工绩效计划表

| 被考核对象: | | | | |
|---|---|---|---|---|
| 职位: | | | 权重类别 | |
| 所属部门: | | | KPI指标: | |
| 签署日期: | | | 工作态度指标: | |
| | | | 工作能力指标: | |
| | | 目标绩效 | 实际绩效 | 得分 |
| KPI | 指标1 | | | |
| | 指标2 | | | |
| | 指标3 | | | |
| | 指标4 | | | |
| | | | | |
| 工作态度 | 纪律性 | | | |
| | 协作性 | | | |
| | 积极性 | | | |
| | 责任心 | | | |
| | 自我开发热情 | | | |
| 工作能力 | 知识 | | | |
| | 技能 | | | |
| | 理解、判断、决断 | | | |
| | 应用、规划、开发 | | | |
| | 表达、交涉、协调 | | | |
| | 指导监督 | | | |
| 个人绩效分值 | | | | |

注:个人绩效分值 $= \sum (KPI_i 分值 \times KPI_i 权重) \times KPI 总权重 + \sum (工作态度 i 分值 \times 工作态度 i 权重) \times 工作态度总权重 + \sum (工作能力 i 分值 \times 工作能力 i 权重) \times 工作能力总权重$。

## 10.2.3 绩效沟通指导和执行控制(D)

绩效计划制订之后,被考核者按照计划进行工作,但在计划的施行过程中,总会出现许多问题,因此,我们必须对绩效实行有效监控,以解决出现的问题。在该过程中,管理者要对被考核者的工作进行指导和监督,从中发现问题时要及时纠正,并对绩效计划进行调整。其中,持续有效的绩效沟通、科学的信息收集以及必要的绩效考核指导(领导的支持与指导)都是绩效实施过程中管理者的重要职责。该过程在绩效计划和绩效反馈之间承上启下,如果没有对绩效实施有效的监控,那么前期所做的绩效计划就无法实施,后面的反馈更无从谈起。

### 10.2.3.1 绩效考核实施的重要性

绩效考核实施的重要性主要体现在:

① 许多工作的结果并不是员工的工作行为所导致,可能由与工作无关的因素所决定。这些因素是员工不可控制或不能控制的,如员工因为个人的情绪而影响工作绩效等。

② 过分强调工作结果会使管理者无法准确获得员工的活动信息,不能很好地得到绩效反馈信息,从而无法对员工进行有效的指导与帮助。

### 10.2.3.2 绩效考核实施的原则

在绩效考核实施过程中,应遵循以下原则:

一是公开、公平、公正原则。公平是最基本的要求,考核标准的制定是通过协商和讨论完成的,考核过程是公开的、制度化的,考核的结果应对本人公开,这是保证民主的重要手段。

二是客观性原则。用事实说话,切忌主观武断、缺乏事实依据,同时要求考核者对其管辖的被考核者都同等看待。

三是反馈原则。考核者在对被考核者进行绩效考核时,需要将考核结果反馈给被考核者,肯定其成绩和进步,说明不足之处,同时听取被考核者对考核结果的意见,对考核结果存在的问题及时修正或做出合理解释。

四是简化实效原则。考核过程需要花费时间成本,因此考核程序应简单有效,不能过于复杂,并在考核过程中保证信息的及时获取和通畅传递。

### 10.2.3.3 绩效实施过程的有效控制

市场环境、组织环境、工作内容随时变化,可能使绩效计划不合时宜甚至彻

底过时。为解决以上问题,对绩效实施过程实现有效控制,在工作过程中必须进行沟通、绩效信息的收集和绩效指导。通过持续有效的沟通和信息收集,可以使管理者和员工随时了解工作的有关情况,做出相应的指导与支持,以便随时改进并对变化做出新的承诺。

1) 绩效沟通

绩效沟通的含义:绩效沟通就是管理者与员工在共同工作的过程中分享绩效的相关信息的过程。简单而言,绩效沟通是管理者与员工一起讨论工作的进展情况、潜在问题以及解决问题需要采取的措施。不及时的沟通会使工作中的困难难以解决,产生争执,造成绩效的低下。

绩效沟通的目的:通过持续有效的沟通来调整绩效计划;通过持续有效的沟通为员工提供信息;通过持续有效的沟通为管理者提供信息等。

(1) 以销售部为例,企业绩效沟通的内容

以下是管理者和员工需要思考的问题。

管理者:我必须从员工那里得到哪些信息;我必须提供给员工哪些信息和资源以帮助员工完成工作。

员工:我必须从管理者那里得到哪些信息和资源;我必须向管理者提供哪些信息以保证完成任务。

根据这些思考,为确保绩效计划的顺利执行,使考核者和被考核者双方更好地了解工作信息,提出企业销售部绩效沟通内容如表 10-13 所示。

表 10-13　企业销售部绩效沟通内容

| 序号 | 沟通内容 |
| --- | --- |
| 1 | 销售人员的工作进展情况如何?如销售收入目标完成情况 |
| 2 | 销售人员的工作状态怎么样? |
| 3 | 工作中有哪些地方比较顺利?为什么? |
| 4 | 工作中哪些方面遇到了困难?为什么? |
| 5 | 绩效目标和计划是否需要改进?如何改进? |
| 6 | 需要什么样的支持? |
| 7 | 管理者能提供哪些资源、信息和行动来支持员工? |

(2) 以销售部为例,企业绩效沟通的方式

一般而言,沟通的方式分为正式和非正式两种。

正式沟通:在很正式的情况下,对事先制订的绩效计划按照一定规则和制

度进行沟通,其方式主要包括书面沟通、正式面谈和会议。其中,书面沟通包括平时所做的工作日志、工作月报、周报、年报。三种正式绩效沟通方式有各自的优缺点(见表 10-14),具体选择需要根据具体情况而定。

表 10-14　三种正式绩效沟通方式的优缺点

| 沟通方式 | 优点 | 缺点 |
| --- | --- | --- |
| 书面沟通 | 管理者时间得到节省;<br>解决了管理者和员工不在同一地点的问题;<br>培养了员工一边工作一边思考、总结的能力;<br>员工的书面表达能力得到提高;<br>很短时间内收集大量资料 | 信息单向流动,从管理者到员工;<br>工作程序较多,容易引起员工不满;<br>信息不能共享 |
| 正式面谈 | 能做较深程度的沟通;<br>可以对某些不便公开的事情进行沟通;<br>气氛融洽,员工感觉受到尊重;<br>管理者可以根据每个人的不同情况进行指导 | 容易带有个人主观因素;<br>沟通范围小,不能共享信息;<br>费时、效率低 |
| 会议 | 适合团队沟通;<br>可以集思广益;<br>缩短信息传递时间 | 费时、成本高;<br>容易形式化;<br>有些问题不便在公开场合讨论;<br>要求管理者有较高的沟通管理能力 |

非正式沟通:有时正式沟通会造成员工情绪紧张,从而无法充分表达自己的思想;而非正式沟通的方式气氛轻松,员工容易排除紧张情绪,实现充分交流。其方式包括走动管理、开放式办公和其他方式。非正式沟通一般在午餐、咖啡时间以及上下班途中等进行。

(3) 以销售部为例,企业的绩效沟通

企业可选择的绩效沟通根据企业自身情况而定,可以考虑以下思路:

首先,定期汇报。要求每个销售人员填写工作日志,定期提交周报、月报、年报。通过这些记录资料,销售部长能及时、迅速地了解工作进展情况以及工作中所遇的问题,以便给予指导;员工也能从这种方式的报告中,自觉发现自身问题,改进绩效。

其次,例会。根据销售人员流动性强的特点,两周开一次例会,对销售过程中出现的问题进行集体讨论,寻求解决之道以及总结经验教训。

除此之外,还要辅之以各种非正式沟通,用开放式的交流,尽早发现问题并及时解决。

2) 绩效信息的收集

绩效信息的收集是一种有组织地、系统地收集有关员工、工作活动、组织绩效的方法。所有决策都离不开信息,绩效管理也是如此,员工的绩效改进、绩效考评都离不开信息。

绩效信息收集的方法及特点、目的和内容,分别如表10-15和表10-16所示。

表10-15 绩效信息收集的方法及特点

| 方法 | 特点 |
| --- | --- |
| 观察法 | 直接观察员工在工作中的表现,做好记录;真实可靠 |
| 工作记录法 | 设立员工工作日志,直接体现员工工作进度情况;直观明确 |
| 反馈法 | 设立意见表或通过客户的满意度调查知晓员工绩效情况;信息来源广 |
| 考勤记录法 | 直接对员工的出勤、缺勤等情况进行登记;应用普遍 |
| 关键事件法 | (star)情境、目标、行动、结果;集中在职务行为,可观察、可测量 |

表10-16 绩效信息收集的目的和内容

| 目的 | 内容 |
| --- | --- |
| 为员工的工作情况提供事实依据,以此作为绩效考核、绩效改进、其他决策的基础 | 工作目标完成情况 |
| 及时发现问题,以便迅速解决问题 | 证明工作绩效优秀或恶劣的事实依据 |
| 绩效信息是劳动争议解决的重要证据 | 内外部客户的积极和消极的反馈 |
| 掌握员工的工作行为和工作态度的信息,发现其优点和缺点,以便对其进行针对性训练、教育 | 与员工进行绩效沟通的记录 |
|  | 员工受表扬或批评情况 |

3) 绩效的指导

绩效指导是为了鼓励员工努力工作、克服困难,推进员工的职业发展。绩效指导的内容包括:与员工进行沟通,让员工认识到自身问题;与员工讨论问题的解决方案;共同选择合适的方法和途径以更好地解决问题;制订解决问题的行动计划。

绩效指导的流程包括:第一步,讲授;第二步,演示;第三步,让员工尝试;第四步,观察员工表现;第五步,对于进步给予称赞。

绩效指导过程中需注意的问题包括:信任员工;经常性指导员工而不是出现问题了才去指导;即使员工表现出色,也要进行指导;传授与启发相结合;给员工独立工作的机会;注重提升员工能力。

### 10.2.4　绩效评价和考核(C)

在绩效考核周期结束后,考核者按照绩效考核计划阶段所设定的指标,对被考核者绩效目标完成情况进行考核评估。绩效考核的依据是绩效计划阶段考核者与被考核者充分沟通下所承诺的关键绩效指标。在绩效监控过程中所收集到的数据和资料将作为评估被考核者是否达到关键绩效指标的根据。

#### 10.2.4.1　绩效评估人员的选择

目前企业的岗位设置和专业分工越来越复杂,因此很难用某一个人来观察和评价一个员工全面的工作情况,并且一个人的评价往往带有主观因素,容易失去公正性。而接触员工工作和获取员工工作绩效信息的主体是多方面的,通常上级、下级、同事、员工本人和客户都应该参加绩效的评估过程。

以销售部为例,绩效评估小组成员如下:组长是销售部门主管、副总经理,副组长是销售部部长,组员是制造部部长、物资部部长、财务部部长、人力资源部部长。

#### 10.2.4.2　绩效评估方法的选择

进行绩效考核前必须选择合适的考核者。一般说来,对考核者的要求是:有较长时间和多种机会观察被考核者的工作情况,能准确将观察结果转化为评价信息,并最小化系统偏差愿意,真实提供绩效考核评价的结果。可供选择的考核者包括直接上级、同事同级部门、下属、自我、客户五种。因此,绩效评估方法有以下几种选择。

(1) 自我评估

自我评估是指被考核者对自己在绩效考核期间内的工作情况进行评估。被考核者应对自己在本考核期内的业绩、态度和能力进行客观、实事求是的总结和评估。自我评估的程序如下:

① 工作绩效评估。在绩效管理期结束时,被考核者认真填写员工自我评估

表,如表 10-17 所示。

② 制订自我发展计划。被考核者提出自我改进与提高计划,并认真填写个人发展计划表,如表 10-18 所示。

表 10-17　员工自我评估表

| 姓名: | 职位: | 部门: |
|---|---|---|
| 直接上级姓名: | 直接上级职位: | |
| 考核期间:从: | 至: | |
| 自我评估 | 1. 你对自己过去半年在公司的表现感到:<br>　□很满意　　□还可以　　□不满意<br>2. 你对同事及上下级关系感到:<br>　□很满意　　□还可以　　□不满意<br>3. 你对目前的工作感到:<br>　□还能担当更困难的工作　　□正适合自身的能力<br>　□能力稍微不足　　□能力明显不足<br>4. 你对所担任职务的希望:<br>　□继续担任现职　　□如可能,调动到_____部门<br>　□现有工作职位不合适<br>5. 希望上级如何帮助你,使你未来工作更好?<br>6. 何种培训你比较感兴趣或对你现职有所帮助? | |
| 自我评分 | | |
| 过去半年对公司的贡献 | | |
| 有待改进的地方 | | |
| 对公司的建议<br>(管理、制度方面) | | |
| 员工签字: | | 年　月　日 |

表 10-18　个人发展计划表

| 姓名： | | 职位： | | 部门： | |
|---|---|---|---|---|---|
| 直接上级姓名： | | | 直接上级职位： | | |
| 考核期间：从 | | | 至 | | |
| 有待发展的项目 | 发展的原因 | 目前水平 | | 期望的水平 | 发展的措施与所需的资源 |
| | | | | | |
| | | | | | |
| | | | | | |
| | | | | | |
| 审核人意见 | | | | | |
| 员工签字： | | | | 年　月　日 | |

(2) 直接上级考核

① 直接上级考核的基本原则：考核者必须以对工作负责和对公司负责的态度，以客观事实为依据，认真进行考核。考核应以发展和提高下属的工作绩效和工作能力为最终目标，不得以个人的好恶进行评判。

② 直接上级考核的依据：预先设定的被考核者的关键绩效指标和衡量标准。单纯地将被考核者与他人进行比较得出的考核结果，将得不到承认。考核仅针对被考核者在本期的工作表现、工作态度和工作能力进行。

③ 直接上级考核的程序：一是在绩效管理期末时，考核者对照事先确定的绩效标准进行考核，并填写绩效考核表。二是提出工作期望，考核者对被考核者的主要优缺点进行总结，并根据被考核者在工作绩效中有待改进的地方，提出改进与提高的期望。

(3) 下属考核

① 下属考核的适用对象：凡是拥有下属人员的管理者，都必须接受被管理者的考核。

②下属考核的基本原则：考核者必须以对公司和对工作负责的态度，以客观事实为依据，认真进行考核。只针对被考核者的工作表现、工作态度以及工作能力，而不对被考核者的个性特征进行考核，不得以个人的好恶进行评判。下属考核以不记名方式进行。

③下属考核的依据：考核的依据主要是被考核者的绩效指标和标准。单纯地将被考核者与他人进行比较得出的考核结果，将得不到承认。

④下属考核的程序：在绩效管理期末，考核者对照被考核者的绩效标准进行考核，并将填写好的绩效考核表交人力资源部。

(4) 平级考核

① 平级考核的适用对象：所有管理岗位的人员。

② 平级考核的基本原则：考核者必须以对工作负责、对公司负责和对同事负责的态度，以客观事实为依据，认真进行考核。针对被考核者的工作表现、工作态度以及能力，而不要对被考核者的个性特征进行考核。评判要客观、公正，不得以个人亲疏好恶为标准，甚至公报私仇来评判被考核者。

③ 平级考核的依据：被考核者的绩效指标和标准。单纯地将被考核者与他人进行比较得出的考核结果，将得不到承认。

对管理层的考核，以自我评估、下属的考核、直接上级的考核以及平级考核相结合的方式进行。对一般员工的考核，以自我评估、直接上级的考核以及平级考核相结合的方式进行。各种考核方式的权重是在综合考虑各种考核方式的优缺点基础上确定的。

对部门的考核，依照部门职责书和岗位描述书的内容进行。对部门的考核采用部门自评、上级领导考核，以及相关部门评价相结合的方式。各部门的上级领导是最了解部门情况的人，因此上级领导的考核应该是占最大比例的。上级领导考核也更有利于领导将考核与部门目标、组织目标相联系，符合目标管理的思想。相关部门的满意度是评价一个部门工作协调性的关键指标，而且相关部门是一个部门的工作产出对象，其考核结果至少应占到部门总成绩的30%。部门自评是为了督促各部门自我检查、自我提高，所占权重不宜过高。

对总经理的考核，主要由董事会负责实施，取董事会多个成员考核结果的加权平均作为总经理的最终考核结果。董事会可以根据考核的结果来决定总经理的年薪以及是否继续聘任等问题。

#### 10.2.4.3 绩效考核表

选择好绩效考核的评估人员和评估方法之后,即可按照绩效计划对人员进行考核,员工绩效考核表如表 10-19 所示。

表 10-19 员工绩效考核表

| 姓名 | | 所在部门 | | 任职岗位 | |
|---|---|---|---|---|---|
| 直接上级 | | 考核日期 | | | |
| 绩效考核成绩 ||||||
| 考核内容 | | 权重 | 绩效考核分数 |||
| | | | 得分 | 审核分数 | 合计 |
| 工作业绩 | | 70% | | | |
| 工作能力 | | 20% | | | |
| 工作态度 | | 10% | | | |
| 绩效考核成绩 | |||||
| 绩效评议 | | 直接上级:<br>日期: |||||
| 绩效成绩<br>审核意见 | | 申请者:<br>日期: |||||

#### 10.2.4.4 绩效考核评分以及等级划分

根据员工的绩效考核评分,可以表 10-20 为依据,对员工的等级做出相应调整。

表 10-20　绩效考核评分以及等级划分

| 序号 | 考核得分 | 薪资调整 | 级别调整 |
|---|---|---|---|
| 1 | 90 分(含)以上 | 基本工资＋基本工资×2.0 | 建议升级 |
| 2 | 80 分(含)~90 分 | 基本工资＋基本工资×1.5 | 建议升级或不变 |
| 3 | 60 分(含)~80 分 | 基本工资＋基本工资×1.0 | 建议不变 |
| 4 | 50 分(含)~60 分 | 基本工资－基本工资×0.2 | 建议降级,给予一定观察 |
| 5 | 50 分以下 | 基本工资－基本工资×0.4 | 建议辞退 |

#### 10.2.4.5　绩效考评申诉

对于绩效考评的最终结果,出于公平、公正考虑,允许员工进行绩效考评申诉。这不仅是对员工工作的肯定以及对其人格的尊重,更是对企业内部绩效管理体系的完善,能更好地使其合理有效化。具体做法为:

① 员工针对需要申诉的考评内容、有争议的部分等以书面形式提交考评申诉报告,其接受单位为行政人事部。

② 行政人事部对所有的申诉材料进行整理归纳,提交于行政人事部的考核人员。

③ 必须对申诉时间有所控制,在一定工作日内对申诉报告进行处理,出具相关考评依据,交予上级主管进行再次审核、调整。

④ 若员工对相关申诉结果认可,则将申诉后的结果作为本次绩效考核的最终结果进行存档,并及时反馈给员工;若仍存在不满意的情况,则应再次提交书面报告,并召开以总经理等为领导的绩效监督小组会议,以最终评审意见为问题解决的最终结果。

⑤ 在绩效申诉的最终阶段,行政部需要整合相关申诉材料,为今后可能出现的绩效申诉提供借鉴资料。

在整个绩效考评申诉过程中,应确保公平公正,对违者采取相应处罚措施,更好地为员工的合法权益出力。具体申诉流程如图 10-10 所示。

### 10.2.5　绩效反馈和处理(A)

在绩效管理 PDCA 循环中,反馈和处理环节 A(Action)是其中重要的一环,主要是对检查环节 C(check)的结果进行处理,总结成功经验,或予以标准化,也是 PDCA 循环持续改进的动力。对剩余尚未解决的问题,则要留给下一

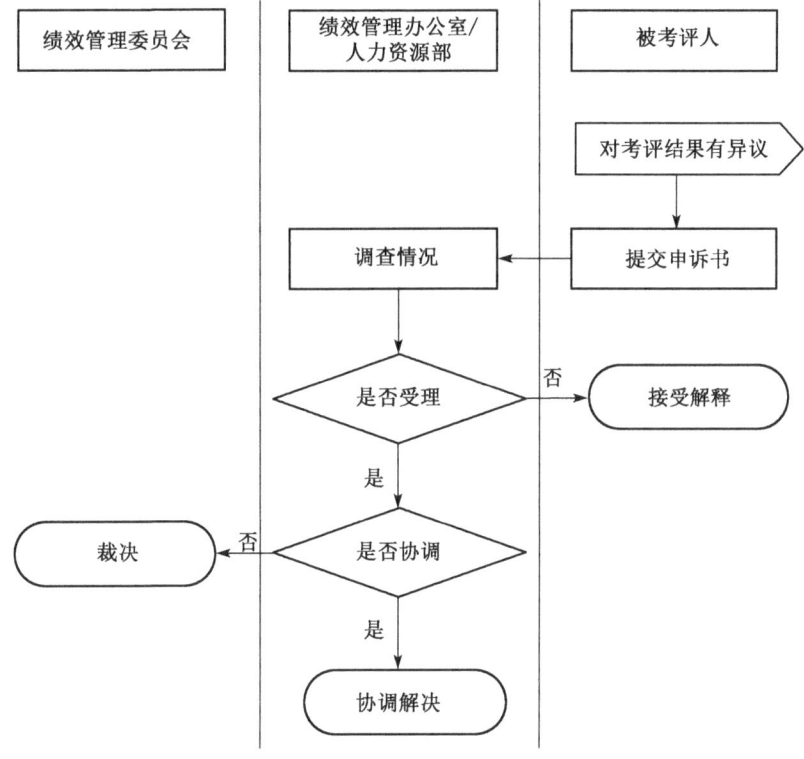

图 10-10　员工绩效考评申诉流程

个循环继续去解决,周而复始,循环往复。

绩效反馈同样需遵循 SMART 原则:S(specific),明确具体,不能作笼统评价;M(motivate),为了获得对方的真实想法,应鼓励员工充分表达自身观点,积极沟通;A(action),谈工作表现,肯定员工在绩效期间内工作表现的优点,对成绩给予充分肯定,对不足加以改进,其中,性格没有好坏之分,不应作为评估绩效优劣的依据;R(reason),指出原因,帮助员工改进不足,制订新的绩效改进计划,为更好地实现下一阶段的绩效内容和标准做准备;T(trust),没有信任,就没有交流,也没有沟通,只有彼此信任,才能对绩效进行更好的反馈整理,完善绩效管理系统,为下一个 PDCA 循环打下基础。

#### 10.2.5.1　绩效反馈目的

绩效反馈是一种沟通方式,其目的在于:

① 对考核项目形成一致看法。对于考评项目或是某些行为表现,往往不同

的人会有不同的看法。有可能管理者认为绝对不能接受的行为,员工却认为是很正常并且不可避免的,因此在反馈环节必须进行沟通以达成相同观点。

② 明晰被考核者的优点与不足。员工在努力工作了一个季度或更长一段时间后,首先希望得到的就是对自己绩效水平公正客观的评价,尤其是绩效较好的情况。而绩效反馈沟通很重要的一个目的就是使员工认识到自己的成绩和优点,从而对员工起到积极的激励作用,存在的不足之处或尚待改进的方面,也应在反馈过程中指出。

③ 增强考核管理者的参与性。为使员工和管理者的行为更好地围绕企业的战略展开,绩效反馈环节必须得到重视。这样可以提高被考核员工对绩效考核工作的积极性和满意度,也可以将反馈环节作为对管理层绩效考核的一部分。

④ 协商下一个绩效周期的目标与绩效标准。在对本周期绩效问题分析达成共识之后,管理者和员工需要共同确定下一绩效周期的绩效目标和改进点。管理者和员工在面谈过程中,应鼓励员工发表自己的意见,可以帮助分析完成绩效目标过程中可能遇到的各种问题及成因,找出解决办法,使员工也参与绩效考核,提高员工对绩效管理制度的满意度。

#### 10.2.5.2 绩效反馈流程

绩效反馈的流程如图 10-11 所示。

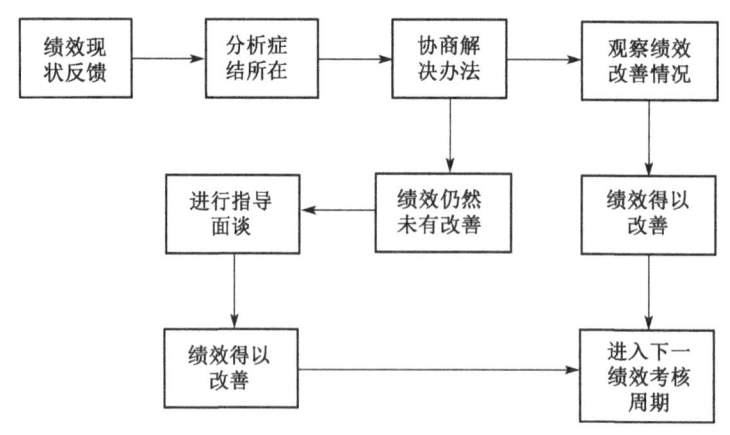

图 10-11 绩效反馈流程

在反馈活动开始之前,考核者和被考核者双方应做好充分准备,如收集考核相关资料、准备场所、安排合适时间、做好周期总结等。在反馈过程中，双方应以平等、和谐的方式进行，紧扣绩效主题，合理安排各环节权重。最后确定改进计划时，应使计划具有实际性、可操作性、具体性，双方可在相应文件中签字确认。绩效结果反馈表如表 10-21 所示。

表 10-21　绩效结果反馈表

| 姓名： | | 部门： | | 岗位： | |
|---|---|---|---|---|---|
| 上级： | | 绩效成绩： | | 日期： | |
| 考核摘要 ||||||
| 突出绩效<br>（按重要性排序） | 1 |||||
| | 2 |||||
| | 3 |||||
| 需要改进的绩效<br>（按重要性排序） | 1 |||||
| | 2 |||||
| | 3 |||||
| 绩效改进计划 ||||||
| 应采取的行动 |||  完成时间 |||
| | | | | | |
| | | | | | |
| 被考核者签名： ||| 直接主管签名： |||

### 10.2.5.3　绩效结果处理

绩效考核的结果应得到充分运用，否则绩效考核对于公司管理的影响将得不到充分体现，对员工业绩和能力提升的激励作用也会大打折扣。

① 用于调整奖金、薪酬。在兼顾公司平衡的前提下，奖金、薪酬的调整应做到绩效优先，多劳者多得、少劳者少得，真正体现出个人工作努力与贡献的成果。前者的调整为的是对员工产生短期的激励，如每季度不同的绩效等级对应不同等级的季度奖金，年度不同绩效等级对应不同的年终奖金。后者则是为了长期激励，如根据不同的考核结果确定薪酬增长幅度，对于表现较差的员工可以不予涨薪甚至降薪处理。

②用于奖惩、晋升。年度考核优秀等级人员从季度考核"优秀"等级人员中评选产生，季度考核优秀等级人员从月度考核"优秀"等级人员中评选产生。对于季度考评"不称职"等级一次的，年度考核一般确定为"称职"或以下等级，"不称职"两次及以上的，直接确定为不称职（不合格），并进行诫勉谈话；以此类推。对于有综合治理、安全生产等一票否决情况的，按相关规定确定考核等级。

③用于职业发展。坚持把绩效考核评价与岗位调整、选拔任用和学习培训结合起来。人力资源管理的重要任务是"人职匹配"，通过分析绩效考核的结果，安排员工学习、培训等，发现员工技能或知识上的欠缺，考核员工能力对当前岗位的适应性，从而采取岗位轮换、培训、升职、降职甚至辞退等措施；同时，将每次反馈建议整理记录到员工发展档案，适时进行分析。

# 附录1 我国管理会计信息化发展的政策建议

## 管理会计信息化发展研究(2015KJB018)课题组

在信息技术迅猛发展的今天,将管理会计工具和信息技术相融合是企业发展的必然选择。企业唯有实施和完善管理会计信息系统,才能建立企业竞争优势。财政部高度重视管理会计信息化工作。其中:《财政部关于全面推进管理会计体系建设的指导意见》(财会〔2014〕27号)明确指出,我国要建立与社会主义市场经济体制相适应的管理会计体系,使我国管理会计迈入世界先进行列,需要以信息化建设为支撑;《管理会计基本指引》(财会〔2016〕10号)提出:"单位应将管理会计信息化需求纳入信息系统规划,通过信息系统整合、改造或新建等途径,及时、高效地提供和管理相关信息,推进管理会计实施"。然而,管理会计信息系统的建设不仅需要应用单位内部的科学规划和巨量资源投入,更需要单位外部政府主管部门、行业协会和相关供应链上的组织在理论、工具、方法以及政策、人才、技术和服务等方面的大力支持。

本建议首先分析我国管理会计信息化的应用现状;其次通过构建我国管理会计信息化发展体系,明确管理会计发展中各个行为主体和核心环节;最后结合我国的发展现状和国情特点,提出我国管理会计信息化发展的路径选择和实施策略。

### 一、我国管理会计信息化的应用现状

经过多年的发展,管理会计信息化已在企事业单位中发挥越来越重要的作用,国内企业运用管理会计信息化手段来支撑企业经营决策的案例早已有之且在迅速增长。目前我国企业构建管理会计信息系统采用的较常见方式是在前期信息化的基础上,基于业务层和核算层的应用建设扩展管控层的应用;并且

系统应用的新领域层出不穷：财务战略定义组件、多维度预算管理、成本管理纳入事中控制、预算系统与成本管理系统的深度集成、财务共享中心从财务会计延伸到管理会计、大数据支持管理会计决策、云计算降低管理会计数据交互和管理会计信息化成本等。我国多数企业已步入业财初步融合的会计信息系统发展阶段，少数企业开始进入智能化、云化的高级会计信息系统发展阶段。

但与欧美发达国家相比较，我国管理会计信息化仍处于较低水平。一是企事业单位的管理会计信息化工作发展不平衡，不同领域、不同地区的发展水平有显著差异，且中小企业管理会计信息化程度普遍不高。二是国内企业管理会计信息化的运用，大多仅限于部分领域，如全面预算或是成本管理，企业普遍缺乏对管理会计信息化系统建设的整体规划。三是由于完善的管理会计信息系统开发周期较长，成本较高，企业大多对管理会计信息化缺乏正确认知，导致了目前企业"按需"发展管理会计信息化的无序现状。四是大部分企业的会计信息系统与企业业务系统尚未得到有效融合，管理会计信息系统对企业管理的支撑能力有待提高。

**二、我国管理会计信息化发展体系的构建**

构建管理会计信息化发展体系，有利于对影响管理会计发展中各个行为主体和核心环节进行分析，揭示它们之间的相互关系。因此，构建管理会计信息化发展体系是推动我国管理会计信息化的首要工作。在构建过程中，首先必须分析影响（或驱动）管理会计信息化发展的行为主体和核心要素，其次明确构建的基本原则，最后参照基本概念逐层细化和分解相关的行为主体和核心要素。

**（一）行为主体和核心要素分析**

行为主体是管理会计信息化工作的主要参与者，核心要素是管理会计信息化工作所投入的重要资源和管理活动。

（1）管理会计信息化发展的行为主体分析

按照财政部对管理会计的定义，实施管理会计的行为主体是企业和行政事业单位。在我国，已成功实施管理会计信息化的单位有装备研发企业、第三方支付企业、多元化地产公司、新兴的互联网企业，还有医院、大学和研究机构等事业单位，他们是管理会计活动绝对的主角。

当然，应用单位不是一个封闭的个体，如欲对其实施有效的管理会计信息化建设，需要相关政府主管部门、行业协会、信息系统（平台和大数据）供应商、咨询服务机构、教育和出版机构等方面的大力指导和配合,因此,这些组织也是行为主体有机的组成部分。在这些组织中,信息系统供应商、咨询服务机构、教育和出版机构等主要利用市场机制参与单位管理会计信息化的发展,为单位有偿提供信息化建设所需的软硬件系统、数据资源、管理和技术人才、咨询服务和信息系统审计服务等产品和服务;政府主管部门和行业协会的作用则是弥补市场经济的不足,通过政策、法规、知识和公共资金等提高资源配置效率,协调社会各方利益以及提供社会公共服务。

(2) 影响管理会计信息化发展的核心要素分析

影响管理会计信息化发展的核心要素主要有:管理会计的方法和工具、管理会计信息系统、管理会计信息化人才、管理会计相关信息资源、信息安全管理机制以及与管理会计有关的政府规制等。建设面向管理会计的信息系统,就是要利用管理会计的基本原理和工具方法对企业活动进行规划、决策、控制、评价,是信息技术在管理会计领域的集中体现。因此,思想、工具、系统、人才、信息资源、安全机制和相关的法律法规都是必不可少的影响因素。

目前,在中国最常用的管理会计工具方法有战略地图、滚动预算管理、作业成本管理、本量利分析、平衡计分卡等;最常用的管理会计信息系统有独立或集成的预算管理系统、成本管理系统、战略决策支持系统、绩效评价系统、风险管理系统和一体化的财务共享服务系统等;最重要的政府规制是《企业会计信息化工作规范》《管理会计基本指引》和《管理会计应用指引》等;在管理会计信息化人才培养方面,主要包括人才培养机制、专业证书体系、人才总体规模等。

(二) 构建的基本原则

(1) 普遍性原则

尽管管理会计信息化是一项个性化非常强的建设活动,每一个单位的内容、发展水平和发展路径都会存在着较大的差异,但考虑到体系的普遍性意义,拟构建的管理会计信息化发展体系必须能反映大部分单位的发展规律。

(2) 系统性原则

在构建发展体系时,需要综合考虑业务系统、财务会计系统和管理会计系统的内在关系,不能仅单方面地观察管理会计信息化的发展。

(3) 层次性原则

在构建发展体系时,需同时考虑宏观(单位外部)和微观(单位内部)两个层次,既要考虑宏观环境对单位管理会计信息化发展的影响,还要考虑组织内部管理会计信息化发展的内在驱动力和固有的发展规律。

（4）动态性原则

在构建发展体系时，需要沿着时间轴，以动态、变化的视角看问题，既需要考虑当前的发展现状，也需要结合管理思想、管理工具、信息技术等方面的变化预测管理会计信息化的发展趋势。

（三）发展体系构建

本建议提出的发展体系框架主要从单位管理会计信息化发展生态（宏观体系）、单位未来管理会计信息系统架构（微观体系）两个层面展开。

（1）管理会计信息化发展生态

在相关的生态图（见附图1）中，管理会计的应用主体——单位是最核心的部分。尽管它的信息化发展主要由其内在的发展动力所驱动，但外部的政府主管部门、行业协会（学会）、供应链、经济技术环境等方面的影响也起到非常重要的推动（或阻碍）作用。

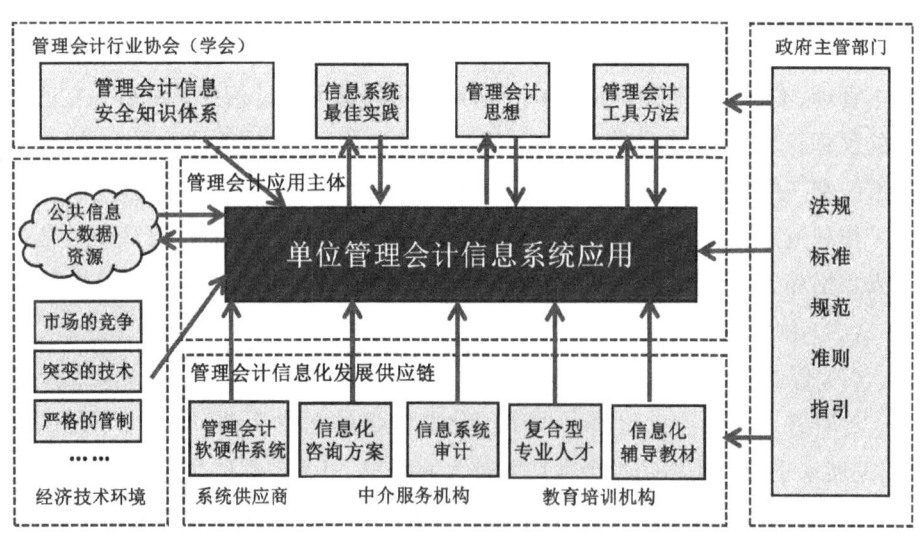

附图1　管理会计信息化发展生态

在这些外部的影响因素中，政府主管部门是指政府财政、审计、金融、税务、国资委、证监会等部门，主要通过制定法规、标准、规范、准则、指引等来管理、协调、推动各单位管理会计信息化的发展；管理会计行业协会（学会）则主要通过组织研究知识体系、收集最佳实践案例来影响单位，其知识体系中主要包括管理会计思想、管理会计工具和方法、信息安全体系、人才培养框架等,在行业协会服务应用单位的同时,先进的应用单位也会通过协会(学会)的渠道将其最佳实践经验影响到其他单位;管理会计信息化发展供应链是指与应用单位管理会计信息化相关的教学培训机构、中介服务机构和系统供应商等,主要提供信息化所必需的专业人才、学习资料、软硬件系统、数据库资源、管理咨询、信息系统审计、信息系统工程监理等产品和服务;经济技术环境则通过不断加剧的市场竞争、突飞猛进的信息技术、严格的宏观管理环境以及丰富的公共信息资源(大数据环境)来激发应用单位实施管理会计、应用信息系统的动力。

(2) 应用单位管理会计信息化内在逻辑

需要说明的是,应用单位管理会计信息化发展是一个逐步演变和发展的过程(见附图2)。它从当前各管理会计子系统(如战略管理子系统、预算管理子系统、成本管理子系统、营运管理子系统、投融资管理子系统、绩效管理子系统和风险管理子系统等)相对独立发展,与财务会计系统、业务管理系统以及外部相关组织信息系统松耦合的阶段一,发展到利用企业外部网络Extranet整合内外部系统,实现内部各子系统高度数据共享的阶段二,最终再发展到利用现代信息技术去重构传统会计模式,构建单位外部生态系统与内部各功能子系统模块间数据充分共享、功能充分融合的阶段三。

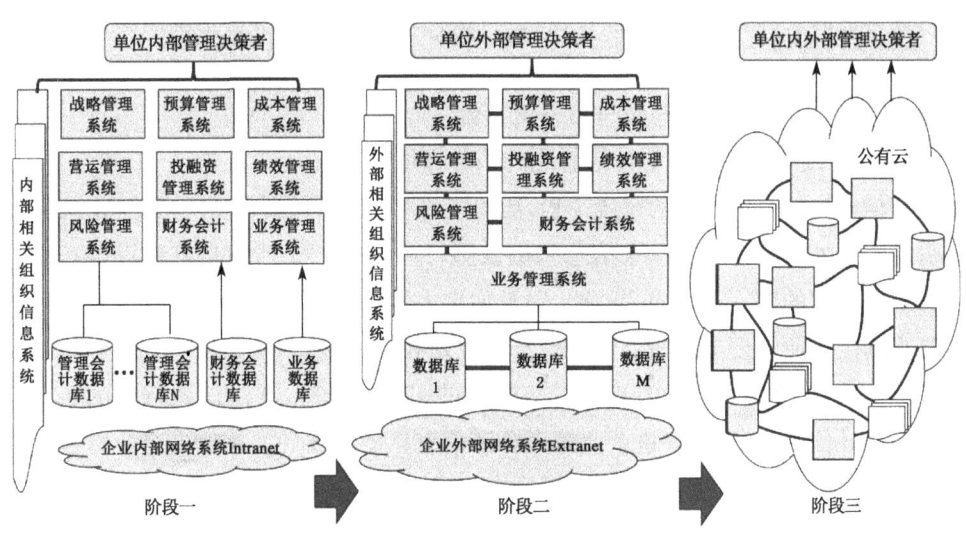

附图2　应用单位管理会计信息化发展路线

本文提出的管理会计信息化发展体系遵循信息论和系统工程思想、REA模型和现代信息技术的发展规律，较深刻地揭示了我国管理会计信息化的发展生态以及不同发展阶段，能够为后续具体的发展工作提供理论依据和方法参考。

### 三、我国管理会计信息化发展的实施策略

符合我国国情的管理会计信息化的发展路径应当是政府与市场行为相结合的方式。政府为企业发展管理会计信息化营造一个良好环境，制定相关的支持政策，包括知识产权保护、公平机制搭建、专业人才培养等，协调社会多方相关者的力量，帮助企业根据自身情况开展管理会计信息化工作。

#### （一）企业推动管理会计信息化的主体作用

企业的管理会计信息化建设是一个逐步推进和持续改进的过程，不可能一蹴而就。对于企业而言，应当加强对管理会计信息化重要性的认知，正确认识实施管理会计信息化的必要性；并且始终将管理会计信息化建设与企业发展的战略保持一致，始终以提高企业竞争力为目标。

由于不同企业所处的发展阶段、规模、组织结构、人员素质等因素不尽相同，企业的管理会计信息化进程必定有所不同，企业应当充分考虑现实的需要，选择合适的管理会计信息化切入点。但最初的管理会计信息化规划应当是整体性的，能够为未来的改进升级奠定基础。随着管理会计信息化建设的逐步推进，便于未来各部门、各单位进行系统整合。

#### （二）政府推动管理会计信息化的引导作用

信息化是一项复杂的系统工程，历史上许多成功的信息化经验都是由政府引导完成的，如美国的"国家信息基础设施行动计划""全球信息基础设施行动计划"，日本的"E-Japan Ⅱ"战略，以及加拿大的"信息高速公路计划"等。政府应当制定企业管理会计信息化的中长期规划和实施纲要，明确发展方针和当前的工作重点，加强对企业管理会计信息化的引导和管理，并协调各行业的企业管理会计信息化发展，促进企业管理会计信息化健康发展。在促进企业管理会计信息化的过程中，应参考和借鉴国内外先进的管理会计信息化实施经验，并充分考虑我国特殊的国情特点，制定科学合理的实施策略。

在企业管理会计信息化发展进程中，政府的政策目标应当有相应的社会服务机构的行动作支撑，政府的策略措施应当能够通过社会化、市场化的手段来

推动。政府应当协调行业协会、软件服务商、管理咨询机构、科研院校等力量，通过建立更为完善的社会服务体系来帮助企业进行管理会计信息化建设。

（三）社会各方推动管理会计信息化的协调作用

管理咨询机构应当帮助企业进行管理会计信息化的诊断和分析，协助企业制定管理会计信息化的总体规划；帮助企业进行管理会计信息化软件、硬件以及系统集成方案的选型、实施和维护；帮助企业进行复合型管理会计信息化人才的培养；管理咨询机构自身也应当加强专业能力建设，加大管理会计信息化研究力度，不断追踪和研究管理会计信息化领域的最新技术趋势，深入企业进行实地调研，为企业制订最佳的管理会计信息化解决方案。

软件提供商应当抓住当前管理会计发展的大好形势，深入挖掘企业管理信息化发展过程中的系统建设需求，在借鉴国外管理会计信息系统设计理念的基础上，更多考虑我国管理会计信息化的实际情况。在满足管理会计信息化的一般功能和使用习惯的前提下，加强与企业的沟通交流，充分考虑企业管理会计工作的实际需求，设计出真正符合中国国情的管理会计信息系统。

科研院校应当在培养管理会计的复合型专业人才方面发挥重要作用，不断加强管理会计课程体系和师资队伍建设，制订有效的管理会计专业人才的培养方案，改革与优化课程体系，不断更新相应的教学内容；不断深化学校与企业之间的互动，为学生创造更多接触企业管理会计实践的机会，提高学生管理会计实践应用能力。

## 四、总结

管理会计信息化是管理会计理论落地和贯彻的重要抓手，因此发展我国管理会计信息化事业显得尤为迫切。当前我国管理会计信息化已呈现出新的特点，在了解当前应用现状的基础上，本文全面分析了企业发展管理会计信息化涉及的行为主体和核心要素，构建了管理会计信息化发展体系，明确了符合我国国情的管理会计信息化发展路径，并提出相关的发展策略建议，即明确企业的主体作用，在政府部门的引导下，协调社会多方相关者的力量，共同推动我国管理会计信息化的发展，从而将管理会计信息化融入企业经营管理，发挥其真正价值。

# 附录2  本课题研究成果

## 一、案例撰写与入库

针对管理会计信息化发展,项目组共计撰写企业案例3篇,详见附表1。

附表1  管理会计信息化发展相关案例撰写

| 序号 | 案例名称 | 案例库 | 时间 |
| --- | --- | --- | --- |
| 1 | "XBRL+大数据"促进管理会计价值提升 | — | 2016年1月12日 |
| 2 | 第三方支付企业的管理会计信息化之路——以TL支付为例 | 中国专业学位教学案例中心 | 2015年 |
| 3 | 信息化环境下的房地产企业预算管理研究 | 中国专业学位教学案例中心 | 2017年5月10日 |

其中,"第三方支付企业的管理会计信息化之路——以TL支付为例"被评为2015年全国MPAcc优秀教学案例[①]。

## 二、软件著作权取得

针对预算管理系统发展,上海国家会计学院与元年科技合作研发"预算管理电子沙盘",于2016年8月25日正式获得软件著作权。该电子沙盘基于B/S架构,其V1.0版包含7大模块,具体如下:

① 在"预算基础"模块,可以查看本年预算编制的基本信息和基础信息,如预算参数、企业的战略规划、上一年度的年初数据和第×年的实际报表。其中,预算参数主要覆盖沙盘模拟的企业背景和市场环境。

---

① 《关于公布2015年全国MPAcc优秀教学案例及优秀学位论文评选结果的通知》,http://www.mpacc.cn/displaynews.php? id=1287。

② 在"年度预算"模块,可以完成预算目标制定、分解和年度预算编制。在预算目标制定、分解环节,学员可以了解目标制定在预算管理中的重要性,体验目标与战略的衔接,企业预算目标制定的过程中对各种因素的考量和权衡,预算目标分解过程中的资源配置,以及与各部门的沟通与妥协。在年度预算编制环节,学员可以体验企业预算编制过程中业财融合的完整链条,编制过程中各部门的配合与沟通,本部门利益与公司整体利益的博弈与妥协,预算编制依据和预算编制逻辑,以及预算管理系统对数据整合计算效率的提升等。

③ 在"预算执行"模块,可以通过模拟企业实际经营完成执行阶段的经营决策预测、经营决策录入和经营决策查看,并体现预算控制功能。学员可以体验经营过程中的决策、预算对实际经营的指导作用和约束作用,以及预算控制环节管理博弈的依据与权衡。

④ 在"预算分析"模块,可以完成主要指标分析、销售指标分析、生产指标分析、财务指标分析、竞争结果分析和预实差异分析等。学员可以体验预实差异分析的基本方法——因素分析法,通过价差、量差的计算结果发现问题并解决问题。

⑤ 在"预算调整"模块,可以完成销售预算、生产预算和财务预算的调整。学员可以了解预算调整的条件(如实际经营成果完成情况、经营环境的变化、管理层意愿的变化等),如何调整预算,预算调整过程中目标和预算对经营的指导和约束,以及资源的分配与博弈。

⑥ 在"评分体系"模块,同时体现预算考核的作用和沙盘模拟的结果,可以完成模拟扣分、模拟加分,给出小组得分、小组排名、个人得分和个人排名。其中,小组得分强调预算,兼顾经营。鼓励制定挑战性目标,目标越高,得分越高;鼓励事前算赢,预算执行与预算编制偏差越大,扣分越多;预算为经营服务,经营业绩越好,得分越高;预算编制及分析的计算准确性越高,得分越高;预算编制、实际执行的勾稽关系不合理,适当扣分。个人得分与角色相关,每个角色有独立的评分机制,突出角色间工作性质的差异和利益立场的冲突,以及局部利益和整体利益的冲突。

⑦ 在"辅助表"模块,可以完成沙盘的初始化工作,以及沙盘模拟过程的检查和记录工作。初始化部分,要完成基础数据的预置,包括市场的需求量基数及其变化、第×年的主要经营数据、年度目标的收入利润增长率表,以及"预算基础"模块中展现的数据;公开信息,包括市场的需求量和成交量;非公开信息,

包括沙盘模拟过程中的评分和排名。

### 三、论文撰写与发表

本课题项目组共计撰写学术论文13篇，其中12篇已发表，1篇已投稿，如附表2所示。

附表2  课题项目组撰写及公开发表的学术论文

| 序号 | 文章名称 | 发表刊物 | 发表时间 |
| --- | --- | --- | --- |
| 1 | 第三方支付企业的管理会计信息化之路 | 会计之友 | 2016.4 |
| 2 | 刍议面向管理会计的信息化系统构建 | 财务与会计 | 2016.9 |
| 3 | 企业实施财务共享服务的风险管控探究 | 财务与会计 | 2017.4 |
| 4 | 移动环境下的会计信息化教学探讨——以计算机审计课程为例 | 商业会计 | 2017.6 |
| 5 | 管理会计信息化基础理论研究 | 财会通讯 | 2017.8 |
| 6 | 国内外管理会计信息化的发展历程和现状 | 财会通讯 | 2017.8 |
| 7 | 我国管理会计信息化发展体系探讨 | 财会通讯 | 2017.8 |
| 8 | 我国管理会计信息化发展路径和推动策略研究 | 财会通讯 | 2017.8 |
| 9 | 中铁置业全面预算编制平台建设与实践 | 财务与会计 | 2017.8 |
| 10 | 信息化环境下预算执行控制的评价体系研究 | 商业会计 | 2017.8 |
| 11 | 中铁置业全面预算控制平台建设与实践 | 财务与会计 | 2017.8 |
| 12 | 中铁置业全面预算分析平台建设与实践 | 财务与会计 | 2017.11 |
| 13 | 预算管理电子沙盘的研发与实践 | 已投稿 | |

# 主要参考文献*

[1] Al-Zubi Z, Shaban O S, Alnaser N. The effect of business intelligence tools on raising the efficiency of modern management accounting [J]. International Review of Management and Business Research, 2014, 3(1): 68-77.

[2] Brignall S, Ballantine J. Strategic enterprise management systems: new directions for research [J]. Management Accounting Research, 2004, 15(2): 225-240.

[3] Caglio A, Ditillo A. Opening the black box of management accounting information exchanges in buyer — supplier relationships[J]. Management Accounting Research, 2012, 23(2): 61-78.

[4] Chandra A, Cheh J J, Il-Woon K. Do we teach enough IT skills in management accounting courses? [J]. Management Accounting Quarterly, 2006(8): 49-54.

[5] IonelaClaudia D. Management accounting, an important source of information for the decisional process in the coal mining industry[J]. USV Annals of Economics & Public Administration, 2013, 12(4): 184-191.

[6] Figge F, Hahn T. Value drivers of corporate eco-efficiency: management accounting information for the efficient use of environmental resources [J]. Management Accounting Research, 2013, 24(4): 387-400.

[7] Geerts G L, Graham L E, Mauldin E G, et al.. Integrating information technology into accounting research and practice[J]. Accounting Horizons, 2013, 27(4): 815-840.

[8] Grabski S V, Leech S A, Schmidt P J. A review of ERP research: a future agenda for accounting information systems[J]. Journal of Information Systems, 2011, 25(1): 37-78.

[9] Grabski S V, Leech S A. Complementary controls and ERP implementation success[J].

---

\* 本研究参考了近年来相关领域很多专家、学者的研究成果,本书由于篇幅所限,仅将主要参考文献列于此处。

International Journal of Accounting Information Systems,2007,8(1):17-39.

[10] Granlund M. Extending AIS research to management accounting and control issues: a research note[J]. International Journal of Accounting Information Systems,2011,12(1):3-19.

[11] Krapp M, Nebel J, Sahamie R. Using forecasts and managerial accounting information to enhance closed-loop supply chain management[J]. OR Spectrum,2013,35(4):975-1007.

[12] Liew A. The use of technology-structured management controls: changes in senior management's decision-making behaviours[J]. International Journal of Accounting Information Systems,2015(17):37-64.

[13] Mclaren J, Appleyard T, Mitchell F. The rise and fall of management accounting systems: a case study investigation of EVA?[J]. British Accounting Review,2016,48(3):341-358.

[14] Napitupulu I H, Situngkir A. Integrated management accounting information systems for competitive advantage: the case in state-owned enterprises of Indonesia[J]. International Business Management,2016,10(23):5643-5650.

[15] Oh S, Lee S, Baek H. Reinvestigating the relationship between information technology capability and firm performance: focusing on the impact of the adoption of enterprise systems[J]. The Journal of Information Systems,2016,25(1):49-73.

[16] Prasad A, Green P. Governing cloud computing services: reconsideration of IT governance structures[J]. International Journal of Accounting Information Systems,2015(19):45-58.

[17] Rom A, Rohde C. Management accounting and integrated information systems: a literature review[J]. International Journal of Accounting Information Systems,2007,8(1):40-68.

[18] Sánchez-Rodríguez C, Spraakman G. ERP systems and management accounting: a multiple case study[J]. Qualitative Research in Accounting & Management,2012,9(4):398-414.

[19] 财政部.财会〔2014〕27号.财政部关于全面推进管理会计体系建设的指导意见,2014-10-27.

[20] 财政部.财办会〔2016〕47号.管理会计应用指引第802号——管理会计信息模块(征求意见稿),2016-12-14.

[21] 财政部.财会〔2016〕10号.管理会计基本指引,2016-6-22.

[22] 陈虎,赵旖旎,党梅梅.中兴通讯全球财务共享的信息化实践[J].财务与会计,2015

(15):24-26.

[23] 陈虎,孙彦丛.管理会计信息化——财务信息化发展的必然趋势[J].财务与会计,2015(7):11-12.

[24] 陈婉玲,韦沛文.计算机在管理会计中的应用[J].会计研究,1997(8):30-33.

[25] 杜荣瑞,肖泽忠,周齐武.中国管理会计研究述评[J].会计研究,2009(9):72-80.

[26] 冯巧根.论管理会计系统的整合[J].财会通讯:综合版,2009(2):6-8.

[27] 冯巧根.组织文化、环境不确定性与管理会计信息认知[J].财经理论与实践,2014(6):40-44.

[28] 高美玲.发达国家科技发展路径研究——以美国为例[J].科学管理研究,2012(3):117-120.

[29] 韩庆兰,樊丽梅.基于XBRL的管理会计信息化研究[J].新会计,2011(7):66-67.

[30] 韩向东.管理会计信息化的应用现状和成功实践[J].会计之友,2014(32):85-88.

[31] 柯琼.试论管理会计电算化的特点及其实施的前提条件[J].财会通讯,1997(9):11-12.

[32] 李彪.国有控股上市公司管理会计信息化问题及对策[D].北京:首都经济贸易大学,2016.

[33] 李守明,刘玲,杨桦.试析会计决策支持系统[J].会计研究,1996(12):28-30.

[34] 李翔,林树.管理会计信息披露及其市场识别——来自中国沪深股市的经验证据[J].财经研究,2007(7):113-123.

[35] 林毅夫.信息化——经济增长新源泉[J].科技与企业,2003(8):53-54.

[36] 刘梅玲.会计信息化标准体系研究[M].北京:经济科学出版社,2015.

[37] 刘梅玲.第三方支付企业的管理会计信息化之路——以TL支付为例[J].会计之友,2016(4):94-99.

[38] 刘勤,常叶青,刘梅玲,等.大智移云时代的会计信息化变革——第十三届全国会计信息化学术年会主要观点综述[J].会计研究,2014(12):89-91.

[39] 毛洪涛,何熙琼,苏朦.呈报格式、个人能力与管理会计信息决策价值:一项定价决策的实验研究[J].会计研究,2014(7):67-74+97.

[40] 美国管理会计师协会.管理会计公告(第1、2、3、4辑)[M].刘霄仑,译.北京:人民邮电出版社,2012.

[41] 孟锦,张晋平.我国信息化发展路径与发达国家之比较[J].现代情报,2007(1):14-16.

[42] 孟焰,孙健,卢闯,等.中国管理会计研究述评与展望[J].会计研究,2014(9):3-12.

[43] 穆林娟,潘爱香.构建作业基础标准成本管理系统[J].会计研究,2004(5):62-66.

[44] 祁怀锦.建立管理会计电算化系统初探[J].会计研究,1996(10):36-37.

[45] 秦荣生.云计算的发展及其对会计、审计的挑战[J].当代财经,2013(1):111-117.

[46] 陶承德. 现代科学方法论[M]. 郑州:河南人民出版社,1987.

[47] 熊磊. 云计算在管理会计信息化中的应用初探[J]. 财会通讯,2014(34):99-100.

[48] 许汉友,姜亚琳,张蓓."中国制造 2025"背景下的管理会计信息化研究[J]. 会计之友,2017(2):10-15.

[49] 许金叶,王梦琳. 管理会计信息化的定位、内容与规范[J]. 财务与会计,2015(15):16-18.

[50] 杨政,殷俊明,宋雅琴. 会计人才能力需求与本科会计教育改革:利益相关者的调查分析[J]. 会计研究,2012(1):25-35.

[51] 杨周南. 论会计信息化的 TMAIM 体系架构[J]. 会计之友(下旬刊),2009(12):23-36.

[52] 英国皇家特许管理会计师公会(CIMA),上海国家会计学院(SNAI),财政部会计资格评价中心(NAACC). 管理会计术语选编(英中对照版)[M]. 上海:立信会计出版社,2015.

[53] 张超. 管理会计信息化国内研究综述[J]. 财会月刊,2015(28):101-105.

[54] 张明明. 推动企业会计信息化深入发展的探索——歧点、亮点与难点[J]. 会计之友,2014(2):4-10.

[55] 中国会计学会会计信息化专业委员会. 辉煌历程——中国会计信息化30年[M]. 北京:中国财政经济出版社,2009.

[56] 周齐武,杜荣瑞,王斌,等. 中国管理会计教育现状分析[J]. 会计研究,2005(7):65-68.

[57] 周涛,柴琳. 组织构造与管理会计信息系统[J]. 财会通讯(理财版),2006(4):24.

[58] 朱卫东,张超. 美国会计学会 AIS 理论研究热点与思考[J]. 中国注册会计师,2015(11):118-123.